RENATE HUDAK

Obst, Gemüse & Kräuter
Küchengarten für Einsteiger

➤ **Richtig pflanzen und pflegen Schritt für Schritt**
➤ **Die leckersten Arten für vollen Genuss**
➤ **Schöne Gestaltungsideen für Garten & Balkon**

Über 370 Farbfotos von Ursel Borstell, Marion Nickig, Wolfgang Redeleit, Hans Reinhard, Jutta Schneider, Friedrich Strauß und anderen Gartenfotografen

Illustrationen von Renate Holzner

Inhalt

Obst, Gemüse und Kräuter pflegen

Gartenspaß durch gute Planung 10
Köstliche Früchtchen … 12
Frisches Gemüse, knackiger Salat 14
Kräuter aus dem Garten 16
Die Mischung macht's! 18
Fruchtwechsel und Fruchtfolge 20

Den Garten anlegen 22
Der Boden: lebendiges Kapital 24
Pflanzen unter Folie und Glas 26
Pflanzen vorziehen 28
Aussaat ins Freiland 30
Vermehrungsmethoden 32
Gemüse und Kräuter pflanzen 34
Beerensträucher pflanzen 36
Obstgehölze richtig setzen 38
Obst, Gemüse und Kräuter im Topf 40
Pilze anbauen 42
Qualität erkennen 44

Obst, Gemüse und Kräuter gesund erhalten 46
Gießen, düngen, mulchen 48
Kompost herstellen 50
Pflegetipps für Obstgehölze 52
Beerensträucher schneiden 54
Obstbäume schneiden 56
Vorbeugender Pflanzenschutz an Obstgehölzen 58

Schädlinge und Krankheiten an Obstgehölzen 60
Pflegetipps für Gemüse und Salat 62
Vorbeugender Pflanzenschutz bei Gemüse und Salat 64
Pflegetipps für Kräuter 66
Schädlinge und Krankheiten an Gemüse und Kräutern 68

Ernten und verwerten 70
Wann ernten? Wie verwerten? 72
Lagern und konservieren 74
Pflege rund ums Jahr 76

Obst, Gemüse und Kräuter auswählen

Suchen Sie sich die passenden Arten aus 80
Die verwendeten Piktogramme 81

Beerenobst 82
Hohe Beerensträucher 84
Beeren am Boden 86
Beeren am Spalier 88

Kern- und Steinobst 90
Apfel, Birne, Quitte 92
Kirsche, Zwetschge, Pflaume 94
Aprikose, Pfirsich & Co. 96

Wildfrüchte und Nüsse 98
Wildfrüchte 100
Wildfrüchte und Nüsse 102

Salat, Blatt- und Blattstielgemüse 104
Kopfsalate 106
Pflück- und Schnittsalate 108
Blatt- und Blattstielgemüse 110

Wurzel-, Knollen-, Fruchtgemüse und Pilze 112
Wurzel- und Knollengemüse 114
Kohlgemüse 116

Fruchtgemüse 118
Zwiebelgemüse und Hülsenfrüchte 120
Südliche Gemüse 122
Pilze auf Stroh und Holz 124

Küchenkräuter 126
Kräuter für jeden Tag 128
Kräuter für die feine Küche 130
Mediterrane Kräuter 132
Kräuter mit zierenden Blüten 134
Kräuter für Tees und Heilzwecke 136

Mit Obst, Gemüse und Kräutern gestalten

Grundlagen der Gestaltung 140
Verschiedene Stilrichtungen 142
Farben, Formen und Texturen 144

Obstgärten gestalten 146
Spalierobst im Garten 148
Beerensträucher im Garten 150
Wildobst im Garten 152

Kräuter- und Gemüsegärten gestalten 154
Formale Kräutergärten 156
Frei gestaltete Kräutergärten 158
Duft- und Heilkräutergärten 160
Eine Kräuterspirale anlegen 162
Bunte Salat- und Gemüsebeete 164
Vielfalt der Mischkultur 166
Ein Hochbeet anlegen 168
Ein Hügelbeet anlegen 170
Garten mediterrané 172
Nutzpflanzen im Ziergarten 174
Der mobile Nutzgarten 176

Erklärung der Fachausdrücke 178

Hilfreiche Adressen 180

Bücher und Zeitschriften 181

Arten- und Sachregister 182

Bildnachweis, Impressum 188

Obst, Gemü

se und Kräuter pflegen

Obst, Gemüse und Kräuter pflegen

Gartenspaß durch gute Planung
Seite 10 – 21

Den Garten anlegen
Seite 22 – 45

Obst, Gemüse und Kräuter gesund erhalten
Seite 46 – 69

Ernten und verwerten
Seite 70 – 77

Gartensp

aß durch gute Planung

Einen Garten zu haben, ist für viele eine wohltuende Freizeitgestaltung. Liefert sie auch noch sichtbare »Erfolge« für die Küche, umso besser!

Obwohl die Gärten heute im Allgemeinen eher kleiner sind und die Menschen in ihrer Freizeit aus einem immensen Angebot an Aktivitäten wählen können, steht Gartenarbeit wieder hoch im Trend. Selbst gezogenes Gemüse ist zwar im Vergleich preislich nicht wirklich günstiger als gekauftes, vor allem dann nicht, wenn man den Arbeitsaufwand einbezieht! Doch das Erlebnis, einen Salatkopf vom Samenkorn an beim Wachsen beobachtet zu haben, ist unbezahlbar!

Gesundes Obst und Gemüse

Ein steigendes Gesundheitsbewusstsein hat sicher auch dazu beigetragen, dem – weitgehend unbelasteten – Obst und Gemüse aus dem eigenen Garten wieder einen höheren Wert beizumessen. In Zeiten immer größerer Schadstoffbelastung der Umwelt ist es ein großer Vorteil, Obst und Gemüse ernten zu können, das nicht mit chemischen Spritzmitteln behandelt ist und die Böden nicht mit Unmengen von Mineraldünger schädigt. So wird der Garten zum Lieferanten gesunder Kost.

Qualität durch Frische

Haben Sie nicht viel Fläche zur Verfügung oder auch nicht die Zeit für ausgiebigere Gartenpflege, dann kultivieren Sie etwas Beerenobst und diejenigen Gemüsearten, die besonders frisch verzehrt werden sollten und nicht lange haltbar sind, wie Salate, Radieschen, Kräuter. Bei langen Transportzeiten und längerem Liegen im Geschäft verlieren gerade Salate und Würzkräuter oft ihr feines Aroma und auch schon einen Teil der Vitamine, weshalb selbst Geerntetem hier eindeutig der Vorzug gegeben wird.

»Learning by doing«

Eine gute Planung im Voraus ist unbezahlbar und hilft Ihnen, aus dem umfangreichen Sortiment eine passende Auswahl zu treffen. Beginnen Sie mit einigen wenigen und einfachen Kulturen, machen Sie einen Anbauplan vorneweg, und haben Sie Geduld mit sich und den Pflanzen, denn gerade beim Gärtnern gilt der Grundsatz »learning by doing« – Sie werden viel darüber lernen, indem Sie es tun.

Unvergleichlich frisch und knackig sind selbst geerntete Salate und Gemüse.

Köstliche »Früchtchen« ...

…werden Sie schon bald ernten, wenn Sie sich für die Pflanzung von Obstgehölzen entschieden haben. Neben den verschiedenen Gemüsearten, die in erster Linie doch als reine Nutzpflanzen anzusehen sind, bereichern Obstgehölze den Garten auch in ihrer Eigenschaft als Zierpflanzen. Besonders kommt dieser Aspekt im Frühjahr zur Geltung: Apfel-, Zwetschgen- und Kirschenblüte liefern Jahr für Jahr ein wunderbares Schauspiel, das Sie sicher schon bald nicht mehr im Garten missen möchten. Darüber hinaus locken gerade Obstbäume ein reges Tierleben in den Garten: Bienen, Hummeln, Schwebfliegen, Schmetterlinge, Singvögel … – bis hin zu Igeln und Eichhörnchen, die vom Fallobst naschen.

Obst passt in jeden Garten

Auch im kleinen Garten müssen Sie nicht auf eigenes Obst verzichten. Hier bieten sich natürlich zuerst die verschiedenen Beerensträucher an, die von bodenbedeckend (Erdbeeren) bis zu rankend (Brombeeren) und kletternd (Kiwi, Weinrebe) in unterschiedlichsten Wuchsformen zu haben sind. Beerensträucher (Himbeeren, Johannisbeeren, Stachelbeeren) lassen sich gut als Hecke oder Begrenzung an einem Zaun entlang pflanzen, und als Hochstämmchen bieten sie einen hübschen Blickfang in Beeten, Rabatten oder sogar im Kübel.

Selbst Stein- und Kernobst passt auf wenige Quadratmeter – am besten in Form von Spalieren.

Äpfel eignen sich sehr gut zur Erziehung als frei stehende Spaliere oder Hecken; Birnen-, Kirschen-, Aprikosenspaliere ziehen Sie am besten im Schutz einer Mauer oder Wand. Auch Balkon- und Terrassengärtner brauchen nicht auf eigenes Obst zu verzichten: Ein Apfelspalierbaum oder ein kleinwüchsiger »Ballerina«-Apfel gedeihen auch im Kübel.

Bäume und Sträucher schneiden

Ein Spalierbaum erfordert natürlich schon einiges an technischem Können, was den richtigen Schnitt betrifft. Aber ganz werden Sie ums Bäume schneiden sowieso nicht herumkommen, falls Sie nicht einen eifrigen »Baum-Gärtner«

Große Obst- und Nussbäume

Groß werdende Bäume – hier ein Walnussbaum – auf keinen Fall zu dicht ans Wohnhaus pflanzen!

in Ihrem Bekanntenkreis haben. Den Pflanzschnitt macht Ihnen meist beim Kauf der Gärtner in der Baumschule. Soll Ihr Baum aber gut und reichlich tragen, sind weitere Schnittmaßnahmen erforderlich. Am besten besuchen Sie (mehrmals!) einen Obstbaumschnittkurs, um sich vom Fachmann in die Geheimnisse der »Obstschneiderei« einweihen zu lassen. Solche Kurse werden oft von Vereinen und Verbänden angeboten, manchmal auch von Baumschulen und Gärtnereien.

Baumform und Lebensdauer

Ganz egal, wie gut Sie Ihren Baum schneiden, die Lebens- und damit auch die Ertragsdauer eines Obstgehölzes wird von der Veredlungsunterlage bzw. der Wuchsform bestimmt. Je starkwüchsiger, umso langlebiger und umgekehrt. Ein Hochstamm kann durchaus einige Jahrzehnte überdauern, ein Buschbaum hingegen ist oft schon nach einigen Jahren »erschöpft«. Ähnlich beim Beerenobst, obwohl die Unterschiede hier längst nicht so gravierend sind. Ein Johannisbeerhochstämmchen schafft jedoch deutlich weniger Lebensjahre als ein Johannisbeerbusch. Gewissermaßen als »Ausgleich« beginnt bei niedrigen Baumformen die Ertragsphase deutlich früher. Von einem Apfel-Buschbaum ernten Sie wahrscheinlich schon nach 1–2 Jahren die ersten Äpfel, wohinge-

Die üppige Ernte eines Quittenbaumes belohnt reichlich für Arbeitsaufwand und Pflege.

gen Sie bei einem Hochstamm schon mal 5–6 Jahre Wartezeit in Kauf nehmen müssen.

Gut gepflegt wächst besser

»So ein Baum wächst doch eigentlich von selbst und braucht nicht viel Pflege«, sagt man sich, sieht man die Bäume in der Natur an. Doch wer gesundes Obst ernten und auf chemischen Pflanzenschutz verzichten möchte, muss auf die Bäume achten und kann mit der richtigen Pflege sehr viel erreichen.

➤ Lockere, luftige Kronen können nach Regen schneller abtrocknen und bieten Pilzkrankheiten weniger Angriffsmöglichkeiten. Gleichzeitig werden die Früchte rundum besonnt und können gleichmäßig ausreifen.

➤ Alljährlich im Herbst werden die ansonsten geliebten Obstbäume bei vielen Gartenbesitzern zum Ärgernis: als eifrige Produzenten von Falllaub! Dabei liefert das Laub von gesunden Obstbäumen wunderbares Kompostmaterial und somit preiswerten Dünger! Oder geben Sie es als Mulch auf Baumscheiben, Heckenstreifen und abgeräumte Gemüsebeete.

Frisches Gemüse, knackiger Salat

Gemüse und Salat aus dem Garten – wenn Sie es richtig anstellen, ernten Sie Gesundheit pur!

Nachdem im Hausgarten keine riesigen Flächen mit derselben Pflanzenart bewachsen sind, halten sich massive Schädlings- und Krankheitsepidemien weitgehend in Grenzen.

➤ Verzichten Sie auf den Einsatz chemischer Pflanzenschutzmittel, und schützen Sie Ihr Gemüse stattdessen mit Kohlkragen und Netzen vor hungrigen Schädlingen.

➤ Allein durch Mischkultur und eine sinnvolle Fruchtfolge können Sie viele Pilzkrankheiten von vornherein ausschalten.

➤ Kompostbereitung ist vielleicht nicht auf Anhieb jedermanns Sache. Aber wenn Sie sich einmal vor Augen führen, dass Sie damit sowohl wertvollen Dünger zum Nulltarif bekommen als auch eine Menge Abfallmaterial sinnvoll und praktisch entsorgen – können Sie sich am Ende doch dafür begeistern!

➤ Wenn Sie den Garten neu anlegen, säen Sie Gründüngung aus. Bienenfreund & Co. sind eine Erholungskur für den Boden und zudem noch eine Pracht fürs Auge.

➤ In der Hauptwindrichtung oder zur Straßenseite hin kann eine Hecke (zum Beispiel Beerensträucher) als wirkungsvoller Schutz vor kalten Winden und Schadstoffen fungieren.

➤ Selbst auf Terrasse und Balkon kann Gemüse gepflanzt werden. Salate, Radieschen, Spinat gedeihen in Kisten oder Trögen; Tomaten, Zucchini, Kürbis, Stangenbohnen lassen sich in großen Töpfen oder Kübeln ebenfalls sehr gut kultivieren. Achten Sie auf eine gute Wasserversorgung und eine passende Pflanzerde.

Salate in großer Sortenvielfalt gelingen auch dem Garten-»Einsteiger«.

Gehen Sie »planvoll« vor

Nehmen Sie sich in den Wintermonaten Zeit zum Auswählen und Planen der Anbaureihenfolge.

➤ Beginnen Sie mit wenigen Beeten mit Ihren Lieblingsgemüsen, bevor Sie des Guten zu viel tun und der Garten nach kurzer Zeit nur mehr eine Last ist statt eine Lust!

➤ Wenn Sie sich dann für weitere Beete entscheiden, hilft Ihnen eine gut durchdachte Raumaufteilung, Arbeit und Zeit zu sparen.

➤ Sehen Sie zu, dass Gemüse- und Salatbeete nahe beim Haus liegen, damit Sie nicht für jeden einzelnen Salatkopf den Garten durchqueren müssen.

➤ Auch die Wege zum Kompost, zum Wasseranschluss oder zur Regenwassertonne sollten möglichst kurz sein. So durchdacht wird Ihr Garten ein voller Erfolg!

Wer die Wahl hat …

Das Gemüsesortiment ist nahezu riesig. Wer mit nur wenigen Beeten beginnen möchte, ist anfangs vielleicht ratlos, wenn es ums Auswählen geht. Verschaffen Sie sich also zuerst einen Überblick!

➤ **Salat**

Kopf-, Schnitt- und Pflücksalate haben eine relativ kurze Kulturzeit, sind relativ anspruchslos, was Boden und Düngung betrifft, und bringen schnell erste Erfolge.

➤ **Blatt- und Blattstielgemüse**

Mangold und Spinat können überwintert und dann schon frühzeitig wieder geerntet werden. Neuseeländer Spinat und Gartenmelde sind wenig bekannt, jedoch leicht anzubauen und wie Spinat zu verwenden. Rhabarber wächst fast ohne Ihr Zutun, nur mit einem Eimer Kompost versorgt.

➤ **Wurzel- und Knollengemüse**

Hier finden sich unproblematische Schnellwachser wie Radieschen, scharfe Wurzeln wie Rettich, feine Gemüse

Wüchsige Ranker und Kletterer wie Kapuzinerkresse und Stangenbohnen beleben das Gemüsebeet.

wie Fenchel, lagerfähige Knollen und Wurzeln wie Rote Bete und Möhren und schließlich typische Langsamwachser wie der Sellerie, die Geduld und viel Dünger brauchen.

➤ Kohlgemüse

Allen Kohlgewächsen gemeinsam sind eine recht lange Zeit und ein hoher Nährstoffbedarf. Weil sie die Beete über eine lange Kulturzeit hin beanspruchen, ist es besonders wichtig, die angegebenen Anbaupausen einzuhalten, damit sich Krankheiten und Schädlinge nicht ausbreiten können. Das Sortiment hält für jeden etwas bereit: Weiß- und Rotkohl für die Liebhaber herzhafter Küche, Brokkoli und Blumenkohl für die feineren Gerichte, Kohlrabi als knackige Rohkost.

➤ Fruchtgemüse

Tomate, Gurke und Zucchini sind typische Sommergemüse. Sie alle brauchen viel Wasser und Nährstoffe, und in verregneten Sommern fehlt ihnen oft die nötige Wärme, und Pilzkrankheiten machen ihnen zu schaffen. Dann ist der Einsatz von Folie, Vlies oder Kleingewächshaus sinnvoll. Auch Kürbisse verschlingen große Wasser- und Düngermengen. Die zahlreichen kleinen oder die lange haltbaren riesigen Früchte sind jedoch reiche Belohnung.

➤ Zwiebelgemüse

Zwiebeln und Lauch, die der Küche gesunde Schärfe und Würze verleihen, sind im Garten relativ leicht zu kultivieren. Sie lieben leichte Böden und Wärme. Durch ihre geruchsintensiven Lauchöle sind sie bei der Mischkultur beliebte Partner zur Abwehr von Schädlingen und Krankheiten.

➤ Hülsenfrüchte

Erbsen und Bohnen wachsen gut auf lockeren Böden mit mäßigen Nährstoffgehalten, da sie mittels Wurzelknöllchen Nährstoffe, vor allem Stickstoff, sammeln können. Stangenbohnen wirken darüber hinaus auch noch als dekoratives Element im Gemüsebeet.

➤ Südliche Gemüse

Paprika, Chili und Aubergine brauchen viel Wärme, um aromatisch auszureifen, weshalb sie am besten im Gewächshaus kultiviert werden. Artischocken hingegen können auch bei uns sogar überwintert werden.

➤ Pilze

Austernpilz, Shii-Take und andere schmackhafte Kulturpilze lassen sich mit etwas Aufwand auf Holzstämmen oder Strohballen erfolgreich anbauen und auch reichlich ernten.

Kräuter aus dem Garten

Nichts ist leichter, als sich mit einem reichhaltigen Sortiment schmackhafter und gesunder Kräuter aus dem eigenen Garten zu versorgen. Und so manche Dinge, die beim Gemüseanbau problematisch oder begrenzend wirken, kommen den Kräutern gerade recht.

▶ Ein sehr leichter, sandiger Boden zum Beispiel, der für viele anspruchsvolle Gemüsearten erst »verbessert« werden muss, ist für typische Sonnenkräuter wie Thymian, Lavendel, Rosmarin, Koriander, Dill genau richtig.

▶ Haben Sie nur wenig Platz, nur wenige Beete zur Verfügung? Auch das ist für den Kräuteranbau kein Hindernis, denn meistens reicht pro Art eine Einzelpflanze aus, um den Bedarf an Salat- oder Speisewürze zu decken.

▶ Möchten Sie den wenigen Platz auf den Beeten doch lieber Möhren und Blumenkohl vorbehalten? Kein Problem, denn sogar im Ziergarten lassen sich viele Kräuter gut integrieren. Lavendel, Salbei und Ysop im Rosenbeet, Thymian, Kamille und Majoran im Steingarten, Origano, Zitronenmelisse, Pfefferminze, Johanniskraut in den Staudenpflanzungen, Bärlauch unter der Hecke, Kapuzinerkresse und Ringelblume schließlich auf den Baumscheiben der Obstbäume.

▶ Oder haben Sie gar keinen Garten? Für Balkon- und Terrassengärtner sind Kräuter ideal, und einige lassen sich sogar eine ganze Zeit lang im Topf am Küchenfensterbrett zufriedenstellend kultivieren.

Sonnenkinder

Auf eines allerdings können die wenigsten Kräuter verzichten: Sonne! Gerade bei den aromatischen Duft- und Würzkräutern handelt es sich meist um sonnenhungrige und wärmelieben-

Für die meisten Kräuter gilt: je wärmer der Standort, desto aromareicher.

de Geschöpfe. Viele von ihnen, wie Lavendel, Salbei, Rosmarin, Thymian kamen ursprünglich aus dem mediterranen Bereich zu uns und haben eine Vorliebe für sonnige und sehr warme Standorte.

Je mehr Sonne und Wärme diese Pflanzen abbekommen, umso ausgeprägter und intensiver wird ihr typisches Aroma. Manche einjährigen Kräuter, wie Basilikum und Koriander, bleiben richtiggehend im Wachstum

»stecken«, wenn es nicht warm genug ist. Solche Kräuter wachsen dann im Topf an einem geschützten Platz auf dem Balkon oft besser als im Garten.

Halbschattenkräuter

Wenn Sie nicht ganz so viele Sonnenplätze in Ihrem Garten zu vergeben haben, brauchen Sie dennoch nicht auf frisches Kräutergrün zu verzichten. Weniger die mediterranen Würzkräuter, sondern eher typische Salatkräuter und auch einige Teepflanzen wachsen recht zufrieden stellend auch im Halbschatten. Bärlauch, Liebstöckel, Petersilie und Schnittlauch gehören dazu, ebenso Pfefferminze und Zitronenmelisse. Diese Pflanzen lieben auch einen etwas nährstoffreicheren, lehmigeren und feuchteren Boden. Für einen Anbau auf Terrasse oder Balkon benötigen sie ausreichend große Gefäße und eine regelmäßige Bewässerung. Pfefferminze, die sich im Garten ziemlich stark ausbreitet, ist in einem großen Kübel oft besser im Zaum zu halten als auf dem Beet.

Kräuter für alle Fälle

Das Angebot an Kräutern ist nahezu unerschöpflich. Wer eine besondere Begeisterung für diese duftenden, aromatischen Gewächse entwickelt, kann durchaus seine ganze Anbaufläche in einen einzigen riesigen Kräutergarten verwandeln! Für den Anfang allerdings

Ein blühendes und duftendes Kräuterbeet spricht alle Sinne an.

ist ein Grundsortiment sinnvoll, das Sie dann mit der Zeit beliebig erweitern können.

➤ Kräuter für jeden Tag

Schnittlauch, Petersilie, Majoran und Bohnenkraut lassen sich gut am Rand von Gemüsebeeten kultivieren. Eine Liebstöckelpflanze, die viel Platz und Nährstoffe braucht, bekommt eine eigene Ecke auf einem Beet. Dill kann am Rand oder zwischen Gemüsereihen (zum Beispiel Kohl) ausgesät werden.

➤ Kräuter für die feine Küche

Kerbel lässt sich gut zwischen Salat aussäen, Koriander mag es besonders warm und sonnig und Estragon wächst gut auf etwas nährstoffreicheren Beeten. Bärlauch steht als typische Frühjahrspflanze nur begrenzte Zeit zur Verfügung und bleibt danach jahrelang im Boden, weshalb ein ungestörter Platz für diese Pflanze sehr wichtig ist.

➤ Mediterrane Kräuter

Basilikum, Lavendel, Rosmarin und Thymian – die Aromen sprechen bereits für sich! Je sonniger und wärmer, desto besser gedeihen diese Pflanzen. Und auch der Knoblauch liefert umso größere und schönere Knollen, je trockener und wärmer das Jahr ist. Alle diese aromatischen Pflanzen sind bewährte Mischkulturpartner.

➤ Kräuter mit zierenden Blüten

Von Borretsch, Origano und Ysop können Sie nicht nur die Blätter und Triebspitzen verwenden, sondern auch die Blüten. Das gilt übrigens auch für viele andere Kräuter, wie zum Beispiel Lavendel, Rosmarin, Salbei, Schnittlauch und Thymian. Bei Gewürztagetes (auch Studentenblume genannt), Kapuzinerkresse und Ringelblume sind die Blüten sogar der alleinige »Clou« für die Küche.

➤ Kräuter für Tees und Heilzwecke

Pfefferminze und Zitronenmelisse, »die« Teekräuter schlechthin, gedeihen in jedem leicht humosen Gartenboden hervorragend. Wechseln Sie öfter mal den Standort, wenn die Pflanzen häufig mit Rostpilzen befallen sind. Salbei gibt einen wunderbaren Tee bei entzündetem Hals und wächst an einem sonnigen Platz zu ausladenden Exemplaren heran, ebenso das Johanniskraut. Die einjährige Kamille lässt sich leicht an warmen, leicht sandigen Plätzen aussäen oder auch auf dem Balkon in flachen Schalen mit einem solchen Substrat.

Die Mischung macht's!

In der Natur gibt es keine Monokulturen einer einzigen Pflanzenart und dieses Prinzip hat sich der biologische Pflanzenbau abgeschaut und in der Mischkultur zu Nutze gemacht: In einer artenreichen, vielseitigen Pflanzengemeinschaft begünstigen sich verschiedene Arten gegenseitig im Hinblick auf Wachstum und Gesundheit und schlagen sogar noch die Schädlinge der Nachbarpflanze in die Flucht!

Auf gute Partnerschaft!

Bei der Mischkultur werden unterschiedliche Gemüse und Kräuter nebeneinander auf einem Beet oder miteinander in einer Reihe angebaut. Viele dieser günstigen Partner vertreiben durch ihren arteigenen Geruch spezifische Feinde des Nachbarn. So fühlen sich zum Beispiel Möhrenfliegen vom kräftigen Zwiebelduft abgeschreckt.

Ganz besonders auch durch die starken Aromen vieler Kräuter, wie Lavendel, Salbei, Thymian, Rosmarin können Schädlinge »verwirrt« und von ihrer Futterpflanze abgelenkt werden. Ideale Partner sind zum Beispiel Schwarze Johannisbeeren und Wermut (gegen Johannisbeersäulenrost), Tomaten und Basilikum (gegen Weiße Fliege), Bohnen und Bohnenkraut (gegen Schwarze Bohnenläuse), Salat und Kerbel, Kohl und Dill. Genauso, wie manche Pflanzenarten besonders gut miteinander auf einem Beet wachsen, gibt es auch solche, die sich gegenseitig in ihrer Wüchsigkeit und Gesundheit eher hemmen und unterdrücken. So können sich zum Beispiel Erbsen und Zwiebeln nicht »riechen« und kümmern vor sich hin, wenn man sie nah zusammen pflanzt.

Mischkultur hilft Platz sparen

Günstige Mischkultur-Kombinationen vertreiben nicht nur wechselseitig verschiedene Schädlinge, sondern führen auch zu einer optimalen Ausnutzung des vorhandenen Platzes auf den Beeten. Vor allem im kleinen Garten ist dieser Aspekt von Interesse. So bean-

Gute und schlechte Nachbarn

Gemüse	Guter Nachbar	Schlechter Nachbar
Buschbohnen	Bohnenkraut, Kohlrabi, Kohlarten, Erdbeeren, Salat, Rote Bete, Salbei	Zwiebeln, Knoblauch, Lauch, Erbsen, Fenchel
Erbsen	Gurken, Kohlrabi, Kohlarten, Möhren, Fenchel, Salat, Zucchini, Salbei, Dill	Bohnen, Lauch, Tomaten, Zwiebeln
Erdbeeren	Bohnen, Salat, Knoblauch, Zwiebeln	
Fenchel	Salbei, Gurken, Erbsen	Tomaten, Bohnen
Gurken	Bohnen, Dill, Koriander, Erbsen, Fenchel, Kohlrabi, Lauch, Mais	Radieschen, Tomaten
Kohlgewächse	Salat, Lauch, Bohnen, Erbsen, Sellerie, Spinat, Rote Bete, Tomaten, Salbei, Dill, Koriander	Knoblauch, Zwiebeln, Erdbeeren
Kohlrabi	Sellerie, Lauch, Kopfsalat	
Kopfsalat	Buschbohnen, Möhren, Radieschen, Erbsen, Erdbeeren, Gurken, Kohlarten, Kohlrabi, Lauch, Tomaten, Pfefferminze, Kerbel, Kresse, Dill	Petersilie, Sellerie
Lauch	Möhren, Sellerie, Tomaten	Bohnen, Erbsen, Rote Bete
Liebstöckel	Estragon	
Mangold	Möhren, Kohlarten, Kohlrabi, Rettich	Rote Bete
Möhren	Lauch, Salat, Schnittlauch, Zwiebeln, Knoblauch, Pfefferminze, Salbei	Rote Bete
Petersilie	Studentenblume (Tagetes)	Kopfsalat
Radieschen/Rettich	Bohnen, Möhren, Kopfsalat	Gurken
Sellerie	Buschbohnen, Kohlrabi, Lauch	Kopfsalat
Spinat	Kopfsalat	Feldsalat, Rote Bete, Mangold
Tomaten	Buschbohnen, Möhren, Kohlrabi, Sellerie, Lauch, Spinat, Basilikum, Pfefferminze, Petersilie, Kapuzinerkresse	Erbsen, Fenchel
Zucchini	Erbsen, Borretsch	
Zwiebeln	Gurken, Möhren, Salat, Dill, Erdbeeren	Buschbohnen, Erbsen, Kohlarten

Die leuchtenden Ringelblumen sind schöne und zugleich gesunde Nachbarn.

spruchen zum Beispiel schmale Lauch-pflanzen nur wenig Platz und kommen auch mit weniger Licht zurecht, weshalb sie gut zwischen ausladende Tomatenpflanzen gesetzt werden können. Auch schnell und langsam wachsende Gemüsearten ergänzen sich hervorragend. Während die schnellere Kultur heranwächst, braucht die langsamere noch nicht viel Standraum. Ist dies dann nach einigen Wochen doch der Fall, ist die andere Gemüseart schon geerntet. Frühe Blumenkohlsorten, die eine relativ kurze Vegetationszeit haben, und langsam wachsender Sellerie sind demzufolge ein ideales Paar.

»Pflanzliches Miteinander«

Die Mischung verschiedener Gemüse- und Kräuterarten auf einem Beet ist auch optisch durchaus reizvoll. Breitblättrige Arten wachsen neben schmallaubigen, aufrechte Gestalten neben niedrigen und breiten. Auch unterschiedliche Wuchseigenschaften – flach- oder tiefwurzelnd, stark- oder schwachzehrend – bilden ein harmonisches Miteinander und beeinflussen sich gegenseitig günstig. Selbst Wurzelausscheidungen oder ätherische Öle spielen eine Rolle im pflanzlichen Miteinander. So kann jede Einzelpflanze leichter die für sie geeignete »Nische« finden und muss nicht mit ihren Nachbarn um Standraum, Licht und Nährstoffe konkurrieren.

Fruchtwechsel und Fruchtfolge

Mit Fruchtfolge bezeichnet man den aufeinander folgenden Anbau verschiedener Gemüsearten auf einem Beet über einen längeren Zeitraum hinweg. Dabei ist in erster Linie zu beachten, welche Gemüsearten dem Boden viel Nährstoffe entziehen (Starkzehrer) und welche wenig (Schwachzehrer), um einen Ausgleich zu schaffen. So gehören zum Beispiel die meisten Kräuter zu den Mittel- oder Schwachzehrern und eignen sich zum Nachbau nach stark nährstoffbedürftigen Gemüsen. Sie können sich auch gut die Beete mit richtigen »Nährstoff-Fressern« teilen. Dill und stark zehrender Kohl zum Beispiel ergänzen sich hervorragend auf einem Beet.

Anbauplanung

Machen Sie sich regelmäßige Notizen über die Bepflanzung Ihrer Beete, dann ist es auch ganz leicht, die richtige Fruchtfolge zu beachten. Sie können dann zum Beispiel gut ersehen, auf welcher Fläche im letzten Jahr »nährstoffhungriges« Rotkraut stand, und dort in diesem Jahr schwachzehrende Erbsen und Feldsalat kultivieren. Der Winter ist die beste Zeit, einen solchen Anbauplan zu erstellen. Dabei legen Sie fest, welche Gemüse- und Kräuterarten und -sorten Sie kultivieren wollen und auf welchen Beeten die Pflanzen in welcher zeitlichen Abfolge angebaut werden. Mit Hilfe der Tabellen über Stark- und Schwachzehrer und der günstigen Mischkulturnachbarn (→ Seite 18) können Sie die optimale Pflanzenzusammenstellung für Ihre Gemüsebeete »austüfteln«.

Gönnen Sie dem Kohl eine Pause!

Aber nicht nur der Nährstoffentzug ist entscheidend für die Anbauplanung im Lauf der Jahre. So, wie bei der Mischkultur bestimmte Pflanzenarten nebeneinander nicht gut wachsen, so reagieren manche Pflanzen mit Wuchsdepressionen und deutlichen Ertragsrückgängen, wenn sie ein oder mehrere Jahre später auf demselben Beet wieder angebaut werden.

Wahrscheinlich wird diese »Unverträglichkeit« von verschiedenen Faktoren ausgelöst, wie Krankheiten, Schädlingen, Pflanzenrückständen im Boden, Wurzelausscheidungen und anderen Stoffwechselprodukten.

Viele Gemüsearten reagieren besonders »allergisch« auf einen solchen Nachbau mit sich selbst oder mit verwandten Arten. So sollte zum Beispiel Weißkraut im Folgejahr nicht wieder auf demselben Beet angepflanzt werden und auch keine verwandten Gemüsearten wie Kohlrabi oder Chinakohl. Eine Anbaupause von 3–4 Jahren ist empfehlenswert und muss auf jeden Fall eingehalten werden, wenn ein starker Krankheits- oder Schädlingsbefall aufgetreten ist. Das bedeutet, dass frühestens nach der angegebenen Zeitspanne diese Gemüseart wieder auf demselben Beet kultiviert werden darf. Bauen Sie in der Zwischenzeit Ringel- oder Studentenblumen auf den jeweiligen Beeten an, dann helfen Sie dem Boden noch besser, dass er sich von einer bestimmten Kultur wieder »erholen« kann.

Haupt- und Zwischenfrucht

Damit die Pflanzflächen das ganze Jahr über optimal genutzt werden, müssen Sie auch die Kulturdauer der verschiedenen Gemüsearten bei der Anbauplanung bedenken.

Als »Hauptfrucht« werden Kulturen bezeichnet, die das Beet während der

---

Nährstoffbedarf

Schwachzehrer
Basilikum, Erbse, Feldsalat, Kresse, Radicchio, Radieschen, Rosmarin, Thymian, Ysop

Mittlere Zehrer
Busch- und Stangenbohnen, Bohnenkraut, Borretsch, Brokkoli, Dill, Endivie, Estragon, Fenchel, Grünkohl, Gurke, Kapuzinerkresse, Kerbel, Knoblauch, Majoran, Mangold, Frühmöhre, Neuseeländer Spinat, Paprika, Petersilie, Salat (Kopf-, Schnittsalat), Salbei, Schnittlauch, Spinat, Zuckermais, Zwiebel

Starkzehrer
Artischocke, Aubergine, Blumenkohl, Chinakohl, Kohlrabi, Kürbis, Lauch, Liebstöckel, Pfefferminze, Rettich, Rhabarber, Rosenkohl, Rote Bete, Sellerie, Spätmöhre, Tomate, Weiß- und Rotkohl, Zitronenmelisse, Zucchini

Die wüchsigen Kohlarten wollen gut mit Nährstoffen »gefüttert« werden.

längsten Zeit im Jahr beanspruchen. »Vorfrüchte« sind solche, die im Frühjahr vor einer Hauptkultur angebaut werden; »Nachfrüchte« belegen die Beete noch im Spätsommer oder Herbst, wenn die Hauptkultur bereits abgeerntet ist. »Zwischenfrüchte« stehen zusammen mit der Hauptkultur auf dem Beet und füllen zu Anfang der Kultur die dann noch vorhandenen Lücken, weil sie eine relativ kurze Kulturzeit haben. Damit erfüllen sie zugleich das Prinzip der Mischkultur. Mit einer solchen Anbauplanung ern-

ten Sie auch aus einem kleinen Nutzgarten ein vielfältiges Sortiment an Gemüse und Kräutern. Nachfolgend einige Beispiele für gute Vor-, Haupt-, Nach- und Zwischenfrüchte.

➤ **Gute Vorfruchtarten:**
Rettich, Radieschen, Kopfsalat, Pflück- und Schnittsalat, Spinat, Kohlrabi, Erbsen.

➤ **Gute Hauptfruchtarten:**
Möhren, Sellerie, Bohnen, Gurken, Tomaten, Zwiebeln, Lauch, Rot- und Weißkohl, Blumenkohl, Paprika, Rote Bete, Kürbis, Zucchini.

➤ **Gute Zwischenfruchtarten:**
Rettich, Radieschen, Kopfsalat, Spinat, Feldsalat, Schnittsalat, Lauch.

➤ **Gute Nachfruchtarten:**
Rettich, Radieschen, Kopfsalat, Spinat, Kohlrabi, Rote Bete, Endivie, Feldsalat, Chinakohl, Buschbohnen, Rosenkohl, Grünkohl.

Nicht alle Gemüse- und Kräuterkulturen vertragen frische Kompostgaben, und manche sind sogar regelrecht empfindlich dagegen. Ein Anbau als Nachfrucht löst auch dieses Problem zufrieden stellend.

Querverweise
Mischkultur Seite 18/19
Gründüngung Seite 48/49

Den Garten anlegen

Obst, Gemüse und Kräuter können Sie auch mit wenig Aufwand in einem kleinen Garten anpflanzen.

Für die Anlage eines Nutzgartens sind vorab einige Dinge zu bedenken, ganz egal, ob es sich dabei um einen kompletten Gemüse- und Obstgarten handelt oder nur um einzelne Beete.

Zeitaufwand

Überlegen Sie gut, welchen Zeitaufwand Sie sich leisten wollen.
➤ Gemüsebeete müssen regelmäßig gewässert, gehackt, gemulcht und auf Schädlinge überprüft werden.
➤ Bepflanzte Kübel und Kästen auf Balkon und Terrasse sind etwas weniger zeitaufwändig, doch auch hier müssen Sie die Urlaubszeit in den oft sehr gießintensiven Sommermonaten einplanen.
➤ Obstgehölze können in den Sommermonaten schon eher sich selbst überlassen werden. Dagegen ist hier im Spätwinter etwas Zeit und Engagement für den Schnitt vonnöten.

Der richtige Standort

Auch wenn Sie sich mit Leib und Seele dem Gärtnern verschreiben, so können Sie doch nur anbauen, wozu der Boden und die klimatischen Verhältnisse in Ihrer Gegend sich eignen. Durch eine große Sortenvielfalt und entsprechende Kulturmaßnahmen kann hier jedoch viel ausgeglichen werden, so dass Sie fast für jeden Standort etwas Passendes finden. Für sehr wärmebedürftige Gemüsearten lohnt es sich, vor allem in klimatisch ungünstigen Gegenden, in die Anschaffung von Folie, Vlies oder eines Kleingewächshauses zu investieren.

Gartenaufteilung

Im Garten selbst sollte für Obst, Gemüse und Kräuter immer ein besonders sonniger, warmer, geschützter Platz ausgewählt werden. Manchmal ist es eine Gewissensfrage, ob man an solchen bevorzugten Gartenplätzen ein Nutzpflanzenbeet oder nicht lieber doch einen Teich oder Sitzplatz anlegt. Im Zweifelsfall beschränken Sie sich auf Kräuter, die sich gut in Stauden- und Terrassenbeete integrieren lassen, ziehen Tomatenpflanzen im Kübel und setzen Wildobststräucher, die auch in einer lockeren Hecke Platz finden.

Mit den richtigen Handgriffen gepflanzt, wachsen Kräuter und Gemüse zuverlässig heran.

Der Boden: lebendiges Kapital

Ganz gleich, ob Sie Obstbäume, Gemüsepflanzen oder Küchenkräuter anbauen wollen, Voraussetzung für ein optimales Pflanzenwachstum ist eine geeignete Bodenbeschaffenheit bzw. die richtige Bodenbearbeitung.

Bodenart und Nährstoffe

Die Bodenart richtet sich nach dem Gestein oder Ausgangsmaterial, aus dem sich an einem bestimmten Standort der Boden entwickelt hat. Sie beeinflusst unter anderem das Nährstoffangebot, das für die Pflanzen zur Verfügung steht. In sehr leichten Böden zum Beispiel werden die Nährstoffe stark ausgewaschen, das heißt, Sie düngen zwar, aber die Pflanzen bekommen nur wenig von den Nährstoffen. Andere Bodenarten fixieren die Nährstoffe, so dass sie ebenso wenig von den Pflanzen aufgenommen werden können.

Sie sollten daher eine Bodenprobe nehmen und am besten von einem Institut für Bodenkunde (→ Seite 180) auf seine Zusammensetzung, den pH-Wert und den Nährstoffgehalt analysieren lassen.

Die wichtigsten Bodenarten

Bei den meisten Gartenböden handelt es sich um eine Mischung verschiedener Bodenarten.

➤ **Sandige Böden** sind locker, durchlässig, gut zu bearbeiten und meist nährstoffarm. Sie eignen sich für viele Kräuter, die mager, warm und trocken stehen wollen.

➤ **Lehmige Böden** sind mittelschwer, haben eine gute Wasser- und Nährstoffverfügbarkeit und sind meistens gut zu bearbeiten. Böden mit ausreichendem Lehmanteil eignen sich meist optimal für den Anbau von Obst, Gemüse und Kräutern.

➤ **Tonböden** sind oft feucht und fest, schwer zu bearbeiten, speichern Nährstoffe und Wasser gut, geben beides aber nur schlecht an die Pflanzen ab.

Den Boden verbessern

Um die Beschaffenheit bzw. die Struktur des Bodens beurteilen zu können, drücken Sie am besten eine Hand voll leicht feuchter Erde zwischen den Händen zusammen.

Den Boden testen

Den pH-Wert Ihres Gartenbodens können Sie ganz leicht mit Hilfe eines Bodentestsets bestimmen.

➤ **Guter Boden** sollte locker zusammenhalten und nicht auseinander fallen, aber auch keine harte, feste Kugel bilden.

➤ **Sehr leichter Boden**, der nicht zusammenhält und zwischen den Fingern davonrieselt, kann durch die Zugabe von grobem, organischem Material, zum Beispiel Kompost, lehmiger Erde und Steinmehl, verbessert werden.

➤ **Schwerer Boden**, der fest an den Händen kleben bleibt und eine harte Kugel oder Rolle bildet, kann durch Einarbeiten von Sand, Kalk und kiesigem Material aufgelockert werden.

Den Boden bearbeiten

Umgraben – ja oder nein? Auch das ist eine Frage der Bodenstruktur.

➤ **Ausreichend lockere** oder sehr leichte Böden werden nicht umgegraben, sondern nur oberflächlich mit Sauzahn oder Grubber aufgelockert. In diesen Böden würde ein Umgraben die gute vorhandene Bodenstruktur sinnlos zerstören.

➤ Für sehr schwere Böden kann sich ein Umgraben im Herbst durchaus lohnen. Die Kälteeinwirkung im Winter führt hier nämlich zur »Frostgare«, das heißt, das grobe, feste Gefüge dieses Bodens wird gelockert, und es entsteht eine feine Krümelstruktur. Achten Sie auch darauf, schwere Böden erst dann zu bearbeiten, wenn sie ausreichend abgetrocknet sind!

Einen humusreichen, »lebendigen« Gartenboden schaffen Sie durch regelmäßiges Mulchen.

Humusgehalt

Neben der Bodenart ist der Humusgehalt, das heißt der Anteil an organischen Bestandteilen im Boden, ein entscheidender Faktor für die Qualität des Bodens.

Organisches Material im Boden sind zum Beispiel tierische und pflanzliche Abbauprodukte, die den Pflanzen Nährstoffe liefern, und ein reges Bodenleben (Tiere, Pilze, Mikroorganismen), das diese Nährstoffe aufbereitet. Um Humusgehalt und ein gutes Bodenleben zu fördern, stehen Ihnen einige wirkungsvolle und einfache Maßnahmen zur Verfügung:

➤ Die regelmäßige Ausbringung von gutem Kompost.

➤ Das Abdecken freier Bodenflächen mit organischem Mulchmaterial wie getrocknetem Grasschnitt, verrottetem Kompost, gehäckseltem Heu oder Stroh.

➤ Die Aussaat von Gründüngungspflanzen wie z.B. Bienenfreund, Lupinen, Ringelblumen oder fertigen Mischungen auf längerfristig freien und unbebauten Pflanzflächen.

Säuregrad des Bodens

Der pH-Wert ist eine Maßeinheit für den Säuregrad des Bodens. Die Skala reicht von 0 (extrem sauer) bis 14 (extrem alkalisch).

Die meisten Pflanzen gedeihen bei einem mittleren pH-Wert (5,5–7,5) am besten.

➤ Ein niedriger pH-Wert lässt sich durch Kalkgaben (zum Beispiel kohlensaurer Kalk) anheben.

➤ Ein hoher pH-Wert lässt sich durch sauer wirkenden Dünger (zum Beispiel Ammoniumsulfat) senken.

Bodenpflege

Für die Pflanzen ist ausschlaggebend, dass im Boden sowohl genügend Luft als auch ausreichend Wasser vorhanden ist, denn nur dann können sich die Wurzeln richtig entwickeln. Ein entsprechendes Nährstoffangebot im Boden liefert die lebenswichtigen Wuchsstoffe für die Kulturpflanzen, jedoch sollten sie nicht mit einem üppigen Unkrautbewuchs um Nährstoffe konkurrieren müssen. Lockern und verbessern, gießen, düngen, mulchen und Unkraut jäten sind wichtige Bodenpflegemaßnahmen und Voraussetzung für ein gutes Pflanzenwachstum.

Pflanzen unter Folie und Glas

Pflanzen unter Folie

Gewächshaus aus der Tüte

Für kleinere Aussaaten am Fensterbrett ist ein Blumentopf mit durchsichtiger Plastikhaube darüber ideal. Vergessen Sie nicht, die Plastiktüte mit Luftlöchern zu versehen, und befestigen Sie sie mit einem Gummiband. Sind die Pflänzchen gekeimt und etwas gewachsen, entfernen Sie die Plastikhaube. Das »Gewächshaus aus der Tüte« ist auch zur Stecklingsvermehrung geeignet.

Pflanzhütchen

Drohen einzelnen, kälteempfindlichen Jungpflanzen (zum Beispiel Bohnen) kalte Spätfrostnächte, können Sie diese mit fertigen Pflanzhütchen aus durchsichtigem Kunststoff wirkungsvoll schützen. Die Hütchen werden nach Bedarf aufgestellt und wieder entfernt.

Loch- und Schlitzfolie

Am einfachsten ist eine Ernteverfrühung mit Loch- oder Schlitzfolien möglich. Gegenüber herkömmlichen Kunststofffolien haben sie den Vorteil, dass sie durch die Löcher oder Schlitze luft- und wasserdurchlässig sind. Die Schlitzfolie oder mitwachsende Folie erlaubt sogar ein stärkeres Wachstum der Pflanzen, ohne diese zu beengen. Legen Sie die Folien locker auf, und fixieren Sie sie an den Rändern.

Mulchfolie

Die Vorteile des Mulchens – verbesserte Bodenstruktur, optimaler Wasserhaushalt im Boden, gleichmäßige Bodenerwärmung, Förderung des Bodenlebens, Unkrautunterdrückung – sind offensichtlich und viel gepriesen. Wer kein organisches Mulchmaterial (zum Beispiel zersetzten Kompost, getrockneten Grasschnitt) zur Verfügung hat, kann auch eine Mulchfolie aus dunklem Kunststoffmaterial verwenden.

Erwärmte und mit Feuchtigkeit gesättigte Luft, wie sie unter Glas oder Folie entsteht, ist vor allem für Pflanzenvermehrung und Jungpflanzenanzucht vorteilhaft.

Pflanzen unter Folie und Glas

Tomatenhauben

Tomaten werden bei völlig ungeschütztem Anbau im Freien oft von Kraut- und Braunfäule oder anderen Pilzkrankheiten befallen. Wenn sie nicht im Gewächshaus stehen, sollten die Pflanzen zumindest bei regnerischem Wetter und in kühlen, feuchten Nächten mit gelochten Folienhauben geschützt werden. Nehmen Sie die Hauben jedoch rechtzeitig wieder ab, bevor sich innen Staunässe und Feuchtigkeit bilden und zu Krankheiten führen können.

Folientunnel

Eine einfache, praktische und wandelbare Verfrühungsmethode für Salat und Gemüse ist der Folientunnel. Über eine Anzahl von gebogenen Metallstäben wird eine Folie gezogen und seitlich befestigt – fertig! Folientunnel sind schnell auf- und abgebaut. Zum Lüften und Ernten kann die Folie an den Seiten einfach hochgeschoben werden.

Frühbeet

Frühbeete können leicht selbst gebaut werden, sind jedoch auch im Fachhandel in verschiedenen Größen, Ausführungen und Preisklassen erhältlich. Um im zeitigen Frühjahr erste knackige Salate zu ziehen, wenn es auf den Beeten noch zu kalt ist, ist so ein Frühbeet eine lohnende Investition. Und im Herbst kann es gleich als Einschlag für Lagergemüse genutzt werden.

Kleingewächshaus

Die Anschaffung eines Gewächshauses ist nicht ganz billig. Wer jedoch auch wärmebedürftigere Gemüsearten wie Auberginen und Chili erfolgreich anbauen will, für den ist sie empfehlenswert. Auch die eigene Jungpflanzenanzucht im Frühjahr wird durch ein Gewächshaus wesentlich erleichtert, da die Pflanzen genügend Wärme und Licht bekommen, kräftiger und gesünder werden.

Pflanzen vorziehen

Kurzinformation

Werkzeug

Holzstäbchen (Pikierholz)
Wasserzerstäuber oder
Gießkanne mit feiner Brause
Etiketten
wasserfester Stift

Material

Saatgut
Anzuchtschalen, kleine Töpfe,
Torfquelltöpfe oder Jiffy-Pots
durchsichtige Plastikhauben
oder Glasscheiben
Wasserauffangschalen
Aussaaterde

Anzuchttemperaturen

optimale Keimtemperaturen:
meist 15–20 °C
20–25 °C brauchen:
Auberginen, Basilikum, Chili,
Fenchel, Gurken, viele Kürbis-
arten, Paprika, Tomaten,
Zucchini

Aussaat in Töpfe und Schalen

Wählen Sie am besten ein sonniges und helles Südfenster als »Anzuchtstation«, damit die Sämlinge auf jeden Fall genügend Licht bekommen. Sorgen Sie für genügend Luftfeuchtigkeit, indem Sie durchsichtige Plastikhauben über die Anzuchtgefäße ziehen oder Glasscheiben darüber legen.

Säen Sie in Anzuchterde aus, drücken Sie die Samen leicht an, und befeuchten Sie die Erde vorsichtig mit dem Zerstäuber oder einer feinen Brause. Versehen Sie die Aussaatgefäße mit einem Etikett, auf dem Saatgut und Aussaattermin stehen, damit Sie auch noch später wissen, was Sie wohin gesät haben. Sobald ein Großteil der Samen gekeimt ist, müssen Sie gut lüften. Machen Sie einige Löcher in die Plastiktüte oder legen Sie ein Holzstäbchen unter die Glasscheibe. Etwas mehr Komfort bieten Zimmergewächshäuser, die gleich mit einem passenden Folien- oder Kunststoffdeckel, oft mit Lüftungsschlitzen, versehen sind. Als Aussaatgefäße eignen sich Töpfe und Schalen aus Ton oder Kunststoff, Holz- oder Styroporkistchen und sogar Joghurtbecher, wenn Sie Löcher zum Wasserabfluss hineinbohren.

Beachten Sie: Samen von Dunkelkeimern sollten bei der Aussaat mit Erde bedeckt werden, die von Lichtkeimern nicht.

Torfquelltöpfe

Die flachen Torfscheiben quellen nach mehrstündigem Einweichen in Wasser zu kleinen Ballen auf, die für das Wachstum eines Pflanzensämlings ideal geeignet sind. Gerade größere Samen wie von Bohne, Kürbis oder Zucchini können gut in solchen Töpfen ausgesät werden. Sie entwickeln sich zu kräftigen Jungpflanzen und können dann mitsamt der Torfquelltöpfe besonders wurzelschonend verpflanzt werden.

Nach der Aussaat stellen Sie die Torfquelltöpfchen am besten in eine flache Schale mit Wasserabzug, so dass sie immer gleichmäßig feucht gehalten werden können.

Jiffy-Pots

Jiffy-Pots aus Torf und Zellulose eignen sich ebenfalls sehr gut für Aussaat und Jungpflanzenanzucht. Sie können sie allerdings nur einmal verwenden – sie sind daher vergleichsweise etwas teurer. Die Jungpflanzen können jedoch mitsamt der Töpfchen ausgepflanzt werden und behalten so einen unbeschädigten Wurzelballen.

Füllen Sie die Töpfe bis 1 cm unterhalb des Randes mit Erde und legen die Samen hinein. Stellen Sie die Töpfe dann wie Tontöpfe zusammen in einen Untersatz mit Wasserabzug und geben eine Folien- oder Glasabdeckung darüber.

Pikieren

Bei guten Wuchsbedingungen (Wärme, Feuchtigkeit und Luft) werden sich die Pflänzchen im Topf oder in der Saatschale bald gegenseitig beengen (Bild oben). Damit die Jungpflanzen aus Platzmangel nicht zu »langbeinig« werden, müssen Sie sie – je nach Art 3–6 Wochen nach der Aussaat – vereinzeln (pikieren).

Lockern Sie dazu mit einem Holzstäbchen vorsichtig die Erde, und heben Sie dann die Pflänzchen mit möglichst vielen Wurzeln heraus. Pikiert wird in Töpfe (Bild unten), Kisten oder direkt ins Beet.

Expertentipp
Im Fachhandel oft im praktischen Set mit Zimmergewächshäusern erhältlich.

Expertentipp
Es können auch Sämlinge in die Jiffy-Töpfe pikiert werden.

Expertentipp
Jungpflänzchen mit vorgewärmtem Wasser gießen.

Aussaat ins Freiland

Kurzinformation

Werkzeug

Pflanzschnur mit Pflöcken
Pflanzholz oder Stock (zum Reihen-
ziehen) oder Rillenzieher
Holzrechen
Holzbrett (zum Andrücken der Saat)
Gießkanne oder Gartenschlauch mit
feiner Brause
Etiketten
wasserfester Stift

Material

Saatgut

Saatkalender für Freilandsaat

ab Ende Februar:
    Möhren, Spinat
ab März:
    Erbsen, Kresse, Lauch, Radies-
    chen, Rettich, Salat
ab April:
    Kohl, Kohlrabi, Mangold, Rote
    Bete, die meisten Kräuter
ab Mai:
    Bohnen, Eissalat, Gurken,
    Kürbis, Zucchini
ab Juni/Juli:
    Sommersorten vieler Gemüse
ab August:
    Feldsalat, Spinat

Reihensaat

Für die meisten Gemüsearten empfiehlt sich die Reihensaat. Später anfal-
lende Pflegearbeiten wie Hacken und
Unkraut zupfen können dann bequem
durchgeführt werden. Ziehen Sie mit
dem Pflanzholz entlang einer gespann-
ten Schnur eine Rille, und legen Sie
darin die Samen mit der Hand aus.
Sehr feine Samen streuen Sie mit leichter Schüttelbewegung aus der Samentüte oder mit Hilfe einer gefalteten
Postkarte in die Rille. Schließen Sie die
Rillen dann vorsichtig mit dem Rechen, und wässern Sie die Saat. Etiket-
tieren Sie die Aussaat! Nach dem Aufgehen müssen die Pflanzen meist noch
vereinzelt werden.

Horst- /Dibbelsaat

Die Horstsaat eignet sich für Gemüsearten, die viel Platz benötigen, als
Einzelpflanze aber nicht besonders
standfest sind, wie z.B. Busch- und
Stangenbohnen, Erbsen, Gurken. Legen Sie dazu jeweils 3–7 Samen miteinander aus, so dass nach dem Auflaufen mehrere Einzelpflänzchen einen
»Horst« bilden. Halten Sie zwischen
den Horsten die auf den Samentüten
angegebenen Abstände ein, damit sich
die Pflanzen nach allen Seiten gut ausbreiten können.

Expertentipp
*Sehr feines Saatgut mit Sand
vermischen.*

Expertentipp
*Weichen Sie die großen Samen
vor dem Auslegen 1–2 Tage ein.*

Viele Gemüsearten und die meisten Kräuter können direkt an Ort und Stelle ins Beet gesät werden – ideal für Garteneinsteiger.

Saatbänder

Eine gleichmäßig auflaufende Saat ohne Pikieren liefern Saatbänder. Die Samen liegen in einem Band aus Spezialpapier, das direkt in die Pflanzrille gelegt, dünn mit Erde bedeckt und gut gewässert wird. Saatbänder sind vor allem für Kulturen geeignet, die recht mühsam zu pikieren sind (z.B. Möhren, Lauch).

Saatroller

Bei einem Saatroller kann der jeweils gewünschte Pflanzenabstand eingestellt werden. Dieses Gerät wird vor allem für pillierte, d.h. von einer künstlichen Ummantelung umgebene Samen, verwendet.

Breitwürfige Saat

Vor allem für typisches »Schnittgemüse« wie Feldsalat, Kresse, Melde oder Spinat, von dem bei der Ernte größere Mengen abgeschnitten werden, eignet sich am besten die breitwürfige Saat. Versuchen Sie dabei den Samen gleichmäßig aus dem Handgelenk auszustreuen, damit die Pflänzchen nachher nicht stellenweise zu dicht stehen. Ein Untermischen von Sand bei sehr feinem Saatgut leistet auch hier gute Dienste. Rechen Sie nach dem Ausstreuen die Saat mit dem Rechen leicht ein, drücken Sie sie mit dem Rechenrücken oder einem Holzbrett an und wässern Sie anschließend gut.

Zwiebeln stecken

Ziehen Sie mit einem Pflanzholz oder einem Rillenzieher im Abstand von 20 cm mehrere flache Reihen, und stecken Sie dann alle 4–5 cm eine Zwiebel. Drücken Sie gleich nach dem Stecken die Erde drum herum so fest, dass sich die Rille bereits wieder schließt. Danach sollte das oberste Drittel der Zwiebel gerade noch zu sehen sein. Wässern Sie anschließend die Beete und decken Sie sie am besten mit Reisig o.ä. ab, da Vögel gern die herausspitzenden Zwiebelchen aus dem Boden scharren.

Expertentipp
Pilliertes Saatgut besonders gut wässern, damit die Hülle aufweicht.

Expertentipp
Saaten mit einer feinen Brause gießen, damit die Erde nicht verkrustet.

Expertentipp
Steckzwiebeln vor dem Pflanzen kühl lagern.

Vermehrungs-methoden

Kurzinformation

Werkzeug

scharfes Stecklingsmesser
Gartenschere
Spaten
Pikierholz

Material

Vermehrungserde
Töpfe oder Multitopfplatten
Etiketten
wasserfester Stift
Plastik- oder Glashaube oder
Zimmergewächshaus
Wassersprüher oder feine
Brause

Vermehrungszeitpunkt

Stecklinge schneiden:
April–August

Ausläufer abnehmen
(Erdbeeren): Juni/Juli

Absenker machen:
April/Mai

Pflanzen teilen:
(April) oder September/Oktober

Stecklinge schneiden

Als Stecklinge verwenden Sie am besten die diesjährige Triebspitzen von Kräutern und Gehölzen (Bild oben links, Rosmarin), die nicht mehr ganz weich, aber auch noch nicht richtig verholzt sind. Der abgeschnittene Pflanzenteil sollte 3–4 Blattpaare aufweisen. Schneiden Sie die Triebspitzen mit einer scharfen Schere oder einem Gärtnermesser kurz unterhalb eines Blattes oder Blattpaares ab. Der Steckling darf nicht zu groß sein bzw. nicht zu viele Blätter haben, weil er sonst zu viel Wasser verdunstet und schnell welkt.

Füllen Sie einen kleinen Blumentopf oder eine Multitopfplatte bis zum Rand mit Vermehrungs- oder Aussaaterde (ungedüngt!) und drücken die Erde etwas fest, damit ein Gießrand entsteht. Mit einem Stäbchen oder Pikierholz machen Sie ein Loch in die Erde, setzen den Steckling hinein und drücken die Erde ringsum gut fest (Bild rechts oben).
Sorgen Sie für eine gleichmäßige Boden- und Luftfeuchte, d.h. gießen Sie gut an und stülpen eine Glas- oder Kunststoffhaube über den Topf (Bild rechts unten). Warm stellen (15–20 °C).

*Pflanzen nicht nur fertig kaufen, sondern
selbst Jungpflanzen heranziehen – mit den richtigen
Methoden geht's ganz leicht!*

Ausläufer abnehmen

Erdbeerpflanzen bilden im Juni/Juli kleine Tochterpflanzen an langen oberirdischen Seitentrieben aus, sog. Ausläufer. Eine absolut einfache Art der Vermehrung besteht darin, die jungen Erdbeerpflänzchen von der Mutterpflanze abzuschneiden, sobald sie kräftig und gut bewurzelt sind, und sie auf ein eigenes Beet zu pflanzen. Sie können sie auch gleich in Töpfe hineinwachsen lassen und dann etwas später verpflanzen. Eine gute Bewässerung ist wichtig; die Pflänzchen sollten niemals so trocken stehen, dass sie welken.

Absenker

Brombeeren, Johannisbeeren und Stachelbeeren lassen sich gut durch Absenker vermehren. Dazu heben Sie im Frühjahr eine flache Mulde neben einem bodennahen Trieb aus und biegen diesen so herunter, dass er in seiner unteren Hälfte den Boden berührt. Fixieren Sie den Trieb in dieser Stellung mit starken Haselzweigen oder Drahtklammern. Füllen Sie die ausgehobene Erde über den im Boden liegenden Trieb und lassen die obere Hälfte herausschauen. Bis zum Herbst hat der Trieb Wurzeln gebildet, kann von der Mutterpflanze abgeschnitten und als neue Pflanze eingesetzt werden.

Teilen von Schnittlauch

Schnittlauch wird im Herbst oder im Frühjahr, sobald sich die ersten grünen Blattspitzen zeigen, geteilt. Wählen Sie große, wüchsige Pflanzen dafür aus. Graben Sie die Stöcke mit einem Spaten so aus, dass sie einen möglichst festen, großen Wurzelballen haben. Diesen können Sie dann entweder gleich mit dem Spaten oder mit einem scharfen Messer in mehrere kleinere Pflanzenstücke zerteilen. Setzen Sie die Teilstücke an einen vorbereiteten Gartenplatz oder in Töpfe, wo sie nach gutem Angießen schnell wieder anwurzeln und wachsen.

Expertentipp
*Die Jungpflanzen immer entfernen,
auch wenn Sie sie nicht verwenden.*

Expertentipp
*Kontrollieren Sie regelmäßig, ob sich
die Fixierung nicht gelöst hat.*

Gemüse und Kräuter pflanzen

Kurzinformation

Werkzeug

Hacke oder Grubber
Grabegabel
Pflanzschaufel
Maßstab oder Maßband
Gießkanne oder Gartenschlauch
mit feiner Brause

Material

Pflanzgut
Kompost
Vorratsdünger

Pflanztermine im Freien

ab April: Frühkohl, Frühkopf-
salat, Kohlrabi, Brokkoli, Wirsing, Fenchel, Blumenkohl
ab Mai: Sellerie, Tomaten,
Spätkohl, Pflück-/ Schnittsalat,
Bohnen, Zucchini
ab Juni: Spätblumenkohl, Spät-
kohlrabi, Grünkohl, Fenchel
ab Juli/August: Spätblumenkohl, Endivie, Chinakohl

Pflanztermine im Gewächshaus

ab Ende April: Paprika,
Auberginen
ab Mai: Tomaten, Gurken

In Reihe oder Verband pflanzen

Auf Beeten, die von möglichst allen Seiten gut zu bearbeiten sind, werden Gemüse und Kräuter in parallelen Reihen nebeneinander gepflanzt. So können Pflegemaßnahmen optimal durchgeführt werden und der vorhandene Platz wird bestmöglich genutzt. Ganz besonders trifft dies bei einem Mischkulturanbau zu, bei dem verschiedene Arten in den Reihen stehen und sich so breit und hoch wachsende Pflanzen bestens ergänzen.

Der Reihenabstand beträgt bei den meisten Gemüsearten mindestens 30 cm, der Abstand innerhalb der Reihe variiert je nach Art: Große und stark wachsende Gemüsearten wie z.B. Kohl oder Tomaten brauchen Pflanzabstände von 50–60 cm, um zufrieden stellend wachsen zu können. Bei Reihenpflanzung reicht der vorhandene Platz v.a. im kleineren Garten schnell nicht mehr aus. Hier ist eine Platz sparende Verbundpflanzung ideal. Setzen Sie die Pflanzen in einer Reihe nicht parallel zur Nachbarreihe, sondern immer versetzt auf die Lücke zwischen zwei Pflanzen. Die freie Fläche innerhalb der Reihen kann für kurzlebige Kulturen, z.B. Radieschen oder Kresse, genutzt werden.

Viele Kräuter und Gemüsepflanzen werden im Topf vorkultiviert und haben dann zum Einpflanzen bereits einen guten Wurzelballen.

Salat pflanzen

Lockern Sie vor dem Pflanzen die Erde, und arbeiten Sie oberflächlich verrotteten Kompost ein. Heben Sie dann ein Loch aus, das etwas größer als der Topfballen der Pflanze sein sollte, und setzen Sie dahinein die Pflanze. Salat muss flach gepflanzt werden, d.h., der Wurzelhals sollte trocken gehalten werden und nicht in der Erde sitzen, um Salatfäule vorzubeugen. Bei Jungpflanzen mit Topfballen darf ruhig 1/3 des Ballens aus der Erde ragen. Selbst wenn sich einige Pflanzen nach dem Setzen umlegen, schadet das nicht. Wässern Sie anschließend ausreichend, damit die feinen Wurzeln gut eingeschlämmt werden.

Tomaten pflanzen

Tomaten können ab Ende Mai ins Freie gepflanzt werden, wo sie einen warmen, geschützten Platz und am besten auch einen Regenschutz (z. B. Folienhaube) bekommen sollen. Heben Sie ein Loch aus, das etwas breiter und ca. 15 cm tiefer ist als der Ballen der Tomatenpflanze, und setzen Sie dahinein die Pflanze. Füllen Sie die ausgehobene Erde, am besten mit verrottetem Kompost gemischt, wieder auf, und wässern Sie kräftig, ohne die Pflanze selbst zu benässen. Gerade etwas »langbeinige« Jungpflanzen bilden durch die tiefe Pflanzung vermehrt Seitenwurzeln aus und werden so kräftig und kompakt.

Kräuter pflanzen

Viele Kräuter erhalten Sie im Fachhandel im Topf mit Wurzelballen und können sie daher fast ganzjährig pflanzen. Lockern Sie dazu die Erde mit einer Grabgabel auf und heben ein Loch – etwas größer als der Topfballen – aus. Stellen Sie den Topf mit der Pflanze vorher ca. 1/2 Stunde in Wasser, entfernen Sie dann den Topf und lockern Sie stark durchwurzelte Topfballen etwas auf. Setzen Sie die Pflanze so tief, wie sie vorher im Topf stand. Füllen Sie dann die ausgehobene Erde wieder ein, und achten Sie darauf, dass die Pflanze gerade im Boden sitzt. Anschließend kräftig angießen.

Expertentipp
Eine alte Gärtnerregel besagt: »Salat muss im Winde wehen«.

Expertentipp
Setzen Sie den Stab zum Aufbinden gleich zusammen mit der Pflanze ein.

Expertentipp
Sehr buschige, hohe Pflanzen vor dem Setzen um ca. 1/4 einkürzen.

Beerensträucher pflanzen

Kurzinformation

Werkzeug

- großer Eimer oder Kunststoffwanne
- Stützpfahl
- Kokosstrick
- Spaten oder Grabgabel
- Vorschlaghammer
- Obstbaumschere
- Gießkanne oder Gartenschlauch

Material

- Containerware (Sträucher im Kunststoffcontainer)
- Ballenware (Sträucher mit einem Wurzelballen, der mit einem Jutetuch oder Draht fixiert ist)
- wurzelnackte Ware (Sträucher mit bloßen Wurzeln, ohne Ballen)
- Kompost

Pflanzzeit

- vorzugsweise Frühjahr: wärmeliebende Obstarten, z. B. Kiwi
- Frühjahr und Herbst: Ballen- und Wurzelware
- fast ganzjährig: Containerpflanzen

Wässern

Wurzelware mit blanken Wurzeln sollte möglichst bald – am besten noch am Tag des Einkaufs – gepflanzt werden. Bis dahin geben Sie die Pflanzen in einen Eimer mit Wasser und stellen sie kühl und schattig.

Bei Ballenware, die nicht unmittelbar nach dem Kauf eingepflanzt wird, decken Sie die Ballen gut mit Erde ab, halten sie feucht und an einem schattigen Platz. Vor dem Pflanzen setzen Sie auch die Ballenpflanzen ca. 1 Stunde lang in einen Wassereimer oder eine Wanne. Das Tuch oder Drahtgeflecht, das den Ballen zusammenhält, wird nicht entfernt.

Sträucher einsetzen

Heben Sie mit dem Spaten ein Loch aus, das etwas tiefer und ca. doppelt so breit wie der Ballen ist. Lockern Sie die Wände und den Untergrund des Pflanzlochs mit der Grabgabel. Für Wurzelware muss das Loch so tief sein, dass die Wurzeln ohne Umknicken darin Platz haben.

Beerensträucher dürfen etwas tiefer gesetzt werden, als sie zuvor in der Baumschule oder im Topf standen, um bodennahe Neutriebe anzuregen. Pflanze austopfen bzw. lediglich Knoten des Ballentuchs öffnen, das Tuch selbst im Boden belassen.

Setzen Sie Beerensträucher nicht zu eng:
Achten Sie darauf, dass sie später zum Ernten und Pflegen
von allen Seiten gut zugänglich sind.

Erde auffüllen

Halten Sie die Pflanze gerade und füllen die ausgehobene Erde wieder ein. Wird der Aushub zuvor mit verrottetem Kompost vermischt, hat der Strauch für die erste Wachstumsphase bereits eine gute Starthilfe. Bei Gehölzen mit blanker Wurzel muss vorsichtig und sorgfältig aufgefüllt werden, damit die Wurzeln nicht beschädigt werden und keine Hohlräume zwischen den Wurzeln entstehen. Drücken Sie die Erde gut mit den Füßen fest. Formen Sie mit der übrigen Erde einen kleinen Wall um die Pflanzstelle herum, der später als »Gießrand« das Bewässern erleichtert.

Gießen und anbinden

Durchdringendes Wässern ist wichtig für ein gutes Anwachsen der Sträucher. Füllen Sie den »Krater« innerhalb des Gießrandes mit Wasser, und wiederholen Sie das mehrmals, damit Ballen und umgebender Boden gut durchfeuchtet sind. Auch an den folgenden Tagen immer mal wieder kräftig gießen.
Beerenhochstämmchen sollten auf jeden Fall einen Stützpfahl erhalten, der auf der Windseite 30–50 cm in den Boden gerammt und mit Kokosstrick am Stamm befestigt wird.

Zurückschneiden

Wenn die Pflanze im Wurzelbereich an Substanz verliert, was durch das Ausgraben in der Baumschule und insbesondere bei Wurzelware der Fall ist, sollte zum Ausgleich ein Schnitt im oberen Bereich erfolgen. Außerdem werden Beerensträucher durch Schnitt angeregt, neue Bodentriebe zu bilden. Entfernen Sie schwächere Triebe ganz und lassen nur 4–5 starke Triebe stehen. Diese kürzen Sie auf ca. 30 cm ein. Bei Containerware ist das Umsetzen weitgehend stressfrei für die Pflanze, weshalb ein Schnitt auch unterbleiben kann – er ist jedoch auch hier austriebsfördernd.

Expertentipp
Ausladende Sträucher mit Querstangen im Zaum halten.

Querverweise
Beerensträucher schneiden Seite 54/55

Obstgehölze richtig setzen

Kurzinformation

Werkzeug

- großer Eimer oder Kunststoffwanne
- Spaten oder Grabgabel
- Baumpfahl
- Kokosstrick oder Baumband
- Vorschlaghammer
- Gießkanne oder Gartenschlauch

Material

- Containerware (Bäume im Kunststoffcontainer)
- Ballenware (Bäume mit einem Wurzelballen, der mit einem Jutetuch oder Draht fixiert ist)
- wurzelnackte Ware (Bäume mit bloßen Wurzeln, ohne Ballen)

Pflanzzeit

- vorzugsweise Frühjahr: wärmeliebende Obstarten wie Aprikose und Pfirsich
- Frühjahr und Herbst: Ballen- und Wurzelware
- fast ganzjährig: Containerpflanzen

Wurzelnackte Pflanzen

Zur Hauptpflanzzeit im Herbst und Frühjahr werden die meisten Obstbäume als Wurzelware mit blanken Wurzeln angeboten und gepflanzt. Sie sollten möglichst bald – am besten noch am Tag des Einkaufs – gesetzt werden. Bis dahin stellen Sie die Pflanzen in einen Eimer mit Wasser an einem kühlen und schattigen Ort. Heben Sie mit dem Spaten ein Loch aus, das so tief ist, dass die Wurzeln darin Platz haben, ohne umgeknickt zu werden. Wände und Untergrund des Pflanzlochs werden mit der Grabgabel etwas aufgelockert, die Pflanze hineingestellt und Erde aufgefüllt.

Ballen- und Containerpflanzen

Wird Ballenware nicht sofort nach dem Kauf gepflanzt, decken Sie die Ballen mit Erde ab, halten sie feucht und schattig. Vor dem Pflanzen ca. 1 Stunde lang in einem Eimer oder einer Wanne wässern. Heben Sie mit dem Spaten ein Loch aus, das etwas tiefer und ca. doppelt so breit wie der Ballen ist, und lockern Sie Wände und Untergrund mit der Grabgabel. Ballen- und Containerpflanzen sollen so tief im Boden sitzen wie zuvor in der Baumschule bzw. im Topf. Der Container wird entfernt. Das Ballentuch verbleibt im Boden, öffnen Sie lediglich die Knoten an der Stammbasis.

Überlegen Sie gut, wohin Sie Ihre Obstbäume platzieren. Zu bedenken sind: Schatten, Ernte, Pflege, Laubfall und Grenzabstände.

Pfosten einschlagen

Zur besseren Standfestigkeit bekommen Bäume einen Stützpfahl (2 Pfähle bei starkwüchsigen Hochstämmen). Schlagen Sie diesen auf der Seite der Hauptwindrichtung möglichst nahe am Stamm mind. 50 cm tief in den Boden. Prüfen Sie seine Stabilität durch eine Rüttelprobe.

Baum festbinden

Winden Sie einen Kokosstrick oder ein Baumband mind. zweimal in Form einer Acht um Stamm und Pfahl und binden ihn locker fest. Fixieren Sie den Stamm nach 1–2 Wochen endgültig.

Erde auffüllen

Achten Sie darauf, dass der Baum senkrecht steht, und füllen Sie die ausgehobene Erde wieder ein. Bei Wurzelware ist es günstig, wenn ein Helfer den Baum beim Auffüllen der Erde gerade hält und leicht hin und her rüttelt, damit die Erde in alle Zwischenräume zwischen den Wurzeln gelangt. Drücken Sie die Erde gut mit den Füßen fest. Formen Sie mit der restlichen Erde einen Wall um die Pflanzstelle herum, der später als »Gießrand« das Bewässern erleichtert.

Angießen

Füllen Sie den »Krater« innerhalb des Gießrandes mit Wasser, und wiederholen Sie das mehrmals, damit Ballen und umgebender Boden gut durchfeuchtet werden. Auch an den folgenden Tagen immer mal wieder kräftig gießen. Vor allem bei Obstbäumen mit blanker Wurzel ist es wichtig, dass feine Erdteilchen an alle Wurzeln geschwemmt werden und keine Hohlräume zwischen den Wurzeln entstehen.

Expertentipp
Stricke und Stämme im Lauf der Jahre auf Einwachsen kontrollieren.

Expertentipp
Benutzen Sie einen »Platzhalter« zur Prüfung, ob der Standort passt.

Querverweise
*Pflegetipps für Obst Seite 52/53
Obstbäume schneiden Seite 56/57*

Obst, Gemüse und Kräuter im Topf

Kurzinformation

Werkzeug

kleine Schaufel (zum Erde ein-
füllen)
Gießkanne

Material

Pflanzen
Pflanzgefäße (Kästen, Schalen,
Kisten, Töpfe, Tröge)
Pflanzerde
Tonscherben
Blähton, Kies
Holz- oder Bambusstäbe (für
hoch wachsende Pflanzen)

Geeignete Pflanzen

Obst: Ballerina-Apfelbäumchen,
Erdbeeren, Heidelbeeren,
Johannisbeeren, Kiwi, Preisel-
beeren, Spalierbäume
Gemüse: Auberginen, Bohnen, Chili,
Erbsen, Kopfsalat, Mangold,
Paprika, Pflücksalat, Radies-
chen, Schnittsalat, Spinat,
Tomaten
Kräuter: Basilikum, Kerbel, Koriander,
Kresse, Lavendel, Petersilie,
Pfefferminze, Rosmarin, Salbei,
Schnittlauch, Thymian, Zitro-
nenmelisse

Passende Pflanzgefäße

Achten Sie bei der Auswahl der Pflanzgefäße darauf, dass Blumenkästen,
Töpfe und Kübel auf jeden Fall ausreichend groß und tief sind, um den
Pflanzenwurzeln genügend Platz zu
bieten. Flachwurzler passen in Kästen
und Tröge, Tiefwurzler in Töpfe und
Kübel. Auf jeden Fall sollten alle Arten
von Gefäßen mit Abzugslöchern versehen sein, damit die Pflanzen keine »nassen Füße« bekom-
men. Decken Sie die
Abzugslöcher mit
Tonscherben ab, da-
mit überschüssiges
Wasser langsam
ablaufen kann.

Erde und Blähton einfüllen

Verwenden Sie am besten spezielle Blu-
menerde mit guter Wasser- und Nähr-
stoff-Speicherfähigkeit. Im Handel sind
auch 100 % torffreie, aus nachwachsen-
den Rohstoffen hergestellte Erden erhältlich, die besonders umweltschonend
sind. Manche Erden enthalten hochwer-
tige Eisendünger und sorgen für kräftig
grüne Blätter. Füllen Sie das Pflanzgefäß
zu knapp 2/3 mit Erde auf.

Vor allem bei größeren Behältnissen
empfiehlt es sich, zuunterst eine
ca. 2 cm dicke Drainageschicht
z.B. aus Blähton einzufüllen,
um Staunässe zu vermeiden.

*Kräuter und Gemüse – ja, sogar manches Obst –
lässt sich relativ leicht im Topf kultivieren, wenn Sie ein paar
Grundregeln beachten.*

Pflanzen einsetzen

Nehmen Sie die Pflanzen aus Topf oder Multitopfplatte heraus – möglichst ohne Beschädigung der Wurzeln. Pflanzen, die bereits einen guten Wurzelballen haben, sind besonders leicht einzupflanzen. Achten Sie darauf, den Ballen bzw. einzelne Wurzeln möglichst gerade und ohne Umknicken ins Pflanzgefäß zu setzen. Setzen Sie Pflanze gerade so tief in den Topf, dass der obere Rand des Ballens knapp unter dem Topfrand liegt. Ausnahme: Manche Pflanzen, z.B. Tomaten (im Bild), werden tiefer eingesetzt, weil sie dann zusätzliche Wurzeln bilden.

Erde auffüllen, Gießrand anlegen

Halten Sie die Pflanze mit einer Hand in der gewünschten Position fest, mit der anderen Hand füllen Sie ringsum so viel Erde auf, bis die Pflanze eine festen Stand hat. Achten Sie darauf, dass die Pflanze gerade und in der Mitte sitzt. Drücken Sie die Erde vorsichtig an allen Seiten fest und füllen nochmals bis ca. 1 cm unterhalb des Topfrandes auf. Formen Sie die Erde zu einem kleinen »Wall« um die Pflanze herum, in dessen Inneres Sie dann bequem gießen können, ohne jedes Mal eine Überschwemmung hervorzurufen!

Angießen

Gießen Sie frisch bepflanzte Kästen und Gefäße kräftig und durchdringend. Die Erde im Topf wird dann durch das Gießwasser dicht an die feinen Wurzeln herangeschwemmt, was ein weiteres Wurzelwachstum beschleunigt und erleichtert. Überschüssiges Wasser kann durch die Abzugslöcher abfließen. Für bepflanzte Kästen und kleinere Töpfe, die nicht viel Wasser auf einmal aufnehmen können, empfiehlt es sich, ein Bewässerungssystem, z.B. mit Schläuchen und Tonkegeln, zu verwenden.

Expertentipp
Zum Gießen leicht abgestandenes, lauwarmes Wasser verwenden.

Pilze anbauen

Kurzinformation

Werkzeug

Säge
Schere
Pflanzholz

Material

Hartholz: Buche, Eiche, Kastanie
    Die Holzstücke können 5–6 Jahre lang zum Anbau benutzt werden. Im ersten Jahr ist der Ertrag allerdings nur mäßig.
Weichholz: Pappel, Birke, Erle, Weide, Obstbäume
    Die Holzstücke können 3–4 Jahre lang zum Anbau benutzt werden. Sie liefern schon im ersten Jahr einen guten Ertrag.
Stroh: Weizen-, Roggen-, Gersten-, Hafer-, Mais-, Reisstroh, Schilfhäcksel (nicht zu alt)
durchsichtige Plastikfolie
dunkle Plastikfolie
Schnur
Reißnägel

Günstige Zeit zur Beimpfung

Pilze auf Holz: Mai, Juni; Mitte August – Mitte September
Pilze auf Stroh: ab April bis spätestens September

Pilzkultur auf Holz

Das Holz zum Pilzanbau soll mindestens 6 Wochen alt und nicht älter als 4–5 Monate sein. Für eine kurzfristige Lagerung zerteilen Sie es am besten in Stammstücke von 1 m Länge. Die Holzstücke müssen gleichmäßig feucht sein und sollen einen Mindestdurchmesser von 20 cm haben. Erst kurz vor der Beimpfung werden die Stämme in 30–40 cm lange Stücke zersägt. Dann schneiden Sie mit der Säge etwa in der Mitte des Holzstückes parallel zur Stirnseite tief in das Holzscheit hinein. Für die Tiefe des Schnittes ist nur ausschlaggebend, dass das Holzstück nicht auseinander bricht.

Holz beimpfen

Zerbröseln Sie die Pilzbrut und füllen sie in die Holzschnitte hinein. Pilzbrut auf Hirsekornbasis lässt sich besonders fein zerkleinern. Sind die Schnitte gefüllt, dann befestigen Sie zum Schutz der beimpften Schnittstelle einen Plastikstreifen über diese Stelle (entweder anbinden oder Plastik mit Reißnägeln feststecken).
Lagern Sie die Stämme feucht und schattig (stehend oder liegend), und decken Sie sie am besten noch mit Stroh und dunkler Folie ab. Entfernen Sie Abdeckung und Folie frühestens nach 4 Monaten, erst dann erscheinen die ersten Pilze (Bild unten).

Expertentipp
Sie können aber auch etwa 3 cm tiefe Löcher bohren und beimpfen.

Expertentipp
Optimales Wachstum bei 20–24 °C und hoher Luftfeuchte.

Kultivieren Sie Ihre eigenen Speisepilze!
Sie brauchen nicht einmal ein Gemüsebeet, um schmackhafte
»Schwammerl« zu ernten!

Pilzkultur auf Stroh

Bei der Anzucht auf Stroh (Ballen oder Häckselgut) müssen Sie das Stroh in einer großen Wanne o.ä. einige Tage gut einweichen. Bei mehreren Ballen stellen Sie diese am besten in einer Reihe auf und bewässern sie ausgiebig mit einem Regner. Lassen Sie das überschüssige Wasser aus Ballen und gehäckseltem Material anschließend gut ablaufen. Stellen Sie die Strohballen dann in einer Reihe dicht aneinander gefügt an einem windgeschützten, schattigen Platz auf. Häckselgut füllen Sie fest in einen durchsichtigen Plastikbeutel, den Sie ebenfalls windgeschützt und schattig unterbringen.

Stroh beimpfen

Mit einem sauberen Pflanzholz o.ä. werden auf einer Breitseite des Strohballens ca. 12 Löcher von ca. 10–15 cm Tiefe gebohrt. Dorthinein füllen Sie etwa walnussgroße Portionen der Pilzbrut und verschließen die Löcher wieder mit Stroh. Für 2–3 Ballen brauchen Sie etwa 1 Liter Pilzbrut.
Bei gehäckseltem Stroh bohren Sie seitlich in den prall gefüllten Plastiksack Löcher zum Beimpfen. Hohe Temperaturen (21–27 °C) und Luftfeuchtigkeit lassen das Pilzmyzel wachsen. Decken Sie daher v.a. bei niedrigen Außentemperaturen die Ballen mit Vlies oder dunkler Folie ab.

Die Pilze wachsen

Bei günstiger Temperatur (je nach Pilzart bei 15–24 °C) und Feuchtigkeit durchwächst das Pilzgeflecht innerhalb von 1–2 Monaten den Strohballen und die Folie wird dann abgenommen. Die ersten Pilzkörper erscheinen und die Ernte kann beginnen. Während der ganzen Wachstumszeit darf der Ballen nicht austrocknen. Die Pilze wachsen in mehreren »Erntewellen« nacheinander. Nach 4–5 solcher Phasen sind die Nährstoffquellen des Strohballens meist erschöpft und der Ertrag lässt deutlich nach.

Expertentipp
Das beste Stroh bekommen
Sie bei einem Bio-Bauern.

Expertentipp
Pilzkulturen vor Schnecken
schützen.

Qualität erkennen

Saat- und Pflanzgut

Samentüten

Die Keimfähigkeit von Saatgut kann bei wechselnden Temperaturen, hoher Luftfeuchtigkeit und einem hohen Sauerstoffangebot stark abnehmen. Daher sollten Sie Keimschutzpackungen (Zusatzverpackung im Inneren der Samentüte) bevorzugen. Auf den Tüten finden Sie wichtige Angaben über Pflanzenart und -sorte, Aussaattermine, Licht- oder Dunkelkeimer und Kulturhinweise.

Zwiebeln und Knollen

Zwiebeln und Knollen erhalten Sie meist in Kunststoffnetzen oder durchlöcherten Plastikbeuteln, denn eine trockene Lagerung und Aufbewahrung ist entscheidend. Gute Zwiebeln und Knollen sind fest und fühlen sich trocken an, haben keine Faulstellen oder Anzeichen von Pilzbefall und zeigen noch keine grün austreibenden Blattspitzen.

Jungpflanzen mit Topfballen oder in Multitopfplatten

Kräftige und gesunde Gemüse- und Salatpflanzen haben außer den Keimblättern je nach Art 1–5 Laubblattpaare, die Blätter sind gleichmäßig grün, ohne Flecken, Aufhellungen oder braune Ränder. Die Topfballen sind gut durchfeuchtet und durchwurzelt, so dass sie beim Hochnehmen nicht auseinander fallen. Kaufen Sie kletternde oder rankende Pflanzen (Gurken, Kürbis, Zucchini) nicht zu groß, denn je mehr Blattmasse sie schon haben, desto stärker welken sie beim Verpflanzen!

Kräuter in Töpfen

Kräuter in Töpfen sollten von kompaktem und buschigem Wuchs sein, nicht hoch aufgeschossen und ohne dünne, überlange Triebe. Kräftig grüne Blätter ohne Flecken und Beschädigungen sind ein Zeichen guter Pflanzenqualität, ebenso gut durchwurzelte Topfballen. Wenn schon viele Wurzeln aus dem Topf herauswachsen, ist die Pflanze überständig, d.h., sie sitzt schon zu lange im zu kleinen Topf und ist nicht mehr optimal versorgt und ernährt. Suchen Sie besser eine andere aus!

*Die Qualität des Saat- und Pflanzgutes ist entscheidend
für das Wachsen und Gedeihen der jeweiligen Pflanze. Achten Sie daher beim
Kauf auf einen guten Zustand und eine eindeutige Etikettierung.*

Saat- und Pflanzgut

Wurzelnackte Sträucher und Bäume

Obstgehölze mit blanken Wurzeln werden in laublosem Zustand im zeitigen Frühjahr oder Herbst angeboten. Die Pflanzen werden immer in Erde eingeschlagen oder ins Wasser gestellt, weil sonst die Wurzeln austrocknen. Die Wurzeln dürfen nicht stark beschädigt, vertrocknet oder sehr kurz sein. Es sollten mindestens 3 starke »Wurzeläste« und viele Knospen am Austrieb vorhanden sein. Auf gute Etikettierung achten!

Ballenware

Besonders große Obstgehölze werden auch als Ballenware angeboten. Der Wurzelballen – der nicht zu klein sein sollte – wird in der Baumschule mit einem Jutetuch oder Drahtgeflecht fixiert. Mitsamt dieser »Hülle« muss der Ballen sich fest und stabil anfühlen. Die Erde im Inneren darf nicht bröselig oder trocken sein. Die Austriebe sollten viele Knospen tragen. Auf gute Etikettierung achten!

Containerpflanzen

Beerensträucher werden oft als Containerware angeboten, die den Vorteil haben, dass sie fast ganzjährig gepflanzt werden können (nicht an sehr heißen Tagen). Ziehen Sie beim Kauf die Pflanze vorsichtig aus dem Container, um festzustellen, ob der Ballen gut durchwurzelt, jedoch nicht völlig verfilzt ist. Fällt die Erde gleich ab, dann wurde der Strauch frisch getopft – besser nicht kaufen. Auf gute Etikettierung achten!

Kronenbildung bei Obstbäumen

Obstbäume sollten ein gutes Grundkronengerüst aufweisen, das Sie dann durch einen Pflanzschnitt entsprechend formieren können. Der Stamm geht in einen geraden Mitteltrieb über, der das Zentrum der Krone bildet. Davon ausgehend sollten mindestens 3 starke Äste vorhanden sein, die sich als Leitäste eignen. Sie sollten gleichmäßig rund um den Mitteltrieb angeordnet sein.

Obst, Gemüse und K

äuter gesund erhalten

Gießen, düngen, schneiden, schützen, Krankheiten erkennen und beheben – mit dem richtigen Know-how gelingt es ganz leicht.

Nach wohl durchdachter Planung und Anlage der ersten Beete und Pflanzflächen geht es darum, Bäume und Sträucher, Gemüse, Salat und Kräuter richtig zu versorgen, zu pflegen und gesund zu erhalten.

Gießen und düngen

Gießen – in den warmen Monaten eine der Hauptaufgaben eines jeden Gartenbesitzers – scheint doch eigentlich ganz einfach zu sein. Hahn auf – Wasser marsch!

Mit der Düngung sieht es da schon anders aus. Wie viel düngen? Womit? Wann? Muss man überhaupt düngen? Ist zu viel Dünger schädlich? Hier ist der Garteneinsteiger oft verunsichert. Und dann der Kompost… Man wirft alle Küchenabfälle auf einen großen Haufen und – oh, Wunder – es wird fabelhafte Gartenerde daraus!

Ganz so einfach ist es nicht, doch für das »Gärtner-Einmaleins« gibt es viele hilfreiche Anleitungen und Tipps, angefangen beim Gießen, bei dem zum Beispiel die richtige Tageszeit schon große Vorteile bringt.

Bäume und Sträucher schneiden

Den Pflanzschnitt an jungen Obstbäumen und -sträuchern können Sie meistens noch in der Baumschule machen lassen. Wollen Sie auf Dauer jedoch reichlich gesundes Obst ernten, dann sind immer wieder weitere Schnittmaßnahmen erforderlich. Am besten besuchen Sie (mehrmals!) einen Obstbaumschnittkurs, um sich vom Fachmann in die Geheimnisse der »Obstschneiderei« einweihen zu lassen.

Natürlicher Pflanzenschutz

Die Zeiten, in denen jeder Hausgärtner beim Anblick der ersten Blattlaus die chemische Keule ausgefahren hat, sind vorbei. Hohe Schadstoffbelastungen in der Umwelt haben einen Umdenkprozess in Gang gesetzt. Natürlicher Pflanzenschutz erfordert in erster Linie genaues Beobachten. Lernen Sie Vorbeugemaßnahmen und die Vielzahl der Nützlinge im Garten kennen, greifen Sie zu Pflanzenbrühen und Obst- und Gemüseschutznetzen, dann können Sie auch bedenkenlos Beeren und Gemüse frisch aus dem Garten naschen.

*Gießen will gelernt sein –
mit der richtigen Technik sparen
Sie Wasser und Arbeit!*

Gießen, düngen, mulchen

In regelmäßigem Gießen, Düngen und Mulchen besteht der Hauptanteil der Pflanzenpflege.

Richtig gießen

Gerade im Sommer ist das Gießen wohl eine der zeitaufwändigsten Arbeiten, die zudem mit konstanter Regelmäßigkeit durchgeführt werden muss. Einige Faustregeln erleichtern Ihnen die tägliche Bewässerung.

➤ Gießen Sie in den kühlen Morgen- oder Abendstunden, nie während der heißen und sonnigen Zeit.

➤ Wenn Boden und Pflanzenbestand in den kühleren Nachtstunden möglichst trocken sind, beugt dies Pilzbefall vor und lockt weniger Schnecken an. Morgendliches Gießen ist daher am allerbesten.

➤ Gezieltes Wässern der einzelnen Pflanzen ist besser als großflächiges Übersprühen des ganzen Bestandes. Sie vermeiden ein starkes Benetzen von Blättern und Blüten, was zur Ausbreitung von Pilzkrankheiten führen kann, und sparen zudem Wasser.

➤ Gießen Sie gründlich und durchdringend, damit auch tiefere Bodenschichten gut durchfeuchtet werden.

➤ Bei guter Bodenstruktur, wie sie durch regelmäßiges Hacken oder Mulchen entsteht (→ Seite 24/25), brauchen Sie weniger Gießwasser bzw. das Wasser kann von den Pflanzen besser aufgenommen werden.

➤ Frisch gepflanzte Obstgehölze müssen bis zum Anwachsen intensiv gewässert werden, sind aber auch danach während heißer Sommermonate dankbar für eine gelegentliche Wassergabe.

Weshalb überhaupt düngen?

Im Gegensatz zu einem Pflanzenbestand in der freien Natur ist ein Garten eine intensiv genutzte Fläche. In relativ kurzer Zeit sollen möglichst große Mengen Gemüse oder Obst geerntet werden. Durch die Ernte wiederum werden dem natürlichen Kreislauf organische Substanz und Nährstoffe entzogen. Diese müssen über eine gezielte Düngung nachgeliefert werden, sonst kümmern die Pflanzen, und die Erträge gehen im Lauf der Jahre deutlich zurück. Pflanzen benötigen verschiedene Nährstoffe in einem ausgewogenen

Gründüngung

Bienenfreund (*Phacelia*) ist eine wertvolle Gründüngungspflanze und ein attraktiver Blüher!

Verhältnis. Zu den wichtigsten gehören Stickstoff (N), Phosphor (P), Calcium (Ca), Kalium (K) und Magnesium (Mg). Darüber hinaus werden auch noch geringe Mengen so genannter Spurennährstoffe wie zum Beispiel Eisen, Kupfer, Zink oder Bor gebraucht.

Nährstofflieferant Dünger

Nährstoffe sind sowohl in anorganischen (mineralischen) als auch in organischen Düngemitteln enthalten.

➤ **Anorganische Dünger** sind schneller wirksam, werden aber auch leichter ausgewaschen. Sie werden chemisch hergestellt. Die meistens verwendeten mineralischen Dünger sind Mehrnährstoffdünger, die N, P, K und Mg in einem ausgewogenen Verhältnis enthalten (zum Beispiel Blau-Volldünger). Diese Dünger sind salz- bzw. chloridfrei und daher auch für salzempfindliche Kulturen geeignet.

Bei Einzelnährstoffdüngern ist eine genaue Dosierung wichtig!

➤ **Organische Düngemittel** sind zum Beispiel Stallmist, Kompost, pflanzliches Mulchmaterial, Gründüngung oder Guano. Die Nährstoffe der organischen Dünger wirken langsamer und über einen längeren Zeitraum. Versuchen Sie, durch den Einsatz von organischen Düngemitteln möglichst wenig Mineraldünger zu verwenden – das schont zum einen Ihren Geldbeutel, zum anderen die Umwelt!

Gut gedüngter Boden bringt auch reichlich Ernte.

Gezielt düngen

➤ Für manche Gemüsearten wie Tomaten, Paprika, Zucchini oder Kürbisse gibt es spezielle organische NPK-Dünger mit Langzeitwirkung, deren hoher Kalianteil Geschmack, Süße und Lagerfähigkeit steigert.

➤ Auch für Beerensträucher und Obstbäume sind im Handel organische NPK-Dünger mit kalibetonter Zusammensetzung erhältlich, die für kräftige Fruchtbildung, höheren Ertrag und besseren Geschmack sorgen.

➤ Düngen Sie nur an leicht bedeckten Tagen und auf feuchtem Boden!

➤ Beachten Sie stets die Angaben auf der Packung.

➤ Düngen Sie maximal bis Mitte/Ende August. Später ausgebrachter Dünger wird von den Pflanzen nicht mehr aufgenommen. Ausnahme: Kalium oder Kalk als Vorratsdüngung im Herbst.

➤ Lassen Sie auch den pH-Wert Ihres Bodens testen, um den möglichen Kalkbedarf ermitteln zu können.

Mulchen

Unter dem Begriff »Mulchen« versteht man das 2–3 cm hohe Abdecken des offenen Bodens mit organischem Pflanzenmaterial wie Grasschnitt, Stroh- oder Laubhäcksel, halb verrottetem Kompost, Rindenmulch (nur für Obstgehölze geeignet!) oder auch Mulchfolie.

Die Mulchschicht oder die schwarze Mulchfolie unterdrücken unerwünschten Unkrautbewuchs und erhalten eine gleichmäßige Bodenfeuchte und eine gute Bodenstruktur.

»Bodenkur« Gründüngung

Unter Gründüngung versteht man den Anbau spezieller Pflanzen, die sehr viel Grünmasse bilden, den Boden nicht austrocknen lassen und die Stickstoff aus dem Boden aufnehmen bzw. binden, so dass dieser nicht ausgewaschen wird. Nach Erreichen ihrer Wuchshöhe werden diese Pflanzen einfach untergegraben und verrotten im Boden. Gönnen Sie daher Ihrem Gartenboden eine Erholungspause! Machen Sie auf einzelnen Beeten eine Anbaupause, und säen Sie Gründüngungspflanzen wie Bienenfreund, Lupinen, Ringelblumen oder eine handelsübliche Gründüngungsmischung aus. Entfernen Sie im nächsten Frühjahr die Pflanzenüberreste mit dem Rechen – darunter ist der Boden locker und regeneriert!

Querverweise
Der Boden – lebendiges Kapital Seite 24/25

Querverweise
Kompost herstellen Seite 50/51
Pflegetipps für Obst Seite 52/53

Kompost herstellen

Kurzinformation

Kompostierbares Material

Gartenabfälle (außer kranke Pflanzenteile!), rohe Küchenabfälle, angetrockneter Rasenschnitt, Laub, Schnittgut von Baum- und Strauchschnitt, Stroh, Holzasche (in Maßen), Pappe, Papierservietten, in Wasser eingeweichtes Zeitungspapier (in Maßen), Kaffee- und Teesatz (in Maßen), Mist von Kleintieren

Nicht kompostierbares Material

imprägnierte Holzabfälle, Illustrierte, Staubsaugerbeutel, Brikett- und Kohlenasche, Zitrusfrüchte (gespritzt), samentragende Unkräuter, Unkrautwurzeln, erkrankte Pflanzenteile, Fleischabfälle (auch keine Knochen), gekochte Küchenabfälle

Werkzeug

Grabgabel, Kompostsieb, Kompostsilo aus Holz oder Kunststoff

Wann umsetzen?

Herbst oder Frühjahr

Der Komposthaufen

Kompostsilos werden im Fachhandel aus Holz, Draht oder Kunststoff angeboten, Sie können sie aber auch selbst bauen. Das organische Material wird im Kompost von Kleinstlebewesen und Mikroorganismen des Bodens in Humus umgewandelt, weshalb der Kompost unbedingt Kontakt zum Boden haben muss. Entscheidend für eine erfolgreiche »Rotte« (Zersetzung) der Stoffe ist eine gute Durchmischung des eingebrachten Materials: Vermischen Sie Nasses mit Trockenem, Grobes mit Feinem, Grünes mit Strohigem. Dadurch können im Inneren des Komposthaufens eine möglichst gleichmäßige Temperatur und gute Durchlüftung entstehen und Fäulnis wird verhindert. Gönnen Sie Ihrem Kompost in trockenen, heißen Sommermonaten gelegentlich eine Gießkanne voll Wasser. Auch ein schattiger Platz ist von Vorteil.

Thermo- und Schnellkomposter (Bild unten) passen sogar in kleinste Gärten! Durch die doppelwandige Konstruktion sind sie hervorragend wärmeisoliert. Die eingeschlossene Luft führt zur schnellen Erwärmung und damit zur raschen Kompostierung.

*Kompostwirtschaft ist eine geniale Sache:
Die einfache Entsorgung von Garten- und Küchen-
abfällen liefert gleichzeitig wertvollen Humus.*

Den Kompost umsetzen

Setzen Sie den Komposthaufen nach 3–6 Monaten bzw. 1-mal jährlich um, d.h., schichten Sie auf einen zweiten Haufen oder in ein zweites Silo um. Wie schnell sich das organische Material zersetzt, kann je nach Zusammensetzung und Pflege stark variieren. Enthält der Komposthaufen sehr viel Laub oder Grasschnitt, können Sie durch Zusatz von Algenkalk, kohlensaurem Kalk oder Gesteinsmehl die Zersetzung verbessern. Werden viele strohige und holzige Bestandteile kompostiert, intensiviert Hornmehl oder Kalkstickstoff die Zersetzung.

Reifer Kompost

Reifekompost, in dem grobes organisches Material weitgehend zersetzt ist, der angenehm erdig riecht, dunkelbraun und krümelig ist, entsteht je nach Rotteverlauf nach 15 Monaten bis 3 Jahren. Um den so entstandenen Humus eine Weile ungestört zu lagern, können Sie den Haufen mit Kapuzinerkresse, Kürbis oder Zucchini bewachsen lassen. Lagern Sie reifen Kompost aber nicht zu lange, je länger er liegt, umso mehr werden seine Nährstoffe wieder abgebaut und umso schwächer wird seine Düngewirkung. Guter Kompost wirkt nicht nur als Dünger, er verbessert auch die Belebung und Struktur des Bodens.

Kompost sieben

Wollen Sie den fertigen Kompost zur Blumen- oder Pflanzerde geben, sollten Sie ihn vorher durch ein Sieb werfen, um grobe Stücke zu entfernen. Wird er zur Bodenverbesserung auf Beeten verwendet oder ist er bereits stark zersetzt, ist ein Durchsieben nicht immer nötig.

Kompost einarbeiten

Bringen Sie den reifen Kompost etwa 1 cm hoch auf Beeten und Pflanzflächen aus, und arbeiten Sie ihn flach mit Sauzahn oder Grubber ein. Mit halbfertigem Kompost oder Rohkompost (nach ca. 1 Jahr) auf Baumscheiben tun Sie Ihren Obstbäumen etwas Gutes.

Expertentipp
*Als idealer »Kompoststarter« wirken
ein paar Schaufeln reifer Kompost.*

Pflegetipps für Obstgehölze

Kurzinformation

Werkzeug

Schaufel
Grabgabel
Pinsel
Schubkarren

Material

Mulchen:
Rindenhäcksel/Rindenmulch
Laub- und Strohhäcksel
angetrockneter Grasschnitt
halbfertiger Kompost (Rohkompost)

Baumscheibenbepflanzung:
Bienenfreund
Kapuzinerkresse
Lupinen
Ringelblumen
Studentenblumen
Wicken

Baumpflege:
Stammanstrich aus dem Fachhandel oder Kalkmilch
Strohmatten
Baumbandage aus Jute

Beerensträucher mulchen

Damit Sie beim Pflegen und Ernten gut an die Pflanzen herankommen, sollte der Boden unmittelbar unter und um Beerenobststräucher herum nicht bewachsen sein. Da offener, unbewachsener Boden jedoch bei Hitze stark austrocknet und nach heftigen Niederschlägen verschlämmt und verkrustet, ist eine Mulchschicht die optimale Lösung. Eine ca. 5 cm hohe Schicht aus Laub- und Rindenhäcksel oder trockenem Grasschnitt unterdrückt gleichzeitig lästigen Unkrautwuchs und erspart Ihnen das Jäten.

Erdbeeren vor Fäulnis schützen

Wenn Sie gesunde Erdbeeren ohne Faulstellen ernten wollen, die auch nach einem sommerlichen Regenschauer nicht völlig schlammverkrustet sind, dann sollten Sie die Erdbeerpflanzen nach dem Fruchtansatz mit Stroh oder Holzwolle unterlegen. Mit dieser Maßnahme bleiben die Früchte sauber und trocken und gleichzeitig schaffen Sie durch die Mulchwirkung ein gutes Bodenklima: Der Boden trocknet bei Hitze nicht so schnell aus und hält die Feuchtigkeit länger – die Pflanzen haben dadurch deutlich weniger Stress.

Expertentipp
Mulchmaterial nur wenige Zentimeter hoch ausbringen und öfter erneuern.

Obstgehölze gehören meist zu den langlebigeren Gartengewächsen, so dass sich hier besonders gute Pflege auf Dauer bezahlt macht.

Baumscheiben bepflanzen

Bepflanzen Sie die Baumscheibe – die runde Fläche am Fuß eines Obstbaumes – mit Kapuzinerkresse, Ringel- oder Studentenblumen, damit der Boden nicht offen liegt und austrocknet oder verschlämmt. Den gleichen Zweck erfüllt auch eine Mulchschicht aus trockenem Grasschnitt o.ä. – bei einer Bepflanzung allerdings können Sie sich auch noch an den bunten Blumen erfreuen. Außerdem hat die Blütenpracht weitere Vorzüge: Kapuzinerkresse hält Blutläuse fern, Ringel- und Studentenblume vertreiben schädliche Fadenwürmer (Nematoden) im Boden.

Weißanstrich für Obstbäume

Sonnige, klare Wintertage mit darauf folgenden kalten Nächten, wie sie oft im Spätwinter herrschen, können junge Obstbäume stark schädigen. Tagsüber, wenn die Sonne scheint, heizt sich die dunkle Rinde der Bäume auf, durch die nächtlichen Minusgrade entsteht dann ein starkes Temperaturgefälle in der Rinde und im Holz. Dies führt im schlimmsten Fall zu sog. »Frostrissen«, d.h., die Rinde und oft der ganze Stamm platzen auf. Ein heller Anstrich an Stamm und Kronenansatz, der die intensiven Sonnenstrahlen reflektiert, beugt dem vor. Geeignete Präparate gibt es im Fachhandel.

Flechten am Stamm

Flechten, die an den Stämmen und Ästen von Obstbäumen wachsen (abgebildet Gelbflechte *Xanthorina parietina*), sind für die Bäume völlig harmlos und unschädlich. Sie benutzen den Baum lediglich als »Plattform«, auf der sie sitzen, ähnlich wie auf einem Stein. Weder Wasser noch Nährstoffe werden dem Obstbaum entzogen. Das mühevolle Abbürsten des Flechtenbewuchses können Sie sich also getrost sparen! Haben Sie dennoch den Eindruck, dass Ihr Obstbaum im Ertrag nachlässt, ist das wahrscheinlich eher eine Folge generellen Überalterns oder eines unpassenden Standorts.

Expertentipp
Abgeblühte Blumen den Winter über als Mulchdecke liegen lassen.

Expertentipp
Einwickeln der Stämme mit Bastmatten hilft ebenfalls.

Beerensträucher schneiden

Kurzinformation

Werkzeug

scharfe Baumschere
Arbeitshandschuhe

Material

Holzpfähle (zum Drahtspannen)
Sisalband oder Bast (zum An-
binden von Trieben)
Draht (zum Aufleiten)
Korb oder Schubkarren (zum
Sammeln des Schnittabfalls)

Schnittzeitpunkt

Auslichten:
am besten im Spätwinter
(Februar/März)

Rückschnitt:
im Sommer bzw. Herbst
nach der Ernte

Brombeeren

Lassen Sie im ersten Jahr 3–4, später max. 6 kräftige Triebe (Ranken) an der Pflanze. Schlagen Sie einige Holzpfähle ein, und spannen Sie dazwischen Draht, so dass Sie die Triebe gut befestigen können. Die Ranken werden im darauf folgenden Jahr Früchte tragen, da Brombeeren am zweijährigen Trieb fruchten. Kürzen Sie Seitentriebe, die aus den Blattachseln entstehen, im Sommer auf 3–4 Knospen ein. Schneiden Sie nach der Ernte die fruchttragenden Ranken bis zum Boden ab, weil an ihnen keine neuen Seitentriebe mehr entstehen.

Himbeeren

Bereits regelmäßig Früchte tragende Himbeeren sollen ca. 10 Triebe pro Pflanze haben (Jungpflanzen höchstens 3). Die Früchte entstehen meist an den einjährigen Trieben. Abgeerntete Triebe werden nach der Ernte bodeneben abgeschnitten. Zweimal tragenden Sorten fruchten bereits im Herbst des ersten Jahres im oberen Teil der Triebe. Schneiden Sie nach der Ernte nur den oberen, abgestorbenen Teil ab, weil der Trieb im nächsten Sommer ein zweites Mal Früchte trägt – jetzt im unteren Bereich. Nach der zweiten Ernte dann bodeneben zurückschneiden.

*Die meist starkwüchsigen Beerensträucher
werden durch kräftigen Schnitt ausgelichtet und sind so
viel leichter zu beernten.*

Rote Johannisbeeren

Rote Johannisbeeren sollen ein Grundgerüst mit höchstens 10 starken Leittrieben haben. Schneiden Sie im Februar/ März schwache und herunterhängende Triebe und alle Basistriebe, die älter sind als 4 Jahre, heraus. Bei schwach wachsenden Sorten werden die Leittriebe um 1/3 bis 1/2 eingekürzt, damit sie ausreichend Seitentriebe bilden.

Die Früchte der Roten Johannisbeeren entstehen hauptsächlich an 2- und 3-jährigen Trieben, weshalb eine gute Verzweigung wichtig ist. Sehr stark wachsende Sorten regelmäßig auslichten und auf Seitentriebe ableiten.

Schwarze Johannisbeeren

Schwarze Johannisbeeren sollten max. 8–10 starke Leittriebe oder Hauptäste haben. Schneiden Sie die vorhandenen Leittriebe in den ersten Jahren im Frühjahr um ca. 1/3 zurück, um den Neutrieb anzuregen. Sind genügend starke Hauptäste vorhanden, werden diese immer wieder ausgelichtet und junge nachgezogen.

Die Früchte entwickeln sich am einjährigen Trieb (helle Rinde), der bei der Ernte oder im Spätwinter abgeschnitten wird. Schneiden Sie so, dass keine »Stummel« stehen bleiben, sondern der Saftstrom in der Pflanze auf einen Neutrieb »abgeleitet« wird.

Stachelbeeren

Schneiden Sie im Februar/März alle schwachen und herunterhängenden Triebe ab. Lichten Sie stärkere Triebe so aus, dass ein Grundgerüst aus wenigen starken Haupttrieben entsteht. Lassen Sie an diesen jeweils 3–4 kräftige einjährige Seitentriebe, und kürzen Sie weitere Seitentriebe stark ein.

Die Blüten und im Sommer die Früchte entwickeln sich an den ungeschnittenen einjährigen Trieben, die bei der Ernte ganz entfernt werden. Aus den eingekürzten Seitentrieben entwickeln sich im nächsten Jahr genügend neue fruchttragende Triebe.

Expertentipp
Das Gleiche gilt auch für Gelbe und Weiße Johannisbeersträucher.

Expertentipp
Jostabeeren wie Schwarze Johannisbeeren schneiden und pflegen.

Expertentipp
Hochstämmchen gut auslichten, sonst werden die Kronen zu schwer!

Obstbäume schneiden

Kurzinformation

Werkzeug

scharfe Baumschere
Astsäge
stabile Leiter bzw. Staffelei
Arbeitshandschuhe

Schnittzeitpunkt

Pflanzschnitt:
bei der Pflanzung im Herbst
oder Frühjahr

Aufbau- oder Erziehungsschnitt:
Februar/März an frostfreien
Tagen
zum Kronenaufbau und zur
Fruchtastbildung, jährlich, bis
der Baum die ersten zufrieden
stellenden Erträge bringt

Überwachungsschnitt:
Juli/August
um Kronenform beizubehalten,
alle 1–2 Jahre, wenn der Baum
voll im Ertrag steht

Auslichten und Verjüngen:
Februar/März an frostfreien
Tagen
bei älteren Bäumen, alle
1–3 Jahre

Weshalb Obstbaumschnitt?

Was würde denn geschehen, wenn ein Obstbaum nicht Jahr für Jahr geschnitten wird? Von Natur aus ist der Baum – wie jede andere Pflanze auch – darauf ausgerichtet, möglichst viele Samen zu produzieren. Dem Gartenbesitzer ist jedoch daran gelegen, regelmäßig viele große, schöne, wohlschmeckende Früchte zu bekommen. Ein völlig naturbelassener Baum würde viele kleine und saure Schattenfrüchte produzieren, die Erträge wären mal sehr hoch und im anderen Jahr wieder sehr niedrig, und der Baum wäre nach wenigen Jahren erschöpft. Durch einen fachgerechten Schnitt

(Bild oben links vor dem Schnitt, oben rechts nach dem Schnitt) sorgen Sie für ein lockeres, tragfähiges Kronengerüst, das in allen Teilen gleichmäßig Licht und Sonne bekommt. Die Früchte reifen dadurch besser und gleichmäßiger aus. Pilzkrankheiten haben weniger Chancen, weil die Blätter nach Regen schneller abtrocknen. Die Bäume fruchten auch wesentlich länger, da sie durch den regelmäßigen Schnitt zur laufenden Regeneration angeregt werden. Gut geschnittene Kronen auch alter Bäume sind wesentlich stabiler, und es passiert selten, dass ganze Äste ausbrechen oder abreißen.

Obstbäume richtig schneiden ist eine Sache der Praxis.
Besuchen Sie daher am besten einige Schnittkurse, um sich
das Know-how für Ihre Bäume anzueignen.

Wildtriebe schneiden

Da Obstbäume fast immer veredelt sind, d.h., auf einer wurzelbildenden Sorte (= Unterlage) wächst die Fruchtsorte (= Edelsorte), erscheinen oft sog. »Wildtriebe« am Stamm oder Stammgrund, häufig auch als Folge von Verletzungen. Hier handelt es sich um Austriebe der Unterlage, die meist eine robuste, starkwüchsige Sorte oder eine Wildform ist. Diese Triebe sind unerwünscht und kosten den Baum unnötig Kraft. Schneiden oder brechen Sie sie möglichst dicht am Ansatzpunkt am Stamm heraus.

Sommerschnitt

Stark wachsende Jungbäume und Spaliere werden im Sommer geschnitten – was in erster Linie ein Auslichten bedeutet. Um große Äste an älteren Bäumen zu entfernen, ist der Sommer ebenfalls günstig, da die Wunden dann besser heilen. Auch ein kräftiger Verjüngungsschnitt an Kirschbäumen und alle Schnittmaßnahmen an der Walnuss sollten Sie nur im Sommer durchführen, weil diese Obstarten stark »bluten«, d.h. viel Pflanzensaft verlieren, was häufig zur Schwächung des ganzen Baumes und Krankheitsinfektionen führt.

Auf Astring scheiden

Schneiden Sie Äste immer so ab, dass der »Astring« erhalten bleibt. Das ist ein kleiner Wulst an der Astbasis, der nicht verletzt werden soll.
Auf Astring geschnittene Wunden heilen problemlos von selbst. Einen Wundverschluss mit Wundbalsam können Sie sich meist sparen. Bei sehr großen Wunden höchstens die Ränder mit Wundpaste bestreichen.

Vorbeugender Pflanzenschutz an Obstgehölzen

Kurzinformation

Nützlinge

Fledermäuse
Florfliegen
Marienkäfer
Ohrwürmer
Raubmilben
Raupenfliegen
Schlupfwespen
Schwebfliegen
Vögel

Mechanische Maßnahmen

Fanggürtel
Flaschen mit Zuckerwasser (gegen Wespen)
Manschetten gegen Wildverbiss
Netze
Vogelscheuchen

Biotechnische Maßnahmen

Lockstofffallen (Pheromonfallen)

Pheromonfallen

Diese Kunststofffalle ist im Inneren mit Leim beschichtet und mit einem Duftstoff versehen, der die männlichen Falter von Apfel-, Apfelschalen- und Pflaumenwickler anlockt. Die Falter bleiben kleben und sterben – sie können nicht mehr für Nachwuchs sorgen. Allerdings dient diese Falle eher dazu, den Befallszeitpunkt festzustellen. Zur intensiven Bekämpfung sind Fanggürtel oder im Handel erhältliche Nützlinge (Schlupfwespen) besser geeignet.

Gelbtafeln

Durch ihre gelbe Farbe locken die mit Leim bestrichenen Kunststofftafeln Kirschfruchtfliegen an, die dann kleben bleiben. Damit die Kirschen allerdings wirklich wirkungsvoll geschützt werden, müssen die Leimtafeln rechtzeitig vor der Flugzeit der Insekten in die Bäume gehängt werden. Das ist meist von Anfang Mai–Ende Juni der Fall, wenn die Kirschen sich gerade von gelb nach rot verfärben. Je nach Baumgröße sollten Sie bis zu 6 Tafeln pro Baum – bevorzugt an der Südseite – aufhängen.

*Gezielte Nützlingsförderung und einfache
mechanische und »biotechnische« Maßnahmen schützen
Ihre Obstbäume wirkungsvoll vor Schädlingen.*

Leimringe

Das Anbringen von Leimringen am Baumstamm ist eine einfache Methode, um die flügellosen Weibchen des Frostspanners zu fangen, die im September/Oktober an den Obstbäumen hinaufklettern und dort ihre Eier ablegen. Leimringe können Sie aus festen Papierstreifen und Leim selbst herstellen oder fertig im Fachhandel kaufen. Befestigen Sie sie in 1 m Höhe am Stamm, so dass darunter keine Ritzen entstehen.

Sie sollten Leimringe nur verwenden, wenn mehrfach großer Schaden durch die Frostspanner entstanden ist, da auch nützliche Insekten am Leim kleben bleiben.

Vogelschutznetze

Als hilfreiche Nützlinge, die eine Menge Schadinsekten vertilgen, sind Vögel gern gesehene Gartengäste. Stürzen sie sich zur Erntezeit jedoch auf die heiß ersehnten Kirschen oder Johannisbeeren, hört der Spaß auf! Dabei gibt es recht probate Mittel, um die gefiederten Mitesser am Festmahl zu hindern: Breiten Sie feinmaschige Vogelschutznetze über Ihre Beerensträucher, kleinere Bäume und Erdbeerkulturen. Kontrollieren Sie aber regelmäßig die Netze, falls einzelne Vögel darunter schlüpfen oder sich darin verfangen. Große Bäumen lassen Sie am besten von Vogelscheuchen »beschützen«.

Wühlmausfallen

Gegen Wühlmäuse bietet der Fachhandel spezielle Fallen, die besonders anwenderfreundlich sind, da sie sich mit nur einem Handgriff spannen lassen. Graben Sie den Gang auf, beködern Sie die Falle mit Möhre oder Sellerie, spannen Sie sie und stellen Sie sie vor dem Gang auf.

Meisenkästen

Einen hervorragenden »Pflanzenschutzdienst«, was Schadinsekten wie Blattläuse, Raupen und Obstmaden betrifft, haben Sie automatisch in Ihrem Garten, wenn Sie Nist- und Unterschlupfmöglichkeiten für Vögel anbieten.

Expertentipp
Leimringe im Dezember abnehmen und verbrennen.

Expertentipp
Bringen Sie unter den Nistkästen einen Katzenschutz an.

Schädlinge und Krankheiten an Obstgehölzen

Schädling/Krankheit	Vorbeugen und bekämpfen

Blattläuse
Grüne, mehlige oder schwarze Läuse auf Blättern und jungen Trieben von Obstgehölzen. Blätter rollen sich ein, Triebe, Knospen verkümmern. Läuse übertragen viele Viruskrankheiten.

Vorbeugen: Blattläuse dienen vielen Nützlingen (z.B. Marienkäfer) und Vögeln (z.B. Meisen) als Nahrung. Kapuzinerkresse auf Baumscheiben pflanzen.
Bekämpfen: Befallene junge Bäume öfter mit scharfem Wasserstrahl abspritzen.

Kleiner Frostspanner
Ca. 2 cm lange, grüne Raupe mit 3 hellen Längsstreifen, → Bild Seite 58 unten (grauer Falter im September/Oktober). Frisst von März – Mai an Blüten, Blättern, Knospen und jungen Früchten von Laub- und Obstbäumen.

Vorbeugen: Vogelnistkästen aufhängen, im September Leimringe an die Baumstämme, im Dezember abnehmen und verbrennen.
Bekämpfen: *Bacillus-thuringiensis*-Präparat an warmen Tagen kurz vor der Blüte spritzen.

Apfelwickler
»Wurm im Apfel«, hellrote, ca. 2 cm große Raupen, die sich ins Innere von Kernobstfrüchten (v.a. Äpfel) hineinfressen. Raupe verlässt im Herbst die Frucht, überwintert und verpuppt sich.

Vorbeugen: Fallobst entfernen, um Überwinterung der Schädlinge zu verhindern. Resistente Sorten wählen.
Bekämpfen: Wellkarton-Fangggürtel von Ende Juni bis nach der Ernte ca. 20 cm über dem Boden am Stamm anbringen

Birnengitterrost
Wirtswechselnder Schadpilz, der auf einigen Zierwacholderarten überwintert. Orangegelbe Flecken oberseits auf den Birnenblättern. Bei sehr starkem Befall Schwächung des Baumes.

Vorbeugen: Keine Zierwacholderarten pflanzen (Ausnahme: heimischer Heidewacholder), bzw. vorhandene Pflanzen entfernen.
Bekämpfen: Befallenes Falllaub entfernen und vernichten (nicht kompostieren!).

*Fördern Sie Nützlinge und
sorgen Sie für einen optimalen Gesundheitszustand
Ihrer Pflanzen.*

Schädling/Krankheit	Vorbeugen und bekämpfen

Apfelschorf/Birnenschorf

Pilzerkrankung bei Obstbäumen; zuerst olivgrüne, später dunkle Flecken auf Blättern, Trieben und Früchten; die Infektion erfolgt besonders bei feuchtem Wetter.

Vorbeugen: Ausreichende Pflanzabstände einhalten, Kronen regelmäßig auslichten, resistente Sorten pflanzen.
Bekämpfen: Befallenes Falllaub im Herbst entfernen (nicht kompostieren!).

Monilia-Fruchtfäule

Schimmelpilz an Kern- und Steinobst, Blüten und Früchte vertrocknen, verschrumpeln, bei spätem Befall erst auf dem Lager. Verstärktes Auftreten besonders bei längeren Regenfällen während der Blütezeit, Verletzungen.

Vorbeugen: Verletzung der Früchte vermeiden. Vertrocknete Früchte im Herbst aus den Kronen entfernen. Beim Einlagern beschädigtes Obst aussortieren. Meerrettich auf Baumscheiben setzen.
Bekämpfen: Befallene Pflanzenteile im Herbst entfernen (nicht kompostieren!).

Grauschimmel

Schadpilz, der einen grauen, flächigen Belag auf Erdbeerblättern und -früchten hervorruft. V.a. in nassen Jahren, nach Dauerregen, an geschwächten oder überdüngten Pflanzen.

Vorbeugen: Weit pflanzen. Nicht zu viel Stickstoff düngen. Gute Bodenstruktur schaffen, mulchen. Mischkultur mit Knoblauch. Resistente Sorten wählen.
Bekämpfen: Befallene Pflanzenteile entfernen und vernichten.

Narren-/Taschenkrankheit

Schadpilz; junge Zwetschgenfrüchte wachsen übermäßig, verkrümmen und verformen sich, färben sich nicht aus, vertrocknen später. Besonders bei kühlem, regnerischem Wetter.

Vorbeugen: Baumkronen nicht zu dicht werden lassen. Widerstandsfähige Sorten pflanzen (Frühzwetschgen werden kaum befallen).
Bekämpfen: Befallene Früchte einsammeln und vernichten.

Pflegetipps für Gemüse und Salat

Kurzinformation

Werkzeug

Ziehhacke (12 und 17 cm breit)
Krail
Kultivator
Sauzahn
kleiner Metallrechen

Geeignetes Mulchmaterial

Mulchfolie (schwarze PE-Folie)
getrockneter Grasschnitt
(ohne Samen)
Strohhäcksel
Ernterückstände (von
gesundem Gemüse)
halb verrotteter Kompost

Stützen und Rankhilfen

Wellstäbe für Tomaten
Stäbe für Auberginen, Paprika
und Tomaten (ca. 1,5–1,8 m)
Stangen für Bohnen
(ca. 2,5–3 m)
Maschendrahtgitter, Tonkin-
und Bambusstäbe für Erbsen,
Gurken, Kürbis
Reisig für Erbsen

Aufhacken

Das regelmäßige, oberflächliche Hacken der Gemüsebeete hat einen entscheidenden Anteil am guten Wachstum der Pflanzen. Zum einen wird auflaufendes Unkraut schon in einem frühen Stadium entfernt und behindert so die Kulturpflanzen nicht in ihrer Entwicklung. Zum anderen wird eine gute Durchlüftung des Bodens und eine gleichmäßige Bodenfeuchte gefördert, weil der Boden weder rissig und hart werden noch verschlämmen kann. Entscheidend ist, dass Sie wirklich nur die oberste Bodenschicht (ca. 2 cm) lockern.

Die Saat ausdünnen

Besonders bei Gemüsearten mit sehr feinem Saatgut (z.B. Möhren, Radieschen), fällt die Aussaat fast immer zu dicht aus. Wenn die jungen Pflänzchen dann auflaufen, konkurrieren sie um Platz und Nährstoffe. Zupfen Sie vorsichtig so lange überzählige Sämlinge heraus, bis die übrigen ausreichend Platz haben, um sich arttypisch entwickeln zu können. Durch das Herausziehen lockert sich meist auch die umgebende Erde und Sie müssen die verbleibenden Pflanzen wieder etwas im Boden festdrücken.

*Wenn Sie Ihre Beete regelmäßig
gießen, hacken, mulchen und von Unkraut frei halten,
ist die meiste Pflege bereits geleistet!*

Anhäufeln

Anhäufeln wird bei verschiedenen Gemüsearten empfohlen. Tomaten, Bohnen, Gurken und Kohl bekommen so eine bessere Standfestigkeit auf dem Beet. Beim Lauch bleibt der untere Bereich der Stangen schön weiß. Bei Möhren wird ein Vergrünen des oberen Teils verhindert. Häufeln Sie lockere Erde an die Stängelbasis der Pflanzen nach Bedarf mehrmals an – am besten beim Unkraut hacken. Beginnen Sie damit, wenn die Jungpflanzen voll entwickelt sind.

Endivie bleichen

Die hellen, fast weißen Innenblätter des Endiviensalats sind weniger bitter und zarter als die grünen Blätter. Damit die Pflanze mehr dieser begehrten, hellen Blätter liefert, müssen Sie den Salat »bleichen«, d.h. die fertig ausgebildeten Köpfe mit Bast oder Schnur zusammenbinden, so dass kein Licht ins Innere des Kopfes gelangt. Die Blätter dürfen auf keinen Fall nass sein, sonst kommt es zu Fäulnis. Maximal eine Woche lang verharrt der Salat so »verschnürt«; dann können Sie zarte weiße Blätter ernten.

Stabtomaten aufleiten

Wüchsige Tomatenpflanzen brauchen auf jeden Fall eine Stütze. Am besten binden Sie sie auch fest. Geeignet sind Spiralstäbe aus Metall, Holz- oder Kunststoff. Zum Festbinden sind raue Sisalschnüre ideal, an denen die Pflanzen einen guten Halt haben.

Tomaten ausgeizen

Schon bei jungen Tomatenpflanzen entstehen in den Blattachseln kleine Seitentriebe, die bei Stabtomaten schnell zur Konkurrenz für den Haupttrieb werden. Brechen Sie daher die Seitentriebe regelmäßig heraus.

Expertentipp
Viele heutige Sorten sind selbstbleichend, d.h. dicht blättrig im Wuchs.

Vorbeugender Pflanzenschutz bei Gemüse und Salat

Kurzinformation

Nützlinge

Florfliegen
Glühwürmchen
Igel
Kröten, Frösche,
Blindschleichen
Laufkäfer
Marienkäfer
Raupenfliegen
Schlupfwespen
Schwebfliege
Vögel

Mechanische Maßnahmen

Fallen
Ködermittel
Leimtafeln
Pflanzenbrühen
Vlies- oder Reisigabdeckung
Vogelscheuchen

Kulturtechnische Maßnahmen

ausgewogene Pflanzen-
ernährung/Düngung
gezieltes Gießen
Mischkultur
Sortenwahl

Pflanzenbrühen herstellen

Selbst gemachte Spritzbrühen aus frischen oder getrockneten Pflanzen sind ein wertvolles und preiswertes Hilfsmittel für den Pflanzenschutz im Hausgarten. Für eine Ackerschachtelhalmbrühe, die Sie vorbeugend gegen Mehltau, Rost und andere Pilzerkrankungen spritzen können, brauchen Sie ca. 1 kg frisches oder 200 g getrocknetes Kraut. Weichen Sie die zerkleinerten Pflanzen 24 Stunden in 10 l kaltem Wasser ein und kochen das Ganze anschließend auf. Ca. 30 Minuten köcheln, abkühlen lassen und durch ein Sieb schütten – fertig!

Nützlingseinsatz im Gewächshaus

Wo Sie im Garten fleißige Helfer beim Pflanzenschutz haben, wenn Sie Lebensräume für viele Tierarten schaffen und Nützlinge fördern, da lassen Sie sich bei Gewächshauskulturen einfach die tierischen Helfer per Post schicken! Der Fachhandel bietet die verschiedensten Bestell-Sets für Nützlinge gegen Schadinsekten und Bodenschädlinge an, z. B. Schlupfwespen gegen die Weiße Fliege (Bild oben), Florfliegen gegen Blattläuse und Thripse, Räuberische Gallmücken gegen Blattläuse. Beschreiben Sie Ihrem Fachhändler das Schadbild, und lassen Sie sich bei der Auswahl der richtigen Nützlinge beraten.

Expertentipp
Weitere Pflanzen für Brühen: Brennnessel, Rainfarn, Rhabarberblätter.

*Mit den richtigen Methoden
verderben Sie den »Mitessern« im Garten
den Appetit!*

Schnecken bekämpfen

Schneckenzäune (Bild oben) aus Metall oder Kunststoff mit einer steilgewinkelten Außenkante sind äußerst wirkungsvoll. Bringen Sie sie v.a. an Jungpflanzen- und Salatbeeten an und achten Sie darauf, dass keine Pflanzenteile drüber wachsen oder hängen. Der Fachhandel bietet inzwischen auch hochwirksames Schneckenkorn an, z. B. Ferramol®, das Haustiere, Vögel, Igel und andere Tiere nicht gefährdet. Das Korn führt nicht zum Ausschleimen der Schnecken, es ist extrem regenfest, und eine Wartezeit bis zur Ernte erübrigt sich. Ferramol® ist umweltverträglich und laut EG-Verordnung sogar im Öko-Anbau zugelassen!

Netze gegen Gemüsefliegen

Kleine Gemüsefliegen, deren Larven an Bohnen, Kohlgewächsen, Lauch, Möhren, Rettich, Radieschen und Zwiebeln fressen, können einem den Gartenspaß ziemlich verderben. Spezielle feinmaschige Kulturschutznetze schaffen hier Abhilfe. Breiten Sie sie gleich bei der Aussaat oder Pflanzung locker über die Beete und befestigen sie am Rand mit Steinen oder Drahthaken. Bei höher werdendem Gemüse können Sie sie auch über Drahtbögen spannen. Auch andere anfliegende Schädlinge wie z.B. Blattläuse und Kohlweißling haben so keine Chance, ans Gemüse zu kommen.

Hilfe gegen Kohlfliegenfraß

Legen Sie zum Schutz gegen Kohlfliegenfraß runde Scheiben aus Pappe oder Teerpappe, die Sie selbst herstellen oder fertig im Fachhandel beziehen können, eng sitzend um die Stängelbasis junger Kohl- und Kohlrabipflanzen. Die Kohlfliegen können ihre Eier dann nur weiter entfernt von den Pflanzen im Boden ablegen. Die schlüpfenden Larven sterben ab, bevor sie die »Futterquelle« erreicht haben. Entscheidend für eine Wirksamkeit ist der richtige Zeitpunkt für das Anlegen der Kragen. Orientieren Sie sich am Beginn der Rosskastanienblüte; dann legen die Kohlfliegen ihre Eier ab.

Expertentipp
Sehr beliebt und äußerst wirksam sind auch Bierfallen.

Expertentipp
Bei sorgfältigem Umgang können die Netze mehrmals verwendet werden.

Expertentipp
Zum Ende der Baumblüte können Sie die Kohlkragen wieder abnehmen.

Pflegetipps für Kräuter

Kurzinformation

Schwachzehrer

Basilikum
Rosmarin
Thymian
Ysop

Mittlere Zehrer

Bohnenkraut
Borretsch
Dill
Estragon
Kapuzinerkresse
Kerbel
Knoblauch
Majoran
Petersilie
Salbei
Schnittlauch

Starkzehrer

Liebstöckel
Pfefferminze
Zitronenmelisse

Zurückschneiden

Alle Kräuter, die im unteren Teil holzige Triebe ausbilden, gehören zu den Halbsträuchern und vertragen einen gelegentlichen Rückschnitt. In Frage kommen Lavendel, Salbei, Ysop, Mehrjähriges Bohnenkraut, Thymian, Rosmarin, Zitronenverbene. Ein Schnitt sollte dann erfolgen, wenn die Pflanzen nicht mehr kompakt und dicht buschig aussehen, sondern im unteren Bereich verkahlen und sehr hoch werden. Schneiden Sie ca. alle 2–3 Jahre im März/ April, bevor die Pflanzen wieder kräftig austreiben, 1/2 (bei Thymian höchstens 1/3) des Strauches zurück.

Blüte unerwünscht

Die Liebstöckelpflanze ist eine mächtige Erscheinung im Kräuterbeet, die zum guten Gedeihen ausreichend Nährstoffe und genügend Standraum braucht. Da zum Kochen und Würzen in erster Linie das Laub verwendet wird, ist ein Blütenansatz unerwünscht. Aroma und Qualität der Blätter würden deutlich abnehmen, da die Pflanze dann ihre ganze Kraft zum Blühen und Samen ausbilden braucht. Schneiden Sie daher sich entwickelnde Blütenstängel dicht über der Ansatzstelle heraus, sobald sie erscheinen, dann können Sie dauerhaft würziges Liebstöckellaub ernten.

Das Gros der Gewürz- und Heilkräuter ist recht pflegeleicht. Was allerdings die meisten brauchen: ein möglichst warmes, sonniges Plätzchen!

Kräuter kurz halten

Sehr »krautige« Pflanzen wie z.B. Zitronenmelisse oder Pfefferminze (Bild) sollten Sie regelmäßig einkürzen, auch wenn Sie sie nicht ständig ernten und verwerten wollen.

Durch den Schnitt werden die Pflanzen zum Neutrieb angeregt und bleiben so länger wüchsig und gesund. Krankheiten und Schädlinge werden frühzeitig bemerkt und erkannt. Pilzkrankheiten wie der Pfefferminzrost und andere Schadpilze können sich weniger stark ausbreiten, wenn ihnen sozusagen die »Nahrungsgrundlage «entzogen wird, und die Pflanzen regenerieren sich schneller wieder.

Triebspitzen schneiden

Basilikum ist einjährig und treibt in der Regel nur einen Stängel, der sich im oberen Teil verzweigt. Wenn Sie diesen bei der Ernte dicht über dem Boden abschneiden, erfolgt kein weiterer Austrieb. Kürzen Sie deshalb immer nur die Triebspitzen ein, am besten so, dass am Stängel darunter noch mindestens zwei Blattpaare stehen bleiben. Aus den Blattachseln dieser Blättchen treibt die Pflanze dann wieder aus und verzweigt sich.

Auf diese Weise beernten Sie Basilikum einen ganzen Sommer lang und zögern auch die Blütenbildung hinaus (die leider einen Aromaverlust der Blätter mit sich bringt).

Mediterrane Kräuter überwintern

Die meisten unserer Küchen- und Würzkräuter überstehen den Winter ohne Probleme auf den Beeten im Garten. Einige der typisch mediterranen Aromakräuter sind allerdings ausgesprochen kälteempfindlich. Sie sollten daher am besten in einem hellen, frostfreien (2–8 °C) Raum überwintert werden. Laubabwerfende Pflanzen (z.B. Zitronenverbene) können auch dunkler stehen. Auf dem Balkon stehende Kräutertöpfe können auch mit Noppenfolie, Laub oder Bastmatten vor Frost geschützt werden. Besonders empfindlich reagieren Aromasalbei-Arten, Currykraut, Rosmarin und Zitronenverbene.

Expertentipp
Im milden Weinbauklima genügt oft ein Frostschutz im Freien.

Schädlinge und Krankheiten an Gemüse und Kräutern

Schädling/Krankheit	Vorbeugen und bekämpfen

Blattläuse
Grüne, mehlige oder schwarze Läuse auf Blättern, Blüten, jungen Trieben von Gemüse, Salat, Kräutern. Blätter kräuseln sich, Triebspitzen verkümmern, klebriger Belag (Honigtau).

Vorbeugen: Nützlinge (z.B. Florfliegen, Marienkäfer) und Vögel fördern. Bohnenkraut, Lavendel, Kapuzinerkresse pflanzen. Pflanzen stärken, nicht überdüngen.
Bekämpfen: Öfter mit Brennnesseljauche spritzen.

Kohlweißlingsraupen
Ca. 4,5 cm lange, grau- oder gelbgrüne Raupe mit gelben Streifen und schwarzen Punkten. Frisst Blätter von Kohlarten, Rettich, Raps und Kapuzinerkresse. Die Blattrippen bleiben stehen.

Vorbeugen: Vögel und Schlupfwespen fördern. Kapuzinerkresse als »Fangpflanze« anbauen. Mischkultur mit Tomaten und Sellerie. Im Juli Rainfarn- oder Wermuttee zur Geruchsablenkung spritzen.
Bekämpfen: Raupen absammeln.

Lauchmotte
Ca. 1,3 cm lange, gelbliche oder grünliche Raupe mit hellen Streifen und schwarzen Punkten. Frisst von Juni bis zum Herbst an den Blättern von Lauch, Schnittlauch und Zwiebeln.

Vorbeugen: Nicht zu dicht pflanzen. Mischkultur mit Karotten und Sellerie. Pflanzungen im April/Mai und Juli/August. Lauch und Zwiebeln mit einem Insektennetz abdecken.
Bekämpfen: Raupen absammeln.

Schnecken
Schaden im Gemüsegarten richten v.a. die 3–15 cm langen, schwarzen oder roten Nacktschnecken (ohne Haus) an. Fraß an jungen, zarten Blättern, Trieben, Früchten; z.T. Kahlfraß ganzer Pflanzen.

Vorbeugen: Nützlinge (Igel, Kröten) fördern. Schneckenzäune anlegen. Morgens gießen. Mit Schilfhäcksel mulchen.
Bekämpfen: Schnecken und Eigelege absammeln und vernichten. Schneckenkorn streuen. Bierfallen aufstellen.

Greifen Sie nicht wahllos zu irgendeinem Schädlingsbekämpfungsmittel. Beobachten, Vorbeugen und eine gezielte Sortenwahl helfen meist mehr.

Schädling/Krankheit	Vorbeugen und bekämpfen

Wühlmäuse
Bis zu 20 cm große Mäuseart, die unterirdische Gänge mit hochrundem Querschnitt gräbt (Maulwurf: breit-oval). Schaden durch Anfressen von Wurzeln, die Pflanzen welken plötzlich.

Vorbeugen: Stark riechende Pflanzenteile (z.B. Knoblauch) oder im Handel erhältliche »Vergrämungsmittel« verwenden.
Bekämpfen: Die Tiere ständig stören. Gänge aufgraben und zerstören. Wühlmausfallen einsetzen.

Echter und Falscher Mehltau
Schadpilz, der weißlich-mehligen, abwischbaren Belag blattoberseits (Echter M.) oder graubraunen Belag blattunterseits (Falscher M.) bildet. An Salat, Spinat, Gurke, Erbse, Zwiebel.

Vorbeugen: Pflanzen nicht zu dicht setzen. Beim Gießen nicht benetzen. Morgens gießen. Ausgewogen düngen. Resistente Sorten wählen.
Bekämpfen: Befallene Pflanzen entfernen. Mit Schachtelhalmbrühe spritzen.

Kraut- und Braunfäule
Schadpilz an Aubergine, Paprika und Tomate. Braune oder schwarze Flecken zuerst auf den Früchten, später auch auf Laub und Stängeln. Die Früchte bleiben hart, die Pflanzen sterben ab.

Vorbeugen: Locker pflanzen. Pflanzen beim Gießen nicht benetzen. Viel Abstand zu Kartoffelanbauflächen halten.
Bekämpfen: Einmal pro Woche mit Knoblauchtee spritzen. Befallene Pflanzen entfernen.

Rostpilze
Schadpilz an Bohnen, Lauch, Pfefferminze und Schnittlauch, der braune oder schwarze Pusteln und Flecken an der Unterseite der Blätter, an Trieben und Früchten hervorruft.

Vorbeugen: Nicht zu eng pflanzen. Ausgewogen düngen. Resistente Sorten wählen. Standort regelmäßig wechseln.
Bekämpfen: Mit Schachtelhalmbrühe spritzen, mit Gesteinsmehl stäuben. Befallene Pflanzen entfernen.

Ernten und verwerten

Werden Obst, Gemüse, Kräuter richtig geerntet und eingelagert, lassen sie sich zu besonders leckeren Produkten verarbeiten.

Nachdem Sie Obstgehölze und Gemüsepflanzen über Wochen und Monate hinweg sorgsam gepflegt, gedüngt und gegossen haben, rückt schließlich der Zeitpunkt näher, für den Sie die ganze Mühe und Arbeit auf sich genommen haben – die Ernte!

Auf den Zeitpunkt kommt es an!

Auch beim Ernten gibt es einige grundlegende Dinge zu beachten. So sollten manche Gemüsearten rechtzeitig und in einem bestimmten Reifestadium geerntet werden, wohingegen andere ruhigen Gewissens über längere Zeit auf den Beeten stehen gelassen und nach und nach geerntet werden können. Die Qualität einiger Gemüse und vor allem der würzigen Kräuter kann zum Beispiel je nach der Tageszeit, zu der sie geerntet werden, stark variieren. Nicht nur der Geschmack, sondern auch Inhaltsstoffe wie Vitamine, belastende Schadstoffe und Lagerfähigkeit werden vom richtigen Erntezeitpunkt beeinflusst. Schließlich müssen Sie bei ausdauerndem Wintergemüse (zum Beispiel Feldsalat, Grünkohl oder Rosenkohl) mit Hilfe von Vlies- oder Reisigabdeckung dafür sorgen, dass Sie das gesunde Grün auch bei Kälte und Schnee noch ernten können.

Verarbeiten und verwerten

Überlegen Sie im Vorhinein, wie viel Zeit und Lust Sie in die Verarbeitung Ihrer Gartenerzeugnisse stecken wollen. Schon mancher eifrige Gärtner hat angesichts der Obstberge oder »Gemüseschwemmen«, denen er sich im Spätsommer gegenübersah, ein für alle Mal den Spaß am Gärtnern verloren! Wer viel Beerenobst anpflanzt, sollte ein Freund von Saft und Marmelade sein. Haben Sie in Frage kommende Lagerräume, wenn Sie Lageräpfel und Lagergemüse aus Ihrem Garten ernten? Relativ leicht lassen sich Kräuter und typische Sommergemüsearten wie Tomaten und Zucchini verarbeiten. Kräuterpesto, würzige Kräuteröle, Tomatensugo, tiefgefrorene Zucchinisuppe sind nur einige Varianten, wie Sie mitten im Winter ein bisschen Sommer in die Küche zaubern können!

Eine reiche Ernte lässt alle Mühen der Gartenarbeit schnell vergessen.

Wann ernten? Wie verwerten?

Der richtige Erntezeitpunkt entscheidet bei vielen Gartenfrüchten und Gemüsen über Geschmack, Vitamingehalt, Haltbarkeit, Lagerfähigkeit und Verarbeitungseigenschaften.
Sogar eine mögliche Anreicherung von Schadstoffen, wie zum Beispiel Nitrat, kann durch den richtigen Zeitpunkt der Ernte vermieden werden.

Der richtige Erntezeitpunkt

➤ Nachmittags geernteter Kopfsalat enthält deutlich weniger Nitrat als am Morgen geschnittener, weil diese Form des Stickstoffs nachts in den Salatblättern gespeichert wird.

➤ Möhren heben Sie am besten morgens mit der Grabgabel so weit an, dass ihre Feinwurzeln abreißen, und ziehen sie dann erst am Nachmittag ganz aus dem Boden. Auch so wird eine Nitratanreicherung vermieden.

➤ Aromatische Gewürze schneiden Sie am besten am Vormittag, bevor sie in der Mittagswärme viel von ihrem ätherischen Öl abgeben. Das gilt auch für frische Teekräuter.

➤ Wenn Sie die Kräuter jedoch trocknen und länger aufbewahren möchten, sollten sie erst völlig vom Tau abgetrocknet sein.

➤ Bei den verschiedenen Obstarten ist die Sorte entscheidend für Erntetermin und Verwendungszweck. Frühe oder späte Zwetschgen, Lager- oder Frühäpfel – die Sorte macht´s.

Das richtige Reifestadium

Beachten Sie neben der Tageszeit auch das Reifestadium des Ernteguts. Obst und Gemüse, das zum Frischverzehr bestimmt ist, wird meist in vollreifem Zustand geerntet. Zum Einlagern hingegen ist es oft günstiger, im Stadium der »Grünreife« zu ernten. Lagerbirnen zum Beispiel sollten dann noch fest und hart sein.

➤ Bei manchen Fruchtgemüsearten, zum Beispiel Chili und Paprika, haben Sie die Wahl, ob Sie die Früchte grün oder lieber rot und orangefarben ernten wollen. Grün sind sie meist länger haltbar, rot oder gelb haben sie hingegen mehr Süße und gesunde Karotine ausgebildet.

➤ Bei Sommerkürbis und Zucchini sollten Sie nicht zu lange mit der Ernte warten und die Früchte nicht zu groß

Der Platz an der Sonne

Für Pfirsiche und Fruchtgemüse sollte man die sonnigsten Plätze und Beete reservieren.

werden lassen, sie schmecken sonst fad und wässerig.

➤ Dem Winterkürbis merkt man die Erntereife an einer intensiven Ausfärbung und einem dumpfen Ton beim »Dranklopfen« an. Außerdem beginnen die Fruchtstiele zu verkorken bzw. holzig zu werden.

➤ Von vielen Frucht- und auch Wurzelgemüsearten, zum Beispiel Tomaten, Kürbis, Möhren, Radieschen, können Sie auch schon mal während des Erntens frisch und roh eine Kostprobe nehmen.

➤ Bei anderen Gemüsen hingegen ist etwas Vorsicht beim Naschen geboten: Bohnen und Erbsen sind in ungekochtem Zustand giftig. Dies gilt auch für grüne Tomaten.

Kräuter trocknen

Schneiden Sie Gewürz- und Teekräuter am besten vormittags (weniger Aromaverlust), und trocknen Sie sie möglichst langsam und schonend.

➤ Breiten Sie Blätter, Stängel, Blüten oder ganze Pflanzen an einem warmen, trockenen und schattigen Ort aus.

➤ Trocknen Sie die Kräuter auf keinen Fall in der prallen Sonne oder bei großer Hitze, da sie sonst einen Großteil ihres aromatischen Öls – und damit ihres Duftes und Geschmacks – verlieren würden.

➤ Die Kräuter sind ausreichend trocken, wenn sie eine raschelnde,

»Cornflakes-ähnliche« Beschaffenheit erreicht haben, was meist nach 4–10 Tagen der Fall ist.

Kräuter-Würzöl

Viele Kräuter geben ihr Aroma sehr gut an ein Speiseöl ab.
➤ Legen Sie die bereits angetrockneten Pflanzenteile in Oliven- oder Sonnenblumenöl ein.
➤ Decken Sie die Flaschen in den ersten Tagen nur mit einem Tuch ab, damit noch in den Pflanzen enthaltene Feuchtigkeit entweichen kann.
➤ Sieben Sie die Pflanzen nach 3–5 Wochen ab.
Jetzt haben Sie ein hervorragendes aromatisiertes Kräuter-Würzöl.
➤ Lagern Sie das Öl kühl und dunkel, und verbrauchen Sie es relativ bald.

Obst und Gemüse einlagern

Obst und Gemüse, das eingelagert wird, muss absolut unbeschädigt und frei von Faulstellen und Krankheiten sein. Um so ausgewogener die Pflanzen ernährt wurden, um so besser und länger halten sich ihre Früchte. Viele typische Lagerkrankheiten von Obst entstehen zum Beispiel durch den Mangel oder Überschuss eines einzelnen Nährstoffes während des Fruchtwachstums. Auch Gemüse, das mit Stickstoff überdüngt wurde, weist eine deutlich geringere Haltbarkeit auf als gleichmäßig ernährte Pflanzen.

Obst verarbeiten

Obst können Sie auf ganz verschiedene Weise verarbeiten oder lagern.
➤ Die Verarbeitung von Obst zu Saft und Wein ist bei großen Erntemengen eine attraktive Möglichkeit, für die Sie allerdings einiges an Ausstattung anschaffen müssen, so dass das keine »Eintagsfliege« sein sollte.
➤ Marmelade und Gelee hingegen ist recht schnell gemacht und bei der Zugabe pektinreicher Früchte (zum Beispiel Quitten) geliert sie besonders gut.
➤ Äpfel, Birnen und Zwetschgen können auch ausgezeichnet zu Dörrobst verarbeitet werden und geben leckere Naschereien für den Winter ab. Bei größeren Mengen lohnt sich sogar die Anschaffung eines Dörrapparats.
➤ Pflaumen, Kirschen und Beerenobst lassen sich auch gut einfrieren.

Gemüse und Obst einfrieren

Mit die praktischste und zugleich schonendste Verarbeitungsmethode ist das Einfrieren. Im Gegensatz zum Einkochen und Erhitzen bleiben bei dieser Methode der Lagerung viele Nährstoffe und Vitamine gut erhalten.
➤ Viele Gemüsearten (zum Beispiel Bohnen, Grünkohl, Mangold, Möhren, Spinat) eignen sich in blanchiertem Zustand sehr gut zum Tiefgefrieren.
➤ Beerenobst wird am besten schockgefrostet. Breiten Sie dazu die Früchte locker auf einem Tablett aus und frieren sie rasch ein, bis die einzelnen Früchte fest sind. Erst dann füllen Sie sie in Gefrierbeutel zum weiteren Lagern im Gefrierschrank ein. So bleiben die Zellwände weitgehend unverletzt und beim Auftauen haben Sie ganze Früchte und keinen »Matsch«!

Lagern und konservieren

Kurzinformation

Lagerfähiges Obst und Gemüse

Äpfel, Birnen, Quitten (Lagersorten)
Kohlgemüse (Lagersorten von Kohlrabi, Rosenkohl, Rot- und Weißkohl)
Nüsse
Winterkürbis
Wurzel- und Knollengemüse (Lagersorten von Knollenfenchel, Möhre, Rote Bete und Sellerie) Zwiebelgemüse (Knoblauch, Lagerzwiebeln)

Lagerbehältnisse

Holzkisten
Kisten mit Stroh, Holzwolle, Sand
Lattenroste
Weiden-, Draht- oder Kunststoffkörbe

Geeignete Lagerplätze

auf Beeten mit Folien-, Vlies-, Laub- oder Reisigabdeckung
auf dem Dachboden
im Keller (4–10 °C, ca. 80 % Luftfeuchtigkeit)
in Erdmieten oder Erdgruben
im Frühbeetkasten

Obst lagern

Lagerobst braucht einen trockenen, luftigen und kühlen (2–6 °C) Platz, wo die Früchte nach Möglichkeit einzeln auf Lattenrosten oder in Holzwolle ausgelegt werden. Lagern Sie nur unbeschädigtes, gesundes Obst ein! Bei größeren Mengen legen Sie die Früchte am besten in luftdurchlässige Holzkisten, Kunststoff-, Draht- oder Weidenkörbe. Kontrollieren Sie die Behältnisse regelmäßig. Deponieren Sie Äpfel immer separat, da sie beim Lagern einen »Reifestoff« abgeben, der die Haltbarkeit anderer Früchte und Gemüse deutlich verringert.

Saft & Marmelade herstellen

Nahezu alle Früchte und einige Gemüsearten lassen sich zu Saft und Marmelade verarbeiten. Verwenden Sie nur unbeschädigte, gesunde Früchte. Roher Saft enthält die meisten Vitamine, muss aber innerhalb weniger Tage aufgebraucht werden. Erhitzter Saft ist mehrere Monate haltbar. Pektinreiche Früchte wie Äpfel, Brombeeren, Hagebutten, Preiselbeeren und Quitten verleihen Marmeladen eine bessere Gelierfähigkeit. Sind Sie experimentierfreudig? Dann wagen Sie sich doch einmal an etwas ungewöhnliche Rezepturen wie Grüne Tomatenmarmelade oder Kräutergelee!

*Wer die richtigen Tricks und Kniffe
zum Einlagern kennt, hat länger was vom leckeren
Obst und Gemüse aus dem Garten!*

Gemüse lagern

Am besten zur Gemüseeinlagerung eignet sich ein möglichst kühler Kellerraum (4–10 °C) mit ca. 80 % Luftfeuchte. Kartoffeln sollten Sie außerdem möglichst dunkel lagern, damit sie nicht frühzeitig zu keimen beginnen. Wurzelgemüse wie Karotten, Rote Bete und Knollensellerie halten sich besonders lange knackig, wenn Sie sie in eine Kiste mit feuchtem Sand legen. Chicoree wird dicht in einen Eimer gepackt, wo er auf diese Weise wenig Feuchtigkeit abgibt und lange frisch bleibt. Achten Sie darauf, Gemüse nicht zusammen mit Äpfeln einzulagern, weil diese die Haltbarkeit anderer »Früchte« deutlich herabsetzen.

Zwiebeln trocknen

Ernten Sie Zwiebeln zum Lagern bei trockenem Wetter. Dann können Sie die aus dem Boden genommenen Zwiebeln gleich auf dem Beet einige Tage liegen und abtrocknen lassen. Binden Sie sie dann am Laub zu Bündeln oder kunstvollen »Zöpfen« zusammen und hängen sie an einem trockenen, luftigen Platz auf. Günstig ist eine Stelle im Freien, die allerdings überdacht und regengeschützt sein muss. Sind die Zwiebeln richtig trocken, schadet ihnen auch Frost nicht. Kontrollieren Sie immer wieder auf faulende Exemplare und sortieren diese aus. So halten sich die Zwiebeln den ganzen Winter.

Kräuter trocknen & einlegen

Gerade das Besondere der Küchenkräuter – ihr intensives Aroma – sollte bei der Konservierung möglichst erhalten bleiben. Viele Kräuter lassen sich hervorragend in Öl – einige auch in Essig – einlegen und ergeben ein äußerst aromatisches Würzmittel. Ob zum Würzen oder für die Teebereitung – Kräuter sollen schonend und mit möglichst wenig Aromaverlust getrocknet werden.
Breiten Sie die Kräuter am besten im Ganzen an einem warmen, trockenen, schattigen Ort auf Tüchern aus, und verpacken Sie sie nach 5–10 Tagen in Dosen oder Stoffbeutel.

Expertentipp
Kleine Mengen Äpfel in Plastikbeuteln mit Löchern 4–8 Wochen lagern.

Expertentipp
Nur einwandfreies Gemüse einlagern.

Expertentipp
Getrocknete Kräuter am besten erst bei der Verwendung zerkleinern.

Pflege rund ums Jahr

Erstes Halbjahr

Januar/Februar

Obstbäume schneiden. Wärme liebendes Spalierobst mit Schilfmatten o. ä. vor intensiver Sonneneinstrahlung schützen. Überwinternde Kräuter (Rosmarin, Zitronenverbene) im Winterquartier überprüfen. Letztes Wintergemüse (Feldsalat, Grünkohl, Mangold, Rosenkohl, Spinat) ernten. Eingelagertes Obst und Gemüse überprüfen und aufbrauchen. Anbauplan machen. Saatgut bestellen. Anzuchterde, Töpfe, Zimmergewächshaus, Folie, Vlies u.ä. anschaffen. Frühspinat ins Freie säen (Februar). Mit ersten Aussaaten auf dem Fensterbrett (z.B. Tomaten) beginnen.

März

Beerensträucher auslichten. Obstgehölze pflanzen. Baum- und Strauchschnitt häckseln. Weitere Kräuter und Gemüse am Fensterbrett vorziehen. Erste Aussaaten pikieren. Frühe Salate im Frühbeet oder im Gewächshaus aussäen. Beete vorbereiten, wenn der Boden genügend abgetrocknet ist. Bodenproben entnehmen und testen lassen. Kompost auf Beete ausbringen und leicht einarbeiten. Erste Aussaaten ins Freie. Erste Aussaat von Gründüngung. Überreste der Gründüngung vom Vorjahr von den Beeten rechen. Zwiebeln und Knoblauch stecken.

April

Weinrebe und Kiwi pflanzen. Überwinterte Kräuter ins Freie stellen (bei drohenden Spätfrösten mit Folie oder Vlies schützen). Weitere Kräuter und Gemüse im Zimmer oder im Gewächshaus vorziehen. Beete vorbereiten. Saaten ausdünnen. Weitere Aussaaten ins Freie. Insektenschutznetze gegen Lauchmotte, Möhren- und Zwiebelfliege anbringen. Kohlrabi pflanzen und die Jungpflanzen mit Kohlkragen (gegen Kohlfliege) versehen. Erste Schnecken und v.a. Schneckeneier absammeln! Erstes Unkraut jäten. Robuste Pflücksalate ins Freie säen, Aussaaten regelmäßig feucht halten.

Mai/Juni

Apfelwickler-Lockstofffallen (ab Mitte Mai) in Windrichtung in die Bäume hängen. Apfelwickler-Fanggürtel am Stamm der Apfelbäume anbringen (Juni). Gelbtafeln gegen Kirschfruchtfliege in die Südseite der Bäume hängen. Unkraut jäten. Auf Schädlinge achten. Erdbeeren mit Stroh unterlegen und Ausläufer abnehmen. Nach den »Eisheiligen« (Mitte Mai) Aussaaten ins Freie und Auspflanzen empfindlicherer Gemüse und Kräuter, vor Spätfrösten Folie oder Vlies auflegen. Blütentriebe am Rhabarber ausbrechen. Gießen, hacken, düngen, mulchen.

Der Erfolg vieler Pflegemaßnahmen im Nutzgarten hängt
oftmals vom richtigen Zeitpunkt ab. Alle übers Jahr anfallenden Arbeiten sollten
daher zum passenden Termin ausgeführt werden.

Zweites Halbjahr

Juli/August

Sommerschnitt an Obstgehölzen. Weinreben auslichten. Fruchttriebe bei Kiwi einkürzen. Beerensträucher bei der Ernte zurückschneiden. Erdbeeren pflanzen. Gießen. Düngen (letzte Düngung Mitte/Ende August, Ausnahme: Kalium und Kalk!). Jäten, mulchen, hacken, ernten. Auf freie Flächen Gründüngung säen. Haupternte von Kräutern zum Trocknen, Einlegen oder Einfrieren (vor der Blüte). Kohl, Lauch, Tomaten anhäufeln. Wintergemüse (Grünkohl, Endivie, Chinakohl) pflanzen. Tomaten regelmäßig »ausgeizen« und entspitzen, Stabtomaten aufbinden.

September

Obstgehölze pflanzen. Leimringe gegen Frostspanner an Obstbäumen anbringen. Erdbeeren bei Trockenheit gießen. Mehrjährige Pflanzen (Liebstöckel, Zitronenmelisse, Rhabarber) teilen und verpflanzen. Letzter Termin für Aussaat von Gründüngung (Wintergetreide) auf freibleibende Beete. Feldsalat für den Winter aussäen. Lagerzwiebeln ernten und möglichst lange zum Trocknen im Freien lassen (aufhängen). Die letzten Kräuter zum Trocknen, Einlegen oder Einfrieren ernten. Schnittlauch zum Antreiben im Winter ausgraben.

Oktober

Obstgehölze pflanzen. Mit Pilzkrankheiten oder Schädlingen befallenes Obst und Einlagern Falllaub entfernen. Wellkarton-Fanggürtel gegen Apfelwickler von den Obstbäumen entfernen. Weißanstrich an Obstbäumen. Kompost umsetzen. Beete mit schwerer, lehmiger Erde umgraben. Winterspinat säen. Winterporree anhäufeln und mit Reisig abdecken. Lagerräume, Erdmieten, Frühbeetkästen oder Kleingewächshäuser, die zum Lagern benützt werden, vorbereiten. Lagergemüse ernten, säubern und einlagern. Kalium und Kalk als Vorratsdüngung ausbringen.

November/Dezember

Empfindliche Kräuter zum Überwintern ins Haus bringen oder Frostschutz anbringen (vor dem ersten Frost). Kräutertöpfe auf Balkon und Terrasse mit Vlies oder Noppenfolie winterfest machen. Leimringe gegen Frostspanner von den Obstbäumen entfernen (Dezember). Kräuter (Rosmarin, Zitronenverbene) im Winterquartier überprüfen. Schnittlauch zum Antreiben ins Haus holen, warm stellen, angießen. Wintergemüse (Grünkohl, Rosenkohl, Feldsalat, Spinat, Mangold) mit Reisig oder Vlies abdecken und an frostfreien Tagen ernten.

Obst, Gemüse u

nd Kräuter auswählen

Obst, Gemüse und Kräuter auswählen

Beerenobst
Seite 82 – 89

Kern- und Steinobst
Seite 90 – 97

Wildfrüchte und Nüsse
Seite 98 – 103

Salat, Blatt- und Blattstielgemüse
Seite 104 – 111

Wurzel-, Knollen-, Fruchtgemüse und Pilze
Seite 112 – 125

Küchenkräuter
Seite 126 – 137

Suchen Sie sich die passenden Arten aus

Das Sortiment an Gartenpflanzen, das mittlerweile im Fachhandel angeboten wird, ist riesengroß und beinahe unüberschaubar. Dank intensiver Züchtungsarbeit entstehen immer wieder neue und oft besonders gesunde und widerstandsfähige Sorten. Andererseits gibt es auch viele altbewährte Sorten, die sich für bestimmte Standorte nach wie vor am besten eignen. Gerade die Sortenwahl will also gut überlegt sein. Die größtmögliche Sicherheit, was denn nun am besten in den eigenen Garten und zu den eigenen Ansprüchen passt, liefert allerdings meist die Erfahrung, die man im Lauf einiger Gartenjahre gemacht hat.

Der Aufbau des Porträtteils

Auf den folgenden Seiten wird Ihnen ein Grundsortiment an Pflanzenarten und -sorten vorgestellt.

Im gut sortierten Fachhandel sollte die Mehrzahl der Pflanzen problemlos erhältlich sein. Wenn die eine oder andere Art gerade nicht vorrätig ist, lassen Sie sich gut über die in Frage kommenden Alternativen beraten – vor allem, wenn es um Obstgehölze geht.

Stöbern Sie selbst in Katalogen und Gartenzeitschriften, und ergänzen Sie so das hier aufgeführte Sortiment noch um weitere geeignete Pflanzen. Für Besonderheiten oder seltenere Pflanzen ist es oft aussichtsreich, sich an einen Versandhandel zu wenden.

➤ Als erste große Gruppe finden Sie verschiedene Obstarten. Da ja gerade die Obstgehölze für längere Zeit an ihrem Gartenplatz verbleiben, bilden sie sozusagen das »Gerüst« Ihres Gartens und ihre Auswahl will wohl überlegt sein. Angefangen von Beerenobst, welches sich bereits für recht kleine Gärten eignet, über Kern- und Steinobst bis hin zu Wildfrüchten und Nüssen können Sie aus vielen schmackhaften Obstarten wählen.

➤ Das zweite Kapitel stellt Ihnen eine Auswahl gängiger Gemüsearten vor. Es werden praktische »Schnellwachser« wie Kresse und Radieschen und pflegeleichte Gemüse wie Spinat und Grünkohl beschrieben, die als idealer Einstieg für den absoluten Gartenneuling prompte Gartenerfolge liefern. Aber auch aus dem breiten Spektrum an Salaten, Wurzel- und Knollengemüsen, Zwiebeln, Hülsenfrüchten und Fruchtgemüsen, das Sie hier vorfinden, kann sich schon bald einiges auf Ihren Beeten tummeln. Nicht zu vergessen die Pilze, die auf Stroh oder Holz kultiviert werden können.

➤ Im letzten Abschnitt geht es um Küchen- und Würzkräuter, von denen man wegen ihrer vielfältigen Düfte und Aromen gar nicht genug im Garten haben kann. Sie bereichern und beleben mit ihren bunten Blüten und den oft attraktiven Blättern Beete und Pflanzungen.

Einteilung der Pflanzenporträts

Die einzelnen Pflanzenporträts sind wie folgt unterteilt:

➤ Auf den deutschen Namen folgt die international gültige lateinische Bezeichnung. Nach ihr werden die Pflanzen meist im Fachhandel, in Katalogen und Büchern aufgeführt und geordnet. Sortennamen stehen in Anführungszeichen.

➤ Die anschließenden Höhen- und Breitenangaben bzw. Angaben zum Pflanzabstand erleichtern Ihnen die geeignete Planung von Beeten, Pflanzungen, Kästen und Kübeln.

Die angegebenen Zahlen sind als Mittelwerte zu verstehen; je nach Sorte, Standort und Boden wird es Abweichungen geben.

➤ Das Gleiche gilt für die darunter folgenden Angaben zur Erntezeit.

➤ Die fünfte Zeile gibt Auskunft über die Lebensform der Pflanze, die zum Beispiel einjährig, zweijährig oder ausdauernd sein kann.

➤ Die Piktogramme (siehe rechts) verdeutlichen Ihnen auf einen Blick die wichtigsten Bedürfnisse der Pflanze sowie die Eigenschaften bezüglich Lagerung und Haltbarmachung des Erntegutes und geben Hinweise, ob auch eine Topfkultur möglich ist.

➤ Dann kommt ein Hinweis auf einen besonders herausragenden Vorzug der genannten Art oder Sorte oder eine spezielle Anbauempfehlung.

Für Obst, Gemüse und Kräuter gilt: Pflanzen Sie an, was Sie am liebsten essen.

Die verwendeten Piktogramme

 Die Pflanze gedeiht am besten an einem sonnigen Platz

 Die Pflanze gedeiht am besten im Halbschatten

 Die Pflanze gedeiht sogar noch im Schatten gut

 Viel gießen (täglich)

 Mäßig gießen (alle 3–4 Tage)

 Wenig gießen (nur bei längerer Trockenheit)

 Lagerfähig

 Zum Trocknen geeignet

 Kann eingefroren werden

 Topfhaltung möglich

In den Porträttexten finden Sie folgende Angaben:

Frucht: Beim Obst werden die typischen Fruchtmerkmale und Inhaltsstoffe genannt und der Geschmack beschrieben.

Ernte: Sie erhalten praktische Tipps, wann und wie am besten geerntet wird, welche Pflanzenteile verwendet werden.

Boden (Substrat bei Pflanzen in Töpfen und Kübeln)**:** Genannt werden die wesentlichen Standortmerkmale. Mit ihrer Hilfe können Sie beurteilen, ob sich die Pflanze auf dem ihr zugedachten Platz wohl fühlen wird.

Anbau: Hier finden Sie wichtige Hinweise zur Vermehrung der Pflanzen. Beim Obst sind das Angaben über Befruchtungsverhältnisse und Platzbedarf (Standraum), bei Gemüse und Kräutern über Aussaatzeiten und Pflanztermine.

Pflege: In dieser Rubrik sind besondere Hinweise enthalten, die das gute Gedeihen gewährleisten.

Verwertung: Bei Obst erfahren Sie in Stichpunkten, ob die jeweilige Obstart sich zum Frischverzehr eignet und zu welchen Produkten sie bevorzugt verarbeitet werden kann.

In der untersten Zeile stehen von Fall zu Fall Hinweise auf gute Partner, besondere Sorten oder zusätzliche Expertentipps.

Beerenobst

Schöpfen Sie beim Beerenobst aus dem Vollen! Beerensträucher sind relativ anspruchslos und pflegeleicht und liefern meist eine reiche Ernte.

Beerenobstarten finden selbst im kleinsten Garten noch einen Platz und liefern mit vergleichsweise wenig Aufwand und Pflege leckere und vitaminreiche Früchte. Sie sind damit geradezu ideal für Garteneinsteiger und Gartenneulinge. Beerenobststräucher wie Stachelbeeren, Johannisbeeren, Himbeeren und Brombeeren können bei wenig Platz gut auch als Hecke an Zäunen entlang gepflanzt werden. Erdbeeren und Heidelbeeren in Töpfen oder Trögen gedeihen problemlos auch auf dem Balkon. Außerdem ist beim Beerenobst – im Gegensatz zu Obstbäumen – schon recht schnell mit einer ersten Ernte zu rechnen.

Verwendung

Beerenobst ist besonders vielseitig in seiner Verwendung. Das Naschen im Garten, frisch vom Strauch herunter, bietet sich bei den verschiedenen Obststräuchern geradezu an und macht besonders Kindern viel Spaß. Darüber hinaus können die leckeren Früchtchen zu Kuchen, Desserts, Marmeladen, Gelees oder Säften verarbeitet werden und wenn´s schnell gehen soll, kommt einfach eine Portion in die Tiefkühltruhe! Wer es besonders gehaltvoll mag, kann auch mit der Herstellung von Beerenwein oder Beerenlikör experimentieren.

Sortenwahl

Kombinieren Sie durch eine gezielte Sortenauswahl die Reifetermine der verschiedenen Beeren so, dass sich die Ernte über einen möglichst langen Zeitraum erstreckt. So vermeiden Sie so genannte »Beerenschwemmen«. Auch das an sich recht robuste Beerenobst kann bei ungünstigen Witterungsbedingungen von verschiedenen Krankheiten (zum Beispiel Mehltau) befallen werden. Hier sind besonders die neueren Sorten und Züchtungen zu empfehlen, deren Widerstandsfähigkeit gegenüber den häufigsten Erkrankungen deutlich verbessert ist.
Lassen Sie sich also nicht die Gelegenheit entgehen, die ersten süßen Erdbeeren frisch aus dem eigenen Garten – oder vom Balkon – zu ernten, denn es lohnt sich!

Leuchtend rote Beeren frisch vom Strauch naschen – wer kann da widerstehen?

Hohe Beerensträucher

Weitere Beerensorten

Sorte	Erntezeit	Besonderheiten
Jostabeeren		
'Jogranda'	Anfang Juli	robust, gesund
'Jostine'	Anfang Juli	robust, gesund
Schwarze Johannisbeeren		
'Ometa'	Ende Juli	wenig krankheits-anfällig
'Rosenthals Langtraubige Schwarze'	Anfang Juli	sehr aromatisch; starkwüchsig
'Titania'	Mitte Juli	ertragreich; stark-wüchsig; gute Selbstbefruchtung
Rote Johannisbeeren		
'Heinemanns Rote Spätlese'	Ende Juli	säuerlich; ertragreich
'Red Lake'	Mitte Juli	aromatisch; ideal als Hecke
'Rote Vierländer'	Anfang Juli	aromatisch; starkwüchsig; ertragreich
Weiße Johannisbeeren		
'Weiße Versailler'	Mitte Juli	aromatisch; für feuchte, nicht zu schwere Böden
Weiße/Grüne Stachelbeeren		
'Invicta'	Mitte/Ende Juli	aromatisch; ertrag-reich; weitgehend mehltauresistent
'Weiße Triumphbeere'	Mitte Juli	aromatisch; ertrag-reich; starkwüchsig
Gelbe Stachelbeeren		
'Risulfa'	Anfang Juli	angenehm süß-säu-erlich; weitgehend mehltauresistent
'Rixanta'	Ende Juli	aromatisch; weitge-hend mehltauresi-stent
Rote Stachelbeeren		
'Remarka'	Anfang Juli	aromatisch; weitge-hend mehltauresi-stent
'Rolonda'	Ende Juli	aromatisch; ertrag-reich; weitgehend mehltauresistent

Jostabeere

Ribes x *nidigrolaria*
Höhe: 1,5–2 m
Erntezeit: Juli
Strauch, Hochstämmchen

➤ **sehr starkwüchsige Kreuzung**

Frucht: Sehr Vitamin-C-reich, groß früchtig. **Boden:** Nährstoffreich, humos. **Anbau:** Herbstpflanzung, 2–2,5 m² Standraum. Triebe auf ca. 5 Knospen/Trieb einkürzen. **Pflege:** Nach ca. 3 Jahren die starkwüchsigen Sträucher immer wieder auslichten; al-te Triebe am Boden zurückschneiden. Mulchen günstig, da flachwurzelnd. Im Frühjahr kalibetont und chloridfrei düngen. Sehr gesund und widerstands-fähig gegen Mehltau und Gallmilben. **Verwertung:** Frischverzehr, Marme-lade, Saft.

Schwarze Johannisbeere

Ribes nigrum
Höhe: 1,5 m
Erntezeit: Juni – Juli
Strauch, Hochstämmchen

➤ **Blüte spätfrostempfindlich**

Frucht: Sehr Vitamin-C-reich. **Boden:** Nährstoffreich, humos, ausreichend feucht. **Anbau:** Pflanzung wie Rote Johannisbeere, 2 m² Standraum; z.T. selbstbefruchtend. **Pflege:** Alte (ca. 5-jährige) Triebe nach der Ernte oder im März bis zum Boden zurückschnei-den; jedes Jahr 2–3 neue Triebe nach-ziehen, diese im 2. Jahr auf die Hälfte einkürzen. Mulchen günstig, da flach-wurzelnd. Im Frühjahr kalibetont und chloridfrei düngen. **Verwertung:** Frischverzehr, Gelee, Marmelade, Saft, Wein.

Expertentipp
Die Triebe sind stachellos.

Expertentipp
Mindestens zwei Sorten pflanzen, da dann bessere Erträge.

Bei vergleichsweise geringem Pflegeaufwand liefern Beerensträucher eine reichhaltige Ernte gesunder »Früchtchen«.

Rote Johannisbeere

Ribes rubrum
Höhe: 1,5 m
Erntezeit: Juni – August
Strauch, Hecke, Hochstämmchen

➤ **attraktiv als Hochstämmchen**

Frucht: Vitamin- und mineral-stoff-reich. **Boden:** Nährstoffreich, humos, ausreichend feucht. **Anbau:** Herbst-pflanzung, 1,5–2 m² Standraum. Triebe auf ca. 5 Knospen/ Trieb einkürzen. Selbstbefruchtend, aber ertragreicher bei Fremdbefruchtung. **Pflege:** Alte (ca. 5-jährige) Triebe nach der Ernte oder im März bis zum Boden zurück-schneiden; jedes Jahr 2–3 neue Triebe nachziehen. Mulchen günstig, da flach-wurzelnd. Im Frühjahr kalibetont und chloridfrei düngen. **Verwertung:** Frischverzehr, Gelee, Saft.

Stachelbeere

Ribes uva-crispa
Höhe: 1,5 m
Erntezeit: Juni – Juli
Strauch, Spalier, Hochstämmchen

➤ **auf Mehltauresistenz achten!**

Frucht: Vitamin- und säurereich. **Boden:** Nährstoffreich, humos, durchläs-sig, nicht zu trocken. **Anbau:** Herbst-pflanzung, Standraum 1,5–2 m².
Pflege: Regelmäßiges Entfernen und Auslichten alter Triebe (im März), da-mit genügend Fruchttriebe neu gebil-det werden. Kompostgaben, mulchen. Meist selbstbefruchtend, jedoch siche-rere Erträge bei Fremdbefruchtung.
Verwertung: Frischverzehr, Marmela-de (wenn zum Einkochen noch grün, d. h. halbreif geerntet wird, wird weni-ger Zucker benötigt, da Beeren weniger sauer), Wein.

Rote Stachelbeere

Ribes uva-crispa
Höhe: 1,5 m
Erntezeit: Juni – Juli
Strauch, Spalier, Hochstämmchen

➤ **Hochstämmchen pflegeleichter**

Frucht: Vitamin- und säurereich. **Boden:** Nährstoffreich, humos, durchläs-sig, nicht zu trocken. **Anbau:** Herbst-pflanzung; Wurzelansatz nicht zu tief einpflanzen. Standraum 1,5–2 m².
Pflege: Regelmäßiges Entfernen und Auslichten alter Triebe (im März), da-mit genügend Fruchttriebe neu gebil-det werden und bessere Zugänglichkeit bei der Ernte. Kompostgaben, mul-chen. Meist selbstbefruchtend, jedoch sicherere Erträge bei Fremdbefruch-tung. **Verwertung:** Frischverzehr, Mar-melade, Wein.

Expertentipp
Weißfrüchtige Sorten werden gleich angebaut und gepflegt.

Expertentipp
Mehltauresistente Sorten bevorzugen.

Beeren am Boden

Weitere Beerensorten

Sorte	Erntezeit	Besonderheiten
Schwarze Apfelbeeren		
'Viking'	August	süßlich-frisch, ertragreich, etwas schwach wüchsiger
Erdbeeren		
'Elsanta'	Ende Juni/ Anfang Juli	gut im Geschmack, sehr ertragreich
'Evita'	Juni/Juli, September	groß früchtig, ertragreich, zweimal tragend
'Korona'	Ende Juni/ Anfang Juli	sehr große, aromatische Früchte, stark wachsend
'Mrak'	Juni/Juli, September	groß früchtig, aromatisch, ertragreich, zweimal tragend
'Senga Sengana'	Ende Juni/ Anfang Juli	Früchte sehr aromatisch, stark wachsend
'Thuriga'	Juni, September	sehr aromatisch, zweimal tragend
Monatserdbeeren		
'Alexandria'	Juni– September	groß früchtig, sehr aromatisch, reich tragend
'Falstaff'	Juni– Oktober	auch gelb früchtig
'Rügen'	Juni– September	kleine, süße Früchte
Kultur-Heidelbeeren		
'Berkeley'	August	ertragreich, trockenheits- und frostempfindlich
'Bluecrop'	Juli/August	ertragreich, unempfindlich
'Goldtraube'	August	ertragreich, unempfindlich
'Reka'	Juli	ertragreich, unempfindlich
Preiselbeeren		
'Erntesegen'	September	groß früchtig, aromatisch, ertragreich
'Koralle'	September	Früchte mittelgroß, sehr ertragreich

Schwarze Apfelbeere

Aronia melanocarpa

Höhe: 1–1,5 m
Erntezeit: August
herbstfärbender Strauch

➤ **gut zur Bodenbedeckung**

Frucht: Zur Vollreife glänzend schwarz, herb-säuerlich. **Boden:** Wächst auf fast allen Böden. **Anbau:** Pflanzung im Herbst oder Frühjahr, Pflanzabstand 100 x 1000 cm. Bildet viele Ausläufer, die von der Mutterpflanze abgetrennt und wieder eingesetzt werden können. **Pflege:** Anspruchslos und frosthart. Der breitbuschig wachsende Strauch benötigt keinen regelmäßigen Schnitt (nur abgestorbene Triebe entfernen). Selbstbefruchtend. **Verwertung:** Kompott, Marmelade, Fruchtdesserts, Saft.

Erdbeere

Fragaria x *ananassa*

Höhe: 15–25 cm
Erntezeit: Juni – Juli
ausdauernde Staude

➤ **alle 2–4 Jahre verpflanzen**

Frucht: Vitamin- und mineralstoffreich. **Boden:** Humos, durchlässig, pH-Wert ca. 6. **Anbau:** Im Juli/August in Reihen mit 40–60 cm Abstand pflanzen, Pflanzabstand 40 x 25 cm; Herzknospe nicht zu tief setzen. Meist selbstbefruchtend. **Pflege:** Kompost- oder Langzeitdüngergabe im Frühjahr und im Juli/August, mulchen. Nach Fruchtansatz mit Stroh unterlegen. Im Juni/Juli Ausläufer zur Neupflanzung abnehmen bzw. auf jeden Fall entfernen. Im August/September gut gießen. **Verwertung:** Frischverzehr, Kuchenbelag, Marmelade, Gelee.

Expertentipp

Es gibt zweimal tragende Sorten (Herbst); Anbau meist nur 1 Jahr.

Die niedrig oder bodendeckend wachsenden Beeren kommen auch in Steingut- oder Terrakottatöpfen sehr gut zur Geltung.

Monatserdbeere
Fragaria vesca var. *semperflorens*
Höhe: 15–20 cm
Erntezeit: Juni – September
Varietät der Walderdbeere

➤ **schön als Beeteinfassung**

Frucht: Kleinfrüchtiger als Kulturerdbeeren, aromatisch, vitaminreich. **Boden:** Nährstoffreich, humos, durchlässig, nicht zu trocken. **Anbau:** Bildet keine Ranken oder Ausläufer, kann nur durch Samen vermehrt werden, am besten vorgezogene Sämlingspflanzen kaufen und im August/September pflanzen, Pflanzabstand 20 x 20 cm. **Pflege:** Nach der Pflanzung ausreichend wässern. Mulchen. Ansonsten anspruchslos. **Verwertung:** Frischverzehr, Marmelade, Kuchenbelag, Fruchtdesserts, Bowle.

Kultur-Heidelbeere
Vaccinium corymbosum
Höhe: 40–80 cm
Erntezeit: Juli – September
Strauch für saure Böden

➤ **fruchtet erst nach ca. 5 Jahren**

Frucht: Fruchtfleisch hell, nicht färbend (anders als Waldheidelbeere), säuerlich. **Boden:** Humos, durchlässig, sauer (pH-Wert 4–5). **Anbau:** Herbst- oder Frühjahrspflanzung, Pflanzabstand 100 x 200 cm. Meist selbstbefruchtend, jedoch ertragreicher, wenn mehrere Sorten gepflanzt werden. **Pflege:** Mulchen. Nach 2–3 Jahren regelmäßig auslichten, alte Triebe entfernen. Im April chloridfrei düngen. 3–5 Wochen vor der Ernte ausreichend wässern. **Verwertung:** Frischverzehr, Marmelade, Kuchenbelag, Saft, Wein.

Preiselbeere
Vaccinium vitis-idaea
Höhe: 15–30 cm
Erntezeit: Juli und Oktober
wintergrüner Zwergstrauch

➤ **für saure Böden**

Frucht: Saftig, säuerlich-herb, vitaminreich. **Boden:** Humos, sauer, (pH-Wert 3–5). **Anbau:** Herbst- oder Frühjahrspflanzung, Pflanzabstand 30 x 30 cm. Meist selbstbefruchtend, jedoch ertragreicher, wenn mehrere Sorten gepflanzt werden. **Pflege:** Nur gelegentlich alte und abgestorbene Triebe entfernen. Mit Rindenkompost, Walderde o. ä. mulchen. Vor Winterbeginn ausreichend wässern. **Verwertung:** Frischverzehr, Kompott, Marmelade, Kuchenbelag.

Expertentipp
Auch die echte Walderdbeere liefert kleine und süße Früchte.

Expertentipp
In Gefäße mit Walderde und Rindenkompost pflanzen und eingraben.

Expertentipp
Passt gut als niedrige Unterpflanzung zu Kultur-Heidelbeeren.

Beeren am Spalier

Weitere Beerensorten

Sorte	Erntezeit	Besonderheiten
Kiwi		
'Bruno'	Okt./Nov.	nur in warmen Gegenden ertragreich, Frucht länglich, ♀ Sorte
'Tomuri'	Okt./Nov.	♂ Befruchter-Sorte
'Weiki'	Ende Sept.–Nov.	mittelstark wachsend, sehr frosthart, ♀ Sorte
Brombeeren		
'Black Satin'	Aug.–Okt.	aromatisch, stachellos
'Theodor Reimers'	Juli–Sept.	sehr aromatisch, sehr stachelig
Himbeeren		
'Golden Queen'	Aug./Sept.	gelbfrüchtig, aromatisch
'Rumiloba'	September	widerstandsfähig gegen Viruserkrankungen, gut zum Einfrieren
'ZEFA 3'	Juli an 2-jähr., Sept. an 1-jähr. Trieben	remontierend, sehr große Früchte, aromatisch, robust, ertragreich
Blaue Tafeltrauben		
'Blauer Portugieser'	September	mittelgroße, süße Beeren, stark wachsend, ertragreich
'Boskoop´s Glorie'	Aug./Sept.	mehltauresistent
Weiße Tafeltrauben		
'Königin der Weingärten'	September	große süße Beeren mit Muskat-Aroma, stark wachsend, sehr ertragreich
'Phoenix'	September	mehltauresistent
Rote Tafeltrauben		
'Roter Gutedel'	September	mittelgroße süße Beeren, sehr würzig, mittelstark wachsend, ertragreich, Standort nicht zu trocken

Kiwi

Actinidia chinensis
Höhe: 4–8 m
Erntezeit: Oktober – November
Klettergehölz

➤ **geschützt pflanzen**

Frucht: Vitaminreich, gesund. **Boden:** Humos, tiefgründig, pH-Wert ca. 6, ausreichend feucht. **Anbau:** Standraum 30 m², Pflanzabstand 3–4 m. Späte Frühjahrspflanzung, zwei Sorten nötig, da selbstunfruchtbar. An (wind-) geschützte SO- oder SW-Wände pflanzen. Winterschutz. Empfindlich gegen Sonnenbrand. **Pflege:** Triebe hochbinden, bei nachlassender Fruchtgröße Seitentriebe im Juni nach dem 6. Blatt über den Früchten kappen. Dünger/ Kompostgaben im Frühjahr und im Juni. **Verwertung:** Frischverzehr, Gelee, Bowle.

Brombeere

Rubus fruticosus
Höhe: 3–5 m
Erntezeit: Juli – Oktober
rankender Strauch

➤ **Standort warm, windgeschützt**

Frucht: Vitaminreich (A, C). **Boden:** Locker, humos, ausreichend feucht, nicht staunass. **Anbau:** Standraum 1,5–2 m², Pflanzabstand 1–1,5 m. Bei Frühjahrspflanzung Basisknospen 5 cm mit Erde bedecken. An 2–3 Spanndrähten bis 1,6 m hoch ziehen. Selbstbefruchtend. **Pflege:** Im August Seitentriebe der Ranken auf 3 Knospen einkürzen. Früchte an den zweijährigen Trieben, diese nach der Ernte abschneiden und als Winterschutz im Spalier hängen lassen. **Verwertung:** Frischverzehr, Gelee, Marmelade, Saft, Wein.

Expertentipp
Gut ausgereifte Früchte sind im Kühlschrank 5–6 Monate lagerfähig.

Expertentipp
Es gibt auch stachellose Sorten, die jedoch oft weniger aromatisch sind.

Beerensträucher, die an einem Spalier oder Zaun gezogen werden können, tragen leckere Früchte und dienen gleichzeitig als Gestaltungselement.

Taybeere

Rubus fruticosus x *Rubus idaeus*
Höhe: 3–4 m
Erntezeit: Juli
rankender Strauch

➤ **stachelige Kreuzung**

Frucht: Himbeerähnlich, groß, roh etwas fad schmeckend. **Boden:** Locker, humos, ausreichend feucht, nicht staunass. **Anbau:** Bei (Frühjahrs-)Pflanzung Basisknospen 5 cm mit Erde bedecken. 5–6 kräftige Triebe an 2–3 Spanndrähten bis zur Höhe von 1,6 m ziehen. Standraum 1,5–2 m². Selbstbefruchtend. **Pflege:** Im August Seitentriebe der Ranken auf 3 Knospen einkürzen. Früchte an den zweijährigen Trieben, diese im Frühjahr abschneiden. **Verwertung:** Frischverzehr, Gelee, Marmelade, Saft.

Himbeere

Rubus idaeus
Höhe: 1,5–2 m
Erntezeit: Juni – Juli
Strauch mit langen Trieben

➤ **ideal als V-förmiges Spalier**

Frucht: Vitamin- und mineralstoffreich. **Boden:** Nährstoffreich, durchlässig, humos, pH-Wert ca. 6, ausreichend feucht, nicht staunass. **Anbau:** Bei Herbst- (oder Frühjahrs-)Pflanzung Basisknospen 5 cm mit Erde bedecken, an 2–3 waagrechten Drähten ziehen. Standraum 1–2 m². Selbstfruchtbar. **Pflege:** Mit Laub- oder Rindenkompost mulchen. Flachwurzelnd. Mäßig düngen (kalibetont, chloridfrei). Früchte an den zweijährigen Trieben, diese beim Ernten abschneiden. **Verwertung:** Frischverzehr, Gelee, Marmelade.

Tafeltraube

Vitis vinifera
Höhe: 2–6 m
Erntezeit: August – Oktober
rankendes Obstgehölz

➤ **für Wände, Pergolen, Spaliere**

Frucht: Reich an Mineralstoffen, Kalk und Eisen. **Boden:** Durchlässig, keine Staunässe und extreme Trockenheit, ansonsten anspruchslos. **Anbau:** Frühjahrspflanzung. Standraum 2,5–4 m². Auf 2–4 Augen pro Austrieb einkürzen, Triebe waagrecht oder fächerförmig an Drähte heften. Geschützt, windstill, in Süd-, Südost- oder Südwestlagen. Selbstbefruchtend. **Pflege:** Im Juli nicht tragende Triebe und Laub kürzen, damit Früchte ausreichend besonnt werden. **Verwertung:** Frischverzehr, Saft, Wein.

Expertentipp
Geschützt pflanzen, da das Holz frostempfindlich ist.

Expertentipp
Es gibt auch zweimal tragende Sorten (beim Schnitt beachten!).

Expertentipp
Mit mind. 20 cm Abstand von Wänden und Mauern pflanzen.

Kern- und Steinobst

Wenigstens ein Baum gehört in jeden Garten, warum nicht ein Obstbaum? Beachten Sie die Standortvorlieben der einzelnen Obstarten.

Obst aus dem eigenen Garten ernten – knackige Äpfel, süße Birnen, leuchtend rote Kirschen – selbst in kleineren Gärten ist dies mit den heutigen Sorten, die mit deutlich weniger Standraum auskommen, möglich. Ja, mit den so genannten »Ballerina«-Apfelbäumchen im Topf oder Kübel ernten sogar Terrassen- und Balkongärtner eigene Äpfel!

Die Pflanzung eines Obstbaums im Garten will allerdings wohl überlegt sein, da er für Jahre an seinem Platz stehen wird. Ein Obstbaum mit seiner Blütenpracht im Frühjahr ist jedoch auch ein prachtvolles Ziergehölz und ein Apfel-Hochstamm kann zum Beispiel auch als Schattenspender im Sommer fungieren.

Die Sorte macht's

Wichtig ist eine gut durchdachte Sortenwahl, damit Sie auch möglichst lange Freude an Ihrem Obstbaum haben.
➤ Die ausgewählte Sorte sollte auf jeden Fall zum vorhandenen Standort passen, das heißt, pflanzen Sie keine wärmeliebenden Obstarten oder -sorten an raue Nordwesthänge – als Alternative kommt vielleicht Spalierobst in Frage.
➤ Auch die Bodenbeschaffenheit – zum Beispiel lehmig-feucht oder kiesig-locker – sollte der gepflanzten Obstart bzw. -sorte zusagen.
➤ Bei einigen Sorten ist darauf zu achten, dass eine geeignete Befruchtersorte in der Nähe steht (v.a. bei Äpfeln, Birnen), sonst kann es passieren, dass Sie sich jahrelang ratlos fragen, weshalb Ihr ansonsten gesunder und wüchsiger Baum einfach keine Früchte ansetzen will.
➤ Und schließlich der bevorzugte Verwendungszweck: Möchten Sie Äpfel für den Winter einlagern, zu Saft und Apfelmus verarbeiten oder lieber knackig und frisch vom Baum herunteressen? Werden die Zwetschgen am liebsten süß und saftig gleich verzehrt oder soll's jede Woche mindestens einmal Zwetschgenkuchen geben?
Ob Frischverzehr, Lagerung oder Verarbeitung – für jede Art der Verwendung gibt es eine Auswahl an bestens geeigneten Sorten.

Sogar süße Pfirsiche können Sie in warmen Gegenden im eigenen Garten ernten.

Apfel, Birne, Quitte

Weitere Kernobstsorten

Sorte	Erntezeit	Besonderheiten
Quitten		
'Bereczki-Quitte'	Sept./Okt.	Birnenquitte, etwas weniger aromatisch, aber leichter zu verarbeiten, da nicht so hart
'Konstantinopeler'	Oktober	Apfelquitte, sehr aromatisch, robust, anspruchslos
Äpfel		
'Bolero'	September	Spätsommersorte vom 'Ballerina'-Typ
'Geheimrat Oldenburg'	September	typische Herbstsorte, genussreif von Sept.–Nov., sehr ertragreich
'Kaiser Wilhelm'	Sept.–Okt.	typische Wintersorte zum Lagern, genussreif Nov.–März, sehr robust
'Klarapfel'	Juli–Aug.	typische Sommersorte zum baldigen Verzehr, sehr robust
'Retina'	Aug.–Sept.	typische Spätsommersorte zum baldigen Verzehr, besonders krankheitsresistent
'Waltz'	Sept.–Okt.	Spätsommersorte vom 'Ballerina'-Typ, lagerfähig
Birnen		
'Frühe aus Trevoux'	Anfang Sept.	Sorte zum baldigen Verbrauch, genussreif 2 Wochen nach der Ernte, ertragreich
'Gellerts Butterbirne'	Anfang Sept.	typische Spätherbstsorte, genussreif bis Okt., widerstandsfähig
'Pastorenbirne'	ab Oktober	typische Wintersorte zum Lagern, genussreif Dez.–Jan., große Früchte, für warme Standorte

Quitte

Cydonia oblonga
Höhe: 2–5 m
Erntezeit: Oktober
kleiner Baum, großer Strauch

➤ **attraktiver Blütenbaum**

Frucht: Apfel- oder birnenförmig, gelb, flaumig behaart, nur gekocht genießbar, aromatisch. **Boden:** Durchlässig, nicht zu kalkreich, nicht zu trocken. **Anbau:** Eher stark wachsend, Standraum ca. 5–8 m². **Pflege:** Anspruchslos. Pflanzschnitt und gelegentliches Auslichten des alten Holzes sind ausreichend. **Verwertung:** Kompott, Marmelade, Gelee (eher früher ernten), Saft mit Äpfeln oder Birnen gemischt (etwas später ernten), Likör.

Apfel

Malus 'Weißer Winterglockenapfel'
Höhe: 5–8 m, je nach Wuchsform
Erntezeit: Oktober
Halb- oder Hochstamm

➤ **lagerfähig bis Februar**

Frucht: Groß, grün-rot, bräunlich berostet, süß-säuerlich, aromatisch. **Boden:** Humusreich, lehmig, feucht. **Anbau:** Sehr starkwüchsige Sorte, die viel Platz braucht, Standraum ca. 20 m². Für Spindel oder Busch eher ungeeignet. Eine andere Sorte als Pollenspender pflanzen, z.B. ´Gloster´. **Pflege:** Sachgerechter Pflanzschnitt und regelmäßiger Auslichtungsschnitt sind ratsam. **Verwertung:** Frischverzehr, Kompott, Saft.

Expertentipp
Quitten sind selbstfruchtbar.

Expertentipp
Günstige Temperatur zum Einlagern nicht unter 4 °C.

*Birnen sollten meist frisch gegessen,
Äpfel können gut gelagert und verarbeitet werden,
Quitten sind nur gekocht genießbar.*

Apfel

Malus 'Roter Boskoop'
Höhe: 5–8 m, je nach Wuchsform
Erntezeit: Oktober
Halb- oder Hochstamm

➤ **lagerfähig bis Februar**

Frucht: Süß-säuerlich, aromatisch. **Boden:** Humusreich, lehmig, feucht. **Anbau:** Sehr starkwüchsige Sorte, die viel Platz braucht, Standraum ca. 20 m². Für Spindel oder Busch eher ungeeignet. Eine andere Sorte als Pollenspender pflanzen, z.B. 'Gloster'. **Pflege:** Sachgerechter Pflanzschnitt und regelmäßiger Auslichtungsschnitt sind ratsam. **Verwertung:** Frischverzehr, Kuchen, Kompott, Apfelmus, Saft.

Birne

Pyrus 'Confèrence'
Höhe: 2–8 m, je nach Wuchsform
Erntezeit: September
Halb- oder Hochstamm, Spalier

➤ **reich tragende, gesunde Sorte**

Frucht: Sehr saftig, süß, aromatisch; etwas lagerfähig, wenn sie noch hart gepflückt wird. **Boden:** Tiefgründig, nährstoffreich, warm, geschützt. **Anbau:** Pflanzung als Spalierbaum meist günstiger, da die Früchte dann besser ausreifen, Standraum 5–12 m². Eine andere Sorte als Pollenspender pflanzen, z.B. 'Gute Luise' oder 'Köstliche aus Charneu'. **Pflege:** Sachgerechter Pflanzschnitt und regelmäßiger Auslichtungsschnitt sind ratsam. **Verwertung:** Frischverzehr, Kompott, Saft.

Birne

Pyrus 'Alexander Lucas'
Höhe: 2–8 m, je nach Wuchsform
Erntezeit: September – Oktober
Halb- oder Hochstamm, Spalier

➤ **bis Januar lagerfähig**

Frucht: Bei Genussreife gelb, mit roten Backen, saftig, süß-säuerlich, zum Lagern grün ernten. **Boden:** Tiefgründig, nährstoffreich, warm, geschützt. **Anbau:** Herbstpflanzung, Standraum 5–12 m². Eine andere Sorte als Pollenspender pflanzen, z.B. 'Conference' oder 'Comtesse de Paris'. Pflanzung am Spalier meist günstiger, da die Früchte dann besser ausreifen. **Pflege:** Sachgerechter Pflanzschnitt und regelmäßiger Auslichtungsschnitt sind ratsam. **Verwertung:** Frischverzehr, Kompott, Saft.

Expertentipp
Günstige Temperatur zum Einlagern nicht unter 4 °C.

Expertentipp
Günstige Temperatur zum Einlagern bei 0,5 °C.

Kirsche, Zwetschge, Pflaume

Weitere Steinobstsorten

Sorte	Erntezeit	Besonderheiten
Süßkirschen		
'Dönissens Gelbe Knorpel-kirsche'	Juli–Aug.	gelbe Knorpelkir-sche, Pollenspen-der: 'Schneiders Späte Knorpel-kirsche'
'Frühe Rote Mecken-heimer'	Juni	dunkelrote Herzkirsche Pollenspender: 'Schneiders Späte Knorpelkirsche'
'Hedelfinger Riesenkirsche'	Juli	sehr große, rote Knorpelkirsche, Pollenspender: 'Schneiders Späte Knorpelkirsche'
'Schneiders Späte Knorpel-kirsche'	Juli–Aug.	große dunkelrote Knorpelkirsche, Pol-lenspender: 'Große Prinzessinkirsche'
Sauerkirschen		
'Köröser Weichsel'	Juli–Aug.	sehr groß, rotbraun, sehr aromatisch, Pollenspender: 'Schattenmorelle'
'Ludwigs Frühe'	Mai–Juni	mittelgroß, hellrot, selbstbefruchtend
'Schatten-morelle'	August	groß, dunkelrot, sehr sauer, selbst-befruchtend
Zwetschgen		
'Ersinger Frühzwetsche'	Juli–Aug.	mittelgroß, läng-lich-oval, blau, süß-säuerlich, Pollen-spender: 'The Czar'
'The Czar'	August	groß, oval, schwarz-blau, sehr saftig und süß, selbstbe-fruchtend
Pflaumen		
'Ruth Gerstetter'	Juli	groß, oval, dunkel-blau, warmer Standort! Pollen-spender: 'Ersinger Frühzwetsche'
'Ontario-pflaume'	August	groß, oval, grün-gelb, aromatisch, selbstbefruchtend

Süßkirsche

Prunus avium
Höhe: 2–10 m, je nach Wuchsform
Erntezeit: Mai – Juli
Halb- oder Hochstamm, Spalier

➤ **auch schwachwüchsige Sorten**

Frucht: »Herzkirschen« eher weich, »Knorpelkirschen« knackig (Herzkir-schen platzen bei viel Regen nicht so schnell auf). **Boden:** Leicht, sandig-lehmig, durchlässig, gut durchlüftet, nicht staunass. **Anbau:** Standraum ca. 20 m². Pollenspendersorte pflanzen, die zur selben Zeit blüht. **Pflege:** Sachgerechter Pflanzschnitt, gelegent-liches Auslichten kurz nach der Ernte. Im Winter Stämme gegen Frostrisse kalken, Blüte spätfrostempfindlich. **Verwertung:** Frischverzehr, Gelee, Kuchen, Saft, Einfrieren.

Sauerkirsche

Prunus cerasus
Höhe: 2–10 m ,je nach Wuchsform
Erntezeit: Juli – August
Halb- oder Hochstamm, Spalier

➤ **sehr frosthart**

Frucht: Fruchtfleisch saftig, säuerlich, weich (daher bei Regen kaum aufplat-zend). **Boden:** Nicht besonders an-spruchsvoll, durchlässig, auch auf leichten Sandböden, nicht zu nass. **Anbau:** Standraum ca. 10–5 m². Die meisten Sorten sind selbstbefruchtend, d.h. es genügt ein einziger Baum. **Pflege:** Sachgerechter Pflanzschnitt und regelmäßiger Verjüngungsschnitt, v.a. die abgeernteten, herabhängenden Zweige zurückschneiden. **Verwertung:** Frischverzehr, Gelee, Kuchen, Saft, Ein-frieren.

Expertentipp
Gute Befruchtersorten sind 'Van' und 'Hedelfinger'.

Expertentipp
'Schattenmorelle' ist eine gute Befruchtersorte.

Allein die Blütenpracht im Frühling ist ein Grund, Obstbäume zu pflanzen. Kirschbäume brauchen viel Platz; Zwetschgen passen auch in kleinere Gärten.

Zwetsche, Zwetschge

P. domestica 'Bühler Frühzwetsche'
Höhe: 2–8 m, je nach Wuchsform
Erntezeit: August
Halb- oder Hochstamm, Busch

➤ **sehr wüchsig und robust**

Frucht: Fruchtfleisch gelblich, süß, saftig, gut steinlösend. **Boden:** Leicht, sandig-lehmig, durchlässig, gut durchlüftet, etwas feucht. **Anbau:** Standraum ca. 20 m². Die Sorte ist selbstbefruchtend, d.h. es genügt ein einzelner Baum. **Pflege:** Sachgerechter Pflanzschnitt, nur gelegentliches Auslichten. **Verwertung:** Hauptsächlich für Frischverzehr, für Kuchen eher zu saftig, Einfrieren.

Pflaume

Prunus domestica 'Königin Victoria'
Höhe: 2–8 m, je nach Wuchsform
Erntezeit: August – September
Halb- oder Hochstamm, Busch

➤ **sehr ertragreiche Sorte**

Frucht: Fruchtfleisch honigfarben, sehr saftig und aromatisch. **Boden:** Leicht, sandig-lehmig, durchlässig, gut durchlüftet, etwas feucht. **Anbau:** Pflanzung mit ca. 20 m² Standraum. Die Sorte ist selbstbefruchtend, d.h. es genügt ein einzelner Baum. Anfangs sehr starkwüchsig, später mäßig wachsend mit eher kleiner Krone. **Pflege:** Sachgerechter Pflanzschnitt, gelegentliches Auslichten. **Verwertung:** Frischverzehr, Kompott, Pflaumenmus, Einfrieren.

Hauszwetschge

Prunus domestica 'Hauszwetsche'
Höhe: 2–8 m, je nach Wuchsform
Erntezeit: September – Oktober
Halb- oder Hochstamm, Busch

➤ **beste späte Sorte**

Frucht: Fruchtfleisch goldgelb, fest, süß, saftig, gut steinlösend. **Boden:** Sandig-lehmig, durchlässig, gut durchlüftet, verträgt auch feuchtere und etwas schwerere Böden. **Anbau:** Pflanzung mit ca. 20 m² Standraum. Die Sorte ist selbstbefruchtend, d.h. es genügt ein einzelner Baum. **Pflege:** Rasch- und starkwüchsig, ertragreich, sachgerechter Pflanzschnitt, gelegentlicher Verjüngungsschnitt. **Verwertung:** Frischverzehr, Kompott, Kuchen, Marmelade, Zwetschgenmus, Saft, Dörren, Einfrieren.

Expertentipp
Sehr steil stehende Astgabeln vermeiden, da sie leicht ausbrechen.

Aprikose, Pfirsich & Co.

Weitere Steinobstsorten

Sorte	Erntezeit	Besonderheiten
Aprikose		
'Mombacher Frühe'	Juli	mittelgroß, plattrund, goldgelb, saftig
'Nancy-aprikose'	August	groß, länglich, orangegelb, sehr aromatisch
'Ungarische Beste'	August	mittelgroß, rund, gelb mit roten Backen, fest, saftig
Reneklode		
'Graf Althans Reneclaude'	September	groß, rund, gelb-grün, saftig, würzig, süß
'Große Grüne Reneclaude'	Aug.– Sept.	groß, rund, gelb-grün, bei Vollreife violettrot, fest, saftreich
Pfirsich		
'Früher Roter Ingelheimer'	Juli – Aug.	mittelgroß, gelbrot, Fruchtfleisch weiß-lichgelb, saftig, aromatisch
'Kernechter vom Vorgebirge'	September	mittelgroß, gelbrot, Fruchtfleisch weiß, aromatisch
'Redhaven'	August	groß, gelb/tiefrot, Fruchtfleisch dunkelgelb, saftig, aromatisch
'Roter Ellerstädter'	September	mittelgroß, gelbrot, Fruchtfleisch weiß-grün, saftig, herb
Nektarine		
'Nektarose'	Aug.– Sept.	groß, gelbgrün/rot, Fruchtfleisch weiß-grün, saftig, aromatisch, ertragreich
'Silver Lode'	August	mittelgroß, gelbgrün/rot, Fruchtfleisch weiß, süß, saftig
'Snowqueen'	Juli/Aug.	groß, grüngelb, Fruchtfleisch weiß, süß, saftig, ertragreich

Aprikose, Marille
Prunus armeniaca
Höhe: 1,5–5 m, je nach Wuchsform
Erntezeit: Juli – August
Halb- oder Hochstamm, Spalier

➤ **Holz und Blüte frostgefährdet**
Frucht: Fruchtfleisch gelb, fest, saftig, aromatisch, meist gut steinlösend.
Boden: Locker, lehmig, ausreichend durchfeuchtet. **Anbau:** Standraum ca. 15 m². Selbstbefruchtend. Spätfrostgefährdet, daher bei Wandspalieren im Frühjahr Sonnenschutz nötig, damit sie nicht so früh austreiben. Gut an leicht geneigten Nordhängen. **Pflege:** Pflanzschnitt, ansonsten wenig schneiden. Gegen Frostschäden im Winter Stämme kalken. **Verwertung:** Frischverzehr, Kuchen, Kompott, Marmelade, Gelee, Saft, Likör, Einfrieren.

Mirabelle
P. domestica 'Mirabelle von Nancy'
Höhe: 1,5–6 m, je nach Wuchsform
Erntezeit: August
Halb- oder Hochstamm, Spalier

➤ **robust und ertragreich**
Frucht: Fruchtfleisch gelb, fest, saftig, aromatisch, löst sich gut vom Stein, kann bei viel Regen platzen. **Boden:** Sandig-lehmig, durchlässig, gut durchlüftet, etwas feucht. **Anbau:** Standraum 20 m². Die Sorte ist selbstbefruchtend, d.h., es genügt ein einzelner Baum. **Pflege:** Sachgerechter Pflanzschnitt, gelegentliches Auslichten, starkwüchsig, bildet eine breite Krone aus. **Verwertung:** Frischverzehr, Kompott, Marmelade, Gelee, Saft, Likör, Einfrieren.

Expertentipp
Bessere Erträge, wenn sie am Spalier gezogen werden.

In warmen Gegenden können Sie süße Pfirsiche und Aprikosen ernten; Mirabellen und Renekloden liefern auch in kühleren Gebieten reiche Ernten.

Reneklode

P. domestica 'Oullins Reneclaude'
Höhe: 2–8 m, je nach Wuchsform
Erntezeit: August
Halb- oder Hochstamm, Busch

➤ **robust und ertragreich**

Frucht: Fruchtfleisch gelb, saftig, zart süß, kann bei viel Regen platzen. **Boden:** Sandig-lehmig, durchlässig, gut durchlüftet, etwas feucht. **Anbau:** Standraum ca. 20 m². Die Sorte ist selbstbefruchtend, d.h., es genügt ein einzelner Baum. **Pflege:** Rasch- und starkwüchsig. Ertragreich. Bildet eine große Krone aus, sachgerechter Pflanzschnitt, gelegentliches Auslichten. **Verwertung:** Hauptsächlich Frischverzehr, Kompott, Marmelade, Saft, Einfrieren.

Pfirsich

Prunus persica
Höhe: 2–6 m, je nach Wuchsform
Erntezeit: Juli – September
Halb- oder Hochstamm, Spalier

➤ **nur für mildes Klima geeignet**

Frucht: Fruchtfleisch gelb oder weiß, saftig bis mehlig, süß. **Boden:** Nährstoffreich, humos, durchlässig, empfindlich gegen Staunässe und extreme Trockenheit. **Anbau:** Frühjahrspflanzung. Standraum 15 m². Windgeschützt. Meist selbstbefruchtend, jedoch sicherere Erträge, wenn noch eine zweite Sorte gepflanzt wird. **Pflege:** Regelmäßiger Schnitt (im Frühjahr), da Früchte an den letztjährigen Trieben. Fruchtausdünnung. Kompostgaben. Wässern zur Fruchtausbildung. **Verwertung:** Frischverzehr, Kompott, Saft.

Nektarine

Prunus persica var. *nucipersica*
Höhe: 2–5 m, je nach Wuchsform
Erntezeit: Juli – August
Halb- oder Hochstamm, Spalier

➤ **nur für mildes Klima**

Frucht: Fruchtfleisch gelb oder weiß, saftig, aromatisch, süß. **Boden:** Nährstoffreich, humos, durchlässig, empfindlich gegen Staunässe und extreme Trockenheit. **Anbau:** Frühjahrspflanzung. Standraum 10 m². Windgeschützt. Meist selbstbefruchtend, jedoch sicherere Erträge, wenn eine zweite Sorte gepflanzt wird. **Pflege:** Regelmäßiger Schnitt (im Frühjahr), da Früchte an den letztjährigen Trieben. Fruchtausdünnung. Kompostgaben. Wässern zur Fruchtausbildung. **Verwertung:** Frischverzehr, Desserts.

Expertentipp
Weißfleischige Sorten sind weniger empfindlich für Kräuselkrankheit.

Expertentipp
Hellfleischige Sorten sind weniger empfindlich für Kräuselkrankheit.

Wildfrüchte und Nüsse

Wildobststräucher und Nussbäume – diese Gartengewächse wachsen fast ganz von selbst! Sie brauchen bloß noch zu ernten!

Bereits vor langer Zeit, bevor die Menschen eigene Gärten anlegten und pflegten, sammelten und ernteten sie das, was die Natur wild wachsen ließ. Wildfrüchte wie zum Beispiel Holunderbeeren, Hagebutten und Nüsse gehörten zum begehrten Sammelgut, das meist mit viel Zeitaufwand mühsam gesucht werden musste. Machen Sie es sich leichter, und genießen Sie diese extrem gesunden und vitaminreichen Früchte, ohne stundenlang durch die Landschaft streifen zu müssen – pflanzen Sie sie doch einfach in Ihrem Garten an!

Anbau und Standort

Die meisten Wildsträucher wachsen problemlos in unseren Gartenböden; lediglich »Spezialisten« wie beispielsweise der Sanddorn sind auf einen kiesig-sandigen Untergrund, wie er am Naturstandort herrscht, angewiesen. Auch im Garten sind Holunder und Co. widerstandsfähig und gesund, werden kaum von Schädlingen oder Krankheiten befallen und gedeihen mit einem Minimum an Pflege. Hier wird

eher der vorhandene Platz zum beschränkenden Faktor, denn so richtig klein bleibend sind die robusten Wildlinge nicht. Dafür eignen sie sich hervorragend als Sichtschutz oder zur Abgrenzung und wirken gleichzeitig zur Blütezeit als attraktive Blickfänge. Die Eberesche und ihre Verwandte, die Mehlbeere, wachsen als kleine Bäume, die sowohl zur Auflockerung in eine Hecke als auch freistehend an einem Sitzplatz oder im Eingangsbereich gepflanzt werden können. Viel Standraum hingegen braucht die Walnuss, die sich nur für wirklich große Gärten eignet.
Süße und fein säuerliche Früchte von Felsenbirne und Kornelkirsche sind ideale »Naschfrüchte«. Wildobststräucher bringen neben Blütenreichtum und Früchten auch auf andere Weise »Leben« in Ihren Garten, da sie für viele Vögel begehrte Nistmöglichkeiten und Futterquellen bieten. Gerade für Kinder wird so der Garten zu einem unterhaltsamen Naturerlebnis, selbst wenn es weniger Nüsse zu ernten gibt – wegen der Eichhörnchen!

Die leuchtend roten Früchte der Wildrose sind wahre »Vitaminbomben«.

Wildfrüchte

Kupfer-Felsenbirne
Amelanchier lamarckii
Höhe/Breite: 3–8 m/3–5 m
Erntezeit: Juli – August
Blütengehölz

➤ **kupferrote Herbstfärbung**

Frucht: Runde, blauschwarze, leicht bereifte Beeren, roh und gekocht verzehrbar, Geschmack ähnlich Heidelbeeren. **Boden:** Sandig-kiesig, trocken-frisch, kalkliebend, Humus meidend. **Anbau:** Herbst- oder Frühjahrspflanzung. Gut in gemischten, locker wachsenden Hecken oder einzeln stehend. **Pflege:** Kein regelmäßiger Schnitt nötig, höchstens gelegentlich alte Äste auslichten. **Verwertung:** Am besten frisch vom Strauch.

Kornelkirsche
Cornus mas
Höhe/Breite: 3–8 m/3–5 m
Erntezeit: August – September
heimischer Wildstrauch

➤ **zartgelber Winterblüher**

Frucht: Ovale leuchtend rote Beeren, roh und gekocht essbar, säuerlich. **Boden:** Locker, durchlässig, kalkhaltig, sandig-kiesig, aber auch Lehm/Ton. **Anbau:** Frühjahrspflanzung günstig. Gut in gemischten, locker wachsenden Hecken oder einzeln stehend. **Pflege:** Kein regelmäßiger Schnitt nötig, höchstens gelegentlich alte Äste auslichten. **Verwertung:** Frischverzehr, Marmelade, Gelee, Einfrieren.

Scharlachdorn
Crataegus coccinea / C. intricata
Höhe/Breite: 5–7 m/3–5 m
Erntezeit: September – Oktober
Baum oder Strauch

➤ **stark bedornte Zweige**

Frucht: Bis 1,5 cm große, ovalrunde, leuchtend rote Beeren in kleinen Büscheln, bei Vollreife angenehm süßsäuerlich, aromatisch. **Boden:** Tiefgründig, nährstoffreich. **Anbau:** Herbst- oder Frühjahrspflanzung. Gut in gemischten, locker wachsenden Hecken oder als einzeln stehender Baum. **Pflege:** Kein regelmäßiger Schnitt nötig, höchstens gelegentlich alte Äste auslichten. **Verwertung:** Frischverzehr, Saft, Gelee, Marmelade, Konfitüre, Einfrieren.

Expertentipp
Die ideale »Naschfrucht« für Kinder!

Expertentipp
Es gibt auch besonders groß- und gelbfrüchtige Kultursorten.

*Warum nicht ein paar »wilde Früchte«
in den Garten holen? Die Sträucher sind leicht
zu pflegen und liefern reiche Ernten.*

Sanddorn

Hippophae rhamnoides
Höhe/Breite: 3–5 m
Erntezeit: August – September
heimischer Wildstrauch

➤ **»Vitamin-C-Bomben«**

Frucht: Erbsengroße, orangefarbene Beeren, süß-säuerlich. **Boden:** Locker, durchlässig, kalkhaltig, sandig-kiesig, mäßig trocken-frisch. **Anbau:** Sanddorn ist zweihäusig, d.h. um Früchte ernten zu können, braucht man männliche und weibliche Pflanzen. Wächst als sparriger Strauch oder kleiner Baum. **Pflege:** Kann auf passendem Standort viele Wurzelausläufer bilden. Empfindlich gegen Rindenmulch und Düngung. **Verwertung:** Marmelade, Gelee, Saft, Einfrieren. Die Vitamine sind sehr hitzebeständig.

Mispel

Mespilus germanica
Höhe/Breite: 2–6 m
Erntezeit: November
Obstgehölz

➤ **dekorativer Blütenstrauch**

Frucht: Braune, rundliche oder kegelförmige, behaarte Früchte mit auffällig langen Kelchblättern, süß-säuerlich. **Boden:** Locker, durchlässig, trocken. **Anbau:** Frühjahrs- (oder Herbst-) pflanzung. Als Strauch in lockeren Hecken oder als kleiner Blütenbaum. **Pflege:** Nur gelegentlich altes Holz etwas auslichten. Robust und anspruchslos. **Verwertung:** Erst nach Frosteinwirkung ernten (die Früchte werden dann weich) oder künstlich »nachfrosten«, dann roh und gekocht (Kompott) essbar.

Hundsrose

Rosa canina
Höhe/Breite: 1,5–3 m/1,5–3 m
Erntezeit: September – Oktober
heimischer Wildstrauch

➤ **früh blühende Wildstrauchrose**

Frucht: Eiförmige, leuchtend rote Hagebutte, süß-säuerlich, Vitamin-C-reich. **Boden:** Tiefgründig, steinig oder sandig, am liebsten lehmig, trocken-frisch. **Anbau:** Gut in gemischten, locker wachsenden Blütenhecken, auch einzeln stehend schön, jedoch Platzbedarf beachten. **Pflege:** Im Frühjahr vor dem Austrieb starke alte Triebe auslichten, d.h. bodennah abschneiden. Regelmäßige Kompostgabe. **Verwertung:** Roh und gekocht essbar, Gelee, Marmelade, Saft, Wein.

Expertentipp
Es gibt auch besonders großfrüchtige Kultursorten.

Expertentipp
Ebenfalls sehr schön sind Kartoffel- und Bibernellrose.

Wildfrüchte und Nüsse

Weitere Wildfrüchte und Nusssorten

Sorte	Erntezeit	Besonderheiten
Wildrosen		
Kartoffelrose *Rosa rugosa*	Aug./Sept.	breitrunde, große Hagebutten mit viel Fruchtfleisch, für halbhohe Hecken
Apfelrose *Rosa villosa*	August	längliche, große fleischige Hagebutten, reich fruchtend
Weißdorn		
Crataegus sp.	Sept./Okt.	kleine, rundliche rote Früchte, mehlig, pektinreich
Wild- und Zierapfel		
Malus sp.	Aug./Sept.	herb-saure oder wässrige kleine Äpfelchen, pektinreich
Haselnüsse		
'Hall'sche Riesen'	September	sehr große, kegelförmige Nuss, sehr ertragreich
'Wunder aus Bollweiler'	September	sehr große Nuss, löst sich leicht aus der Blatthülle, ertragreich
Baumhasel *Corylus colurna*	September	wächst baumförmig, Nüsse in runden Büscheln
Lambertnüsse		
'Rotblättrige Lambertnuss'	September	mittelgroße Nuss, sehr wohlschmeckend
'Webb's Preisnuss'	September	große, längliche Nuss, guter Geschmack, ertragreich, nicht zu stark wachsend
Walnüsse		
'Klon Nr. 26'	Oktober	für nicht ganz so warme Lagen, mittelgroß, guter Geschmack, ertragreich
'Weinsberg 1'	Sept./Okt.	für mildere Gegenden, sehr große Nuss, ausgezeichneter Geschmack

Schwarzer Holunder
Sambucus nigra
Höhe/Breite: 3–7 m/3–5 m
Erntezeit: August – September
heimischer Großstrauch

➤ **intensiv aromatisch**

Frucht: Schwarzviolette Beeren in doldigen Fruchtständen. **Boden:** Wächst fast auf jedem Boden, aber am liebsten auf schwereren Böden (Lehm/Ton), stickstoffreich, kalk-liebend, tiefgründig, nicht zu trocken. **Anbau:** Gut für gemischte, locker wachsende Hecken oder einzeln stehend. **Pflege:** Alle paar Jahre ausdünnen, d.h. alte starke Äste an der Basis abschneiden. Regelmäßige Kompostgaben. **Verwertung:** Roh keine größeren Mengen essen, können gut zu Saft, Gelee, Kompott u.a. verarbeitet werden.

Eberesche
Sorbus aucuparia
Höhe/Breite: 5– 5 m
Erntezeit: September – Oktober
Baum mit rundlicher Krone

➤ **schöner kleiner Hausbaum**

Frucht: Erbsengroße, orangerote Beeren in einer hängenden Dolde, säuerlich-bitter. **Boden:** Humos, locker-lehmig, mäßig trocken-feucht. **Anbau:** Als Kronenform oder auch mehrstämmig gezogen. **Pflege:** Ab April Direktaussaat ins Freie. Gerne als Folgekultur nach einem Starkzehrer. Nicht verpflanzen. **Verwertung:** Ab September, erst nach Frosteinwirkung ernten (oder nachfrosten), nur gekocht essbar. Saft, Gelee, Wein.

Expertentipp
Es gibt auch besonders großfrüchtige Kultursorten.

Expertentipp
Die Früchte großfrüchtiger Ebereschen sind besonders vitaminreich.

Haselnüsse sind ideale Sichtschutzpflanzen für dichte hohe Hecken. Ein Walnussbaum braucht viel Platz, liefert aber köstliche Nüsse.

Haselnuss
Corylus avellana
Höhe/Breite: 5–7 m/5–7 m
Erntezeit: September – Oktober
heimischer Wildstrauch

➤ **wüchsige Heckenpflanze**

Frucht: Längliche oder rundliche Nuss mit grünen Hüllblättern, die meist kürzer sind als die Nuss. **Boden:** Tiefgründig, nährstoffreich, kiesig bis lehmig, leicht kalkhaltig, mäßig feucht. **Anbau:** Herbstpflanzung, 3–4 m Abstand. Für reiche Fruchternte 2–3 verschiedene Sorten anbauen. **Pflege:** Die sich von unten verzweigenden Sträucher ca. alle 3 Jahre auslichten, starke alte Äste bodennah abschneiden und ca. 5–8 Jungtriebe belassen. **Verwertung:** Grüne Hüllblätter entfernen und trocken lagern.

Lambertnuss
Corylus maxima
Höhe/Breite: 3–6 m/3–6 m
Erntezeit: September – Oktober
Fruchtstrauch aus SO-Europa

➤ **wüchsige Heckenpflanze**

Frucht: Eher längliche Nuss mit Hüllblättern, die oft länger sind als die Nuss. **Boden:** Tiefgründig, nähr-stoffreich, kiesig bis lehmig, leicht kalkhaltig, mäßig feucht. **Anbau:** Herbstpflanzung. Für reiche Fruchternte 2–3 verschiedene Sorten anbauen. **Pflege:** Die sich von der Basis verzweigenden Sträucher ca. alle 3 Jahre auslichten, d.h. starke alte Äste bodennah abschneiden und ca. 5–8 Jungtriebe belassen. **Verwertung:** Grüne Hüllblätter entfernen und trocken lagern.

Walnuss
Juglans regia
Höhe/Breite: 15–25 m/10–15 m
Erntezeit: September – Oktober
Obstbaum

➤ **benötigt viel Platz**

Frucht: Ovale Nuss mit fleischiger grüner Hülle. **Boden:** Tiefgründig, nährstoffreich, keine Staunässe. **Anbau:** Beste Pflanzzeit im zeitigen Frühjahr, wenn nicht mehr mit starken Frösten zu rechnen ist, Platzbedarf beachten (ca. 10 x 10 m). Veredelte Bäume pflanzen, da bessere Fruchtqualität. Meist selbstfruchtbar. **Pflege:** Schnittmaßnahmen im Februar/März oder August, da Bäume sonst stark »bluten«. **Verwertung:** Wenn die grüne Hülle aufplatzt, die Reste der grünen Schale entfernen und sorgsam trocknen. Nusslikör!

Expertentipp
Kann als Sichtschutzhecke mit ca. 2,5 m Abstand gepflanzt werden.

Expertentipp
Als Halb- und Hochstamm pflanzen.

Salat, Blatt-

und Blattstielgemüse

Gerade Salat bekommen Sie wahrscheinlich selten im Laden so frisch und knackig wie aus dem eigenen Garten.

Selbst wer kein großer Fan von Lagergemüse ist oder aus Zeitgründen keinen umfangreichen Gemüsegarten pflegen möchte, kann sich zumindest relativ problemlos und abwechslungsreich mit ständig frischen Salaten aus dem eigenen Garten versorgen.

Kopfsalate

Der frühzeitige Anbau von Kopfsalaten erfordert in den meisten Gegenden Kleingewächshaus, Frühbeetkasten oder zumindest den Einsatz von Folientunnel oder Vlies. Ab Mai können Sie jedoch auch bereits auf wenigen Quadratmetern Gemüsebeet ganz ohne weiteren Aufwand ein vielfältiges Salatsortiment anpflanzen, von zartem Kopfsalat und knackigem Eissalat über rotbraunen Eichblattsalat bis zur leicht bitteren, herzhaften Endivie. Mischen Sie die Sorten, damit nicht alle zur selben Zeit erntereif werden! Was sich für Salatbeete allerdings wirklich empfiehlt, ist das Aufstellen eines Schneckenzauns, um ein für alle Mal von dem Ärger mit diesen lästigen »Salatliebhabern« befreit zu sein.

Pflück- und Schnittsalate

Neben den bekannten Kopfsalaten sind Schnitt- und Pflücksalate recht einfach zu kultivieren und können über längere Zeit laufend beerntet werden. Oder wollen Sie noch weniger Pflegeaufwand betreiben? Dann versuchen Sie's doch mal mit dem Anbau von Löwenzahn, der einen äußerst gesunden Frühlingssalat liefert!
Für ganz Ungeduldige gibt es schließlich solche fixen Gewächse wie die Kresse, die bereits zwei Wochen nach der Aussaat geerntet werden kann. Kresse und Pflücksalate können übrigens auch hervorragend in Schalen bzw. Pflanzkisten auf Terrasse oder Balkon gezogen werden.

Blatt- und Blattstielgemüse

Feldsalat, Spinat und Mangold liefern noch lange in den Herbst und Winter hinein gesundes Grün und können mit einer Vlies- oder Reisigabdeckung überwintern und im zeitigen Frühjahr geerntet werden. Spinat sorgt darüber hinaus für ein optimales Bodenklima in Ihren Gemüsebeeten.

Die Vielfalt des Salatsortiments ist groß und bringt Farbe ins Beet.

Kopfsalate

Weitere Kopfsalatsorten	
Sorte	**Eigenschaften**
Endivie	
'Bubikopf'	ganzblättriger Typ, für Sommer-/Herbsternte
'Escariol Grüner'	ganzblättriger Typ, für Herbst-/Winterernte, frostunempfindlich, gut lagerfähig
'Große Grüne Krause'	Frisée-Typ, sehr unempfindlich gegen Herbstnässe
Radicchio	
'Burgundy'	für frühe Herbsternte
'Roter von Verona'	zum Überwintern, bildet im Herbst grüne, erst im folgenden Frühjahr rote Blätter
Eissalat	
'Calgary'	für Frühsommer bis September, schossfest
'Frillice'	grün, Blätter stark geschlitzt, lockere Köpfe
'Laibacher Eis'	goldgelb mit braunem Rand
'Pablo'	rotbraun
'Sioux'	rotbraun, für Frühjahr und Herbst
Kopfsalat	
'Dynamit'	für Früh-, Sommer- und Herbstanbau, gelbgrün, sehr widerstandsfähig
'Maikönig'	früheste Freilandsorte, feste, gelbgrüne Köpfe mit rotem Blattrand
'Ovation'	für frühen Freiland- und Sommeranbau und Herbstanbau, feste, gelbgrün, besonders widerstandsfähig
'Pirat'	mittelfrüher Sommersalat, mittelgroße, braunrote Köpfe
'Rotkäppchen'	für die ganze Freilandsaison geeignet, braunrot
Bindesalat/Römischer Salat	
'Fredo'	dunkelgrün, knackig, mehltautolerant
'Little Leprechaun'	braunrot, für Frühjahr-, Frühsommer- und Herbstanbau
'Valmaine'	große, dunkelgrüne Köpfe, sehr widerstandsfähig, für Frühjahr-, Frühsommer- und Herbstanbau

Endiviensalat
Cichorium endivia
Pflanzabstand: 30 x 40 cm
Erntezeit: Juni – November
einjährige Salatpflanze

➤ **bis zum Frost zu ernten**

Ernte: Durch Zusammenbinden der fertigen Köpfe besonders helle und zarte Innenblätter. **Boden:** Humos, durchlässig, nicht zu trocken. **Anbau:** Im April (Sommerendivie) oder Juni (Winterendivie) aussäen, Anfang August pflanzen (nicht zu tief!), ab Mai ins Freie. Folgesaaten alle 2–3 Wochen. Frühe Pflanzung mit Folie oder Vlies abdecken. Wintersorten gut für Anbau im Frühbeet oder Folientunnel. 4 Jahre Anbaupause. **Pflege:** Düngung auf 2 Gaben verteilen, nicht frisch organisch düngen, wenig Stickstoff. Mulchen.

Radicchio
Cichorium intybus var. *foliosum*
Pflanzabstand: 25 x 20 cm
Erntezeit: September – März
überwinternde Salatpflanze

➤ **gesund und bitterstoffreich**

Ernte: Abends oder Morgens, bei Wintersorten im Frühjahr die neu austreibenden Rosetten ernten. **Boden:** Humos, tiefgründig, nicht zu trocken. **Anbau:** Für Ernte im selben Jahr vorgezogene Jungpflanzen von Ende April – Ende Juli setzen; für Überwinterung und Frühjahrsernte im Juli/August direkt aussäen. Nach dem Aufgehen auf 12 cm vereinzeln. **Pflege:** Kompost vor der Pflanzung, ca. 3 Wochen danach Kopfdüngung, wenig Stickstoff. Blätter der Wintersorten im Spätherbst auf 1/2 einkürzen, mit Reisig oder Vlies abdecken.

Expertentipp
Frisée-Sorten mit gekrausten Blättern sind nässeempfindlicher.

Expertentipp
Bildet je nach Sorte offene Blattrosette oder kleine Köpfe.

Mit gekrausten und buntblättrigen Sorten bringen Sie Farbe und Abwechslung auf Ihre Beete und in die Salatschüssel.

Eissalat/Krachsalat
Lactuca sativa var. *capitata*
Pflanzabstand: 30 x 40 cm
Erntezeit: Mai – Oktober
einjährige Salatpflanze

➤ **bleibt lange knackig und frisch**

Ernte: Schosst nicht so schnell wie Kopfsalat, kann daher länger auf dem Beet bleiben, erntereife Köpfe je nach Sorte sehr fest und schwer. **Boden:** Humos, durchlässig, nicht zu trocken. **Anbau:** Vorgezogene Jungpflanzen ab Mitte Mai setzen oder ab März im Gewächshaus oder unter Folie selbst aussäen und pikieren. Folgesaaten alle 2–3 Wochen bis Juli. **Pflege:** Vor der Pflanzung Kompostgabe, ca. 3 Wochen danach Kopfdüngung. Wenig Stickstoff (sonst Nitratanreicherung im geernteten Salat). Mulchen.

Kopfsalat
Lactuca sativa var. *capitata*
Pflanzabstand: 25 x 25 cm
Erntezeit: Mai – Oktober
einjährige Salatpflanze

➤ **in »Etappen« säen**

Ernte: Rechtzeitig ernten, wenn sich feste Köpfe gebildet haben, neigt sonst zum Schossen. Nitratärmer bei Nachmittagsernte. **Boden:** Humos, durchlässig, nicht zu trocken, kalkhaltig. **Anbau:** Ideal für die erste und letzte Nutzung von Frühbeet. Haltung im Gewächshaus im Frühjahr und Herbst. Aussaat ab Februar/März, in Töpfe pikieren, ab 4 Laubblättern pflanzen (nicht zu tief!). Ab Mai ins Freie. Folgesaaten alle 2–3 Wochen bis Juli. **Pflege:** Kompost vor dem Pflanzen, nach ca. 3 Wochen Kopfdüngung, kaum Stickstoff. Mulchen.

Bindesalat
Lactuca sativa var. *longifolia*
Pflanzabstand: 30 x 30 cm
Erntezeit: Juni – August
einjährige Salatpflanze

➤ **robust und anspruchslos**

Ernte: Schosst nicht so schnell wie Kopfsalat, kann daher länger auf dem Beet bleiben; bildet längliche, hochgeschlossene Köpfe, je nach Sorte mehr oder weniger fest geschlossen. **Boden:** Humos, durchlässig, nicht zu trocken, kalkhaltig. **Anbau:** Ideal für den Sommeranbau durch hohe Hitzeverträglichkeit und Schossfestigkeit. Vorgezogene Jungpflanzen ab Mai auspflanzen oder an Ort und Stelle aussäen. Letzter Saat- und Pflanztermin Mitte/Ende Juli. **Pflege:** Vor der Pflanzung Kompostgabe, wenig Stickstoff. Mulchen.

Expertentipp
Passende Früh-, Sommer- und Herbstsorten wählen.

Expertentipp
Auch unter dem Namen Römischer Salat bekannt.

Pflück- und Schnittsalate

Weitere Pflück-/Schnittsalatsorten

Sorte	Eigenschaften
Eichenblattsalat	
'Red Salad-bowl'	rotblättrig, knackig, wüchsig
'Saladbowl'	gelbgrüne Blätter, robust, wüchsig
Blattbataviasalat	
'Lollo Bionda'	hellgrüne Blätter, milder Geschmack, widerstandsfähig gegen Nässe
'Lollo Rosso'	rotblättrig, leicht bitterer, herzhafter Geschmack
Löwenzahn	
'Nouvelle'	sehr wüchsig, milder Geschmack
'Sperlings Lyonel'	besonders große Blätter
Feldsalate	
'Dunkelgrüner Vollherziger'	für Herbst- und Winteranbau, mehltautolerant
'Gala'	schnellwüchsig, Rosetten mit großen Blättern, für ganzjährigen Anbau
'Medaillon'	für Herbst- und Winteranbau, mehltautolerant
'Verte de Cambrai/ 'Cavallo'	schnellwachsend, klein laubige feste Rosetten, für Herbstanbau und zum Überwintern
'Vit'	schnellwachsend, feste Rosetten, große Einzelpflanzen, für ganzjährigen Anbau, weitgehend mehltauresistent
Gartenkresse	
Einfache Gartenkresse	hellgrüne Blätter, leicht scharfer Geschmack
Großblättrige Gartenkresse	hellgrüne, große Blätter, leicht scharfer Geschmack, stark wüchsig
Krause Gartenkresse	gekrauste Blätter, etwas milder im Geschmack
'Mega'	hellgrüne, große Blätter, leicht scharfer Geschmack, sehr wüchsig

Eichenblattsalat

Lactuca sativa var. *crispa*
Pflanzabstand: 30 x 30 cm
Erntezeit: Mai – September
einjährige Salatpflanze

➤ **in »Etappen« säen**

Ernte: Mehrmals einzelne Blätter ernten, die ständig nachwachsen, wenn der Herztrieb beim Ernten nicht verletzt wird. Nitratärmer, wenn nachmittags geerntet. **Boden:** Humos, durchlässig, nicht zu trocken, kalkhaltig. **Anbau:** Von März bis Ende Juli direkt aufs Beet säen oder vorgezogene Jungpflanzen von April bis Anfang August setzen. **Pflege:** Vor der Pflanzung Kompostgabe, wenig Stickstoff. Mulchen. Die rotblättrigen Sorten färben sich bei großen Temperaturunterschieden zwischen Tag und Nacht stärker aus.

Blattbataviasalat

Lactuca sativa var. *crispa*
Pflanzabstand: 30 x 25 cm
Erntezeit: Mai – September
einjährige Salatpflanze

➤ **leicht bitterer Geschmack**

Ernte: Mehrmals einzelne Blätter ernten, dabei darauf achten, dass der Herztrieb nicht verletzt wird, damit immer wieder neue Blätter nachwachsen. Es kann auch die ganze junge Pflanze geschnitten werden. Nitratärmer, wenn nachmittags geerntet. **Boden:** Humos, durchlässig, nicht zu trocken, kalkhaltig. **Anbau:** Ab April direkt aufs Beet säen. Mehrere Folgesaaten bis Anfang August. **Pflege:** Vor der Pflanzung Kompostgabe, wenig Stickstoff. Mulchen.

Expertentipp
Es gibt auch Batavia-Typen, die Köpfe ausbilden.

*Pflück- und Schnittsalate passen
auch in allerkleinste Gärten und sogar
auf Terrasse und Balkon.*

Gartenkresse
Lepidium sativum
Reihenabstand: 10 cm
Erntezeit: Mai – Oktober
einjährige Salatpflanze

➤ **auch Anbau am Fensterbrett**

Ernte: 2 – 3 Wochen nach der Aussaat kann geerntet werden. **Boden:** Humos, durchlässig. **Anbau:** Von März–September Aussaat im Freien, Samen in Reihen ausstreuen und leicht andrücken, mit etwas Erde abdecken, kräftig angießen. Folgesaaten ca. alle 2 Wochen. Standort nach 2–3 Jahren wechseln. Kressekultur auch im Gewächshaus, Frühbeet und auf der Fensterbank, auch in Saatschalen auf feuchtem Vliespapier u. ä. **Pflege:** Völlig anspruchslos, braucht keine Düngung.

Löwenzahn
Taraxacum officinale
Pflanzabstand: 20 x 30 cm
Erntezeit: April – November
ausdauernder Wildsalat

➤ **besonders gesund im Frühjahr**

Ernte: Blätter bis in den Winter hinein (November) ernten. Ab Mitte Februar (wenn kein Schnee mehr liegt) die Pflanzen mit Töpfen oder Plastikeimern abdecken oder ab März ca. 20 cm hoch mit Erde anhäufeln. Die so angetriebenen Pflanzen können dann schon frühzeitig geerntet werden. **Boden:** Tiefgründig, nicht zu trocken. **Anbau:** Aussaat aufs Beet Mitte bis Ende Mai. Nach dem Aufgehen auf 20 cm Abstand vereinzeln. Pflanzen können auf dem Beet überwintern. **Pflege:** Vor der Pflanzung Kompostgabe. Gleichmäßig feucht halten.

Feldsalat/Ackersalat
Valerianella locusta
Pflanzabstand: 15 x 3 cm
Erntezeit: Oktober – März
überwinternde Salatpflanze

➤ **frostunempfindlich**

Ernte: Den ganzen Winter über frisch ernten, so abschneiden, dass die Rosetten erhalten bleiben. **Boden:** Humos, nicht zu leicht, kalkhaltig. **Anbau:** Aussaat ins Freie ca. 2 cm tief im Juli/August für Sommer-/ Herbsternte und im September für Überwinterung. Sehr lockeren Boden vor der Saat mit einem Holzbrett festdrücken. Die Saat bis zum Aufgehen der Pflänzchen nicht austrocknen lassen. **Pflege:** Regelmäßig von Unkraut befreien, v. a. nochmals vor der Überwinterung. Ab Mitte Dezember mit Vlies oder Reisig abdecken.

Expertentipp
*Besonders dekorativ auf
»Kressetieren« aus Ton.*

Expertentipp
*Hat regional verschiedene Namen.
Auf mehltauresistente Sorten achten.*

Blatt- und Blattstielgemüse

Weitere Blatt-/ Blattstielgemüsesorten

Sorte	Eigenschaften
Gartenmelde	
'Gelbe Körnersaat'	gelbgrüne Blätter, mildes, leicht nussiges Aroma
'Grüne Körnersaat'	frisch-grüne Blätter, sehr stark wachsend
'Rotblättrige Melde'	karmesinrote Blätter, sehr dekorativ!
Stielmangold	
'Bright Lights'	breite Stiele in Regenbogenfarben
'Vulkan'	dunkelgrünes Blatt, breite rote Rippen
Blattmangold	
'Breitblättriger Großer Grüner'	breite dunkelgrüne Blätter, schmale helle Rippen
'Silber'	dunkelgrün mit weißen Rippen
Rhabarber	
'Holsteiner Blut'	rotstielig, mittelfrüh austreibend
'Queen Victoria'	grünstielig, sehr früh austreibend
'The Sutton'	rotstielig, mittelspät austreibend
Spinat	
'Medania'	mittelgroße längliche Blätter, für Frühjahrs- und Herbstanbau, mehltauresistent, extrem schossfest
'Monnopa'	dunkelgrüne Blätter, für Winteranbau, mehltauresistent, besonders gut zum Einfrieren geeignet
'Tetona'	für alle Anbautermine, mehltautolerant

Gartenmelde
Atriplex hortensis
Pflanzabstand: 20 x 5 cm
Erntezeit: Mai – August/September
Blattgemüse

➤ als Spinatersatz

Ernte: Entweder immer wieder einzelne Blätter ernten oder ganze Pflanze bei 15–20 cm Höhe abschneiden. Nur bis kurz vor der Blüte ernten, danach werden die Blätter bitter. **Boden:** Locker, nicht zu trocken. **Anbau:** Aussaat ins Freie an Ort und Stelle. Nach dem Aufgehen auf ca. 5 cm Abstand vereinzeln. **Pflege:** Gleichmäßig feucht halten. Nicht aussamen lassen, da die Melde sonst schnell verwildert und als Unkraut lästig wird. Kompost, wenig Stickstoff.

Stiel-/Rippenmangold
Beta vulgaris ssp. *maritima*
Pflanzabstand: 40 x 35 cm
Erntezeit: (Mai) Juli – Oktober
(überwinterndes) Blattgemüse

➤ Zubereitung wie Spargel

Ernte: Wenn die Blätter voll ausgebildet sind, Stiele von außen nach innen abschneiden oder abbrechen. **Boden:** Tiefgründig, humos, nicht zu trocken. **Anbau:** Aussaat 2–3 cm tief ins Freie von April bis Juli. Nach dem Aufgehen vereinzeln. Aussaaten von Juli bis September können in milden Gegenden überwintern. Mindestens 3 Jahre Anbaupause (auch Spinat, Rote Bete). **Pflege:** Vor der Pflanzung Kompostgabe, wenig Stickstoff, bei Mangelerscheinungen Bordünger. Mulchen. Überwinternde Pflanzen mit Vlies oder Reisig abdecken.

Expertentipp
Blattmangold wird wie Spinat geerntet und verwendet.

Bunt stielige Mangoldsorten wirken besonders dekorativ. Spinat und anderes Blattgemüse liefern reiche Erträge.

Rhabarber

Rheum rhabarbarum
Pflanzabstand: 100 x 100 cm
Erntezeit: April – Juli
ausdauerndes Blattstielgemüse

➤ **frostunempfindlich**

Ernte: Ab dem 2. Standjahr ernten, Blattstiele abdrehen, nicht abschneiden, mindestens 2/3 der Stiele an der Pflanze belassen. **Boden:** Tiefgründig, nicht zu trocken, nährstoffreich. **Anbau:** Am besten alte Pflanzen im Herbst (wenn die Blätter gelb sind) mit Spaten teilen, Teilstücke so einsetzen, dass die Knospen 3–4 cm mit Erde bedeckt sind. 2–3 Pflanzen sind meist ausreichend. Nach 7–8 Jahren Standort wechseln. **Pflege:** Kompost oder andere organische Dünger (z.B. Stallmist) auf 3 Gaben aufteilen. Starkzehrer. Kaliumliebend.

Spinat

Spinacia oleracea
Pflanzabstand: 20 x 3 cm
Erntezeit: April – Dezember
(überwinterndes) Blattgemüse

➤ **jung auch roh als Salat**

Ernte: Vor dem Erscheinen der ersten Blütenknospen ernten (wird sonst bitter). **Boden:** Humos, nicht zu trocken, tiefgründig, kalkhaltig. **Anbau:** Aussaat ins Freie ca. 3–4 cm tief je nach Sorte von Ende Februar bis Anfang Oktober (Früh-, Sommer-, Herbst-, Winterspinat). Mindestens 3 Jahre Anbaupause (auch Mangold, Rote Bete). **Pflege:** Gleichmäßig feucht halten (senkt die Nitratanreicherung). Hacken (Bodenlockerung, Unkrautbekämpfung). Kompost, wenig Stickstoff. Winterspinat mit Reisig oder Vlies abdecken.

Neuseeländer Spinat

Tetragonia tetragonioides
Pflanzabstand: 70 x 50 cm
Erntezeit: Juli – Oktober
Blattgemüse

➤ **Zubereitung wie Spinat**

Ernte: Regelmäßig fleischige Triebspitzen mit Blättern abbrechen, reife Samen auf jeden Fall auslesen, da giftig. **Boden:** Humos, nicht zu trocken. **Anbau:** Ab Ende April in Töpfe aussäen und im Gewächshaus oder auf der Fensterbank warm stellen, 4–5 Samen pro Topf, Saatgut vorher 24 Stunden im Wasser vorquellen. Nach dem Aufgehen auf je 3 Pflanzen vereinzeln. Von Mitte Mai – Juni auspflanzen. **Pflege:** Gleichmäßig feucht halten. Kompost und zusätzliche Düngung auf 2–3 Gaben verteilt, wenig Stickstoff. Mulchen.

Expertentipp
Blütentriebe (Mai) ausbrechen, um kräftige Blattstiele zu bekommen.

Expertentipp
Bei Sommeranbau auf schossfeste Sorten achten.

Querverweise
Gedeiht besser im Frühbeet oder Folientunnel, da frostempfindlich.

Wurzel-, Knollen-, F

uchtgemüse und Pilze

Nicht nur kulinarisch, sondern auch optisch ist eine große Artenvielfalt im Gemüsegarten besonders reizvoll.

Welche Arten und Sorten auf Ihren Gemüsebeeten wachsen, richtet sich in erster Linie nach dem vorhandenen Platz, Ihren persönlichen Vorlieben und der Zeit, die Sie für die Pflege aufbringen möchten.

Wurzelgemüse

Völlig unproblematisch und von kurzer Kulturdauer sind zum Beispiel Radieschen, die Sie auch auf kleinen Flächen oder in den Lücken zwischen anderen Gemüsearten anbauen können. Andere Wurzelgemüse wie Möhren, Sellerie und Rote Bete haben schon eine deutlich längere Kulturdauer, sind aber als Lagergemüse auch über einen längeren Zeitraum haltbar.

Kohlgemüse

Kohlgemüse, früher eher ein »Arme-Leute-Essen«, hat wieder einen festen Platz in der Küche eingenommen – zudem ist es äußerst vitaminreich. Wenn Sie sogar noch nach den ersten Frösten und im Winter Gemüse ernten möchten, sollten Sie ein Beet für Grünkohl und Rosenkohl reservieren.

Fruchtgemüse

Oder vielleicht denken Sie bei der Vorstellung vom eigenen Gemüsegarten ja eher an knackige Sommergemüse? Mit einem Eimer gutem Kompost versorgt, wächst eine Zucchini fast in jedem Garten und Tomaten (vor allem Cocktail- und Buschsorten) fühlen sich sogar im Kübel auf einem wettergeschützten Balkon besonders wohl. Viel Platz brauchen hingegen Kürbisse, die sich dank Sortenvielfalt und Formenreichtum einer ständig steigenden Beliebtheit erfreuen. Nicht zuletzt deshalb, weil man sie für tolle herbstliche Dekorationen verwenden kann.

Pilze

Auf Holzstücken oder Strohballen können Sie im Garten sogar schmackhafte Pilze selbst anbauen und ernten.

Haben Sie sich Ihre Lieblingsgemüsearten ausgesucht, dann sollten Sie vor dem Pflanzen zunächst überlegen (→ Tabelle Seite 18), welche Sie nach dem Prinzip der Mischkultur am besten zusammensetzen.

Junge Erbsen, knackig und frisch aus der Schote, sind ein wahrer Genuss!

Wurzel- und Knollengemüse

Knollensellerie

Apium graveolens
Pflanzabstand: 40 x 40 cm
Erntezeit: September – Oktober
Knollengemüse

➤ **Laub zum Würzen verwenden**
Inhaltsstoffe: Mineralstoffe, ätherische Öle. **Boden:** Humos, etwas schwerer, mit guter Wasserhaltefähigkeit. **Anbau:** Vorgezogene Jungpflanzen frühestens ab Mitte Mai auspflanzen, gerade so tief setzen, wie sie zuvor im Anzuchtbeet gestanden haben. 2 Jahre lang Anbaupause (auch für andere Doldenblütler). **Pflege:** Chloridhaltige Kaliumdünger oder Kompost sind gut geeignet, Düngung auf 3 Gaben aufteilen, bei Mangelerscheinungen speziellen Bordünger (Borax) verwenden.

Rote Bete/Rote Rübe

Beta vulgaris var. *vulgaris*
Pflanzabstand: 25 x 8 cm
Erntezeit: August – Oktober
Wurzelgemüse

➤ **gut für Einlagerung in Mieten**
Inhaltsstoffe: Vitamine (v.a. Vitamin C), Kalium, Ballaststoffe. **Boden:** Humos, tiefgründig, nicht zu schwer, nicht zu kalkreich. **Anbau:** Aussaat von Ende April bis Juni direkt aufs Beet, 2–3 cm tief, Saatgut gut andrücken. Nach dem Aufgehen zu dicht stehende Pflanzen auf ca. 6–8 cm Abstand vereinzeln oder ab Mai vorgezogene Jungpflanzen setzen. 2 Jahre lang Anbaupause (auch für Spinat, Mangold). **Pflege:** Kompost- oder Mineraldüngung, nicht frisch kalken, bei Mangelerscheinungen Bordünger geben.

Möhre/Karotte

Daucus carota ssp. *sativus*
Pflanzabstand: 25 x 5 cm
Erntezeit: Juni – Oktober
Wurzelgemüse

➤ **nicht für steinige Böden**
Inhaltsstoffe: Carotin, Vitamin C, Kalium, Eisen, Zucker. **Boden:** Locker, leicht, sandig, humos. **Anbau:** Aussaat von März bis Mitte Juli (Früh-, Sommer-, Lagersorten) direkt aufs Beet, 1–2 cm tief. Radieschen als Markiersaat verwenden, da Möhren oft langsam (3–4 Wochen) keimen. Auf ca. 10 cm Abstand vereinzeln. Mindestens 3 Jahre lang Anbaupause (auch für andere Doldenblütler). **Pflege:** Gleichmäßig feucht halten, kalium- und magnesiumreich düngen. Nicht frisch organisch düngen, nicht frisch kalken! Im Herbst mulchen.

Expertentipp
Es gibt auch Schnitt- und Bleichselleriesorten.

Expertentipp
Bei einsamigem Saatgut entfällt das Vereinzeln.

Expertentipp
Gute Nachbarkultur zu Zwiebeln und Lauch.

Ob »Blitzkulturen« wie die schnell wachsenden Radieschen oder Lagergemüse wie Möhren – knackig und gesund sind die Wurzeln und Knollen alle.

Knollenfenchel

Foeniculum vulgare var. *azoricum*
Pflanzabstand: 30 x 20 cm
Erntezeit: Juli – September
Knollengemüse

➤ **auf schossfeste Sorten achten**

Inhaltsstoffe: Vitamin C, Provitamin A, Kalium, Magnesium, Eisen. **Boden:** Humos, weder zu leichte noch zu schwere, nasse Böden. **Anbau:** Aussaat von Mitte Mai bis Anfang Juli direkt aufs Beet, 1,5–2 cm tief. Zu dicht stehende Pflanzen auf ca. 15–20 cm Abstand vereinzeln oder vorgezogene Jungpflanzen ab Mitte Mai pflanzen. Mindestens 3 Jahre lang Anbaupause (auch für andere Doldenblütler). **Pflege:** Keine frische organische Düngung, am besten nach gut mit Kompost versorgter Vorkultur anbauen.

Rettich

Raphanus sativus var. *niger*
Pflanzabstand: 20 x 15 cm
Erntezeit: August – Oktober
Wurzelgemüse

➤ **schwarze Herbstsorten**

Inhaltsstoffe: Senföle, Scharfstoffe, Vitamin C. **Boden:** Leicht, locker, humusreich, im Herbst mulchen. **Anbau:** Von April (Sommersorten) bis August (Herbst-/Wintersorten) direkt aufs Beet 2–3 cm tief aussäen. Nach dem Aufgehen zu dicht stehende Pflanzen auf 10–25 cm Abstand vereinzeln. Erst nach 3 Jahren wieder Rettich (Radieschen oder Kohl) auf denselben Platz. **Pflege:** Stets für gleichmäßige Bodenfeuchte sorgen, nur wenig Stickstoff düngen, borhaltigen Mineraldünger verwenden, auf 2–3 Gaben aufteilen.

Radieschen

Raphanus sativus var. *sativus*
Pflanzabstand: 10 x 8 cm
Erntezeit: April – September
Wurzelgemüse

➤ **auch für Terrasse und Balkon**

Inhaltsstoffe: Senföle, Scharfstoffe. **Boden:** Humos, locker. **Anbau:** Von März bis August (Frühjahrs- und Sommersorten) direkt aufs Beet säen, max. 1 cm tief. Nach dem Aufgehen zu dicht stehende Pflanzen auf 5–10 cm vereinzeln. Mindestens 3 Jahre lang Anbaupause (auch keine Radieschen oder Kohl). **Pflege:** Boden gleichmäßig feucht halten, kein frischer organischer Dünger! Gut als Folge-, Zwischen- und Markiersaat, die nicht extra gedüngt zu werden braucht (Schwachzehrer).

Expertentipp
Nicht zu lange mit der Ernte warten, sonst verliert Fenchel sein Aroma.

Expertentipp
Gute Nachbarkultur zu Kresse, Salat, Tomate, Spinat.

Expertentipp
Gute Nachbarkultur zu Kresse, Salat, Tomate, Zwiebel, Spinat.

Kohlgemüse

Blumenkohl

Brassica oleracea var. *botrytis*
Pflanzabstand: 40 x 50 cm
Erntezeit: Mai – November
Kohlgemüse

➤ **grüne und violette Sorten**

Ernte: Rasch ernten, weil sonst Blüten gebildet werden; kurz vor der Ernte mit einigen abgeknickten Laubblättern den Kopf abdecken, dann bleibt er schön weiß. **Boden:** Humus- und strukturreich, nicht zu trocken, kalkhaltig. **Anbau:** Ab März Jungpflanzen vorziehen, ab April auspflanzen, tief setzen, späteste Pflanzung Mitte Juli. Mindestens 4 Jahre Anbaupause (auch andere Kohlarten, Spinat, Rettich). **Pflege:** Boden gleichmäßig feucht halten (mulchen), organisch und mineralisch düngen (Starkzehrer), ausreichend Stickstoff zuführen.

Rot- und Weißkohl

Brassica oleracea var. *capitata*
Pflanzabstand: 50 x 60 cm
Erntezeit: Mai – November
Kohlgemüse

➤ **Lagerkohl verträgt etwas Frost**

Ernte: Ernten, sobald sich feste Köpfe gebildet haben. **Boden:** Humos, lehmig, nicht zu trocken, kalkhaltig. **Anbau:** Für Früh- und Sommerkohl Pflanzen ab Februar/März vorziehen, ab Ende März/ April setzen, Herbst- und Lagerkohl ab April/Mai direkt aufs Beet säen. Mindestens 4 Jahre Anbaupause (auch Spinat, Rettich, andere Kohlarten). **Pflege:** Feucht halten (mulchen), organisch und mineralisch auf 3–4 Gaben verteilt düngen (Starkzehrer), Stickstoffbedarf bei Weißkohl zweimal so hoch wie bei Rotkohl.

Rosenkohl

Brassica oleracea var. *gemmifera*
Pflanzabstand: 50 x 60 cm
Erntezeit: Sept. – Dez. (März)
Kohlgemüse

➤ **Vitamin-C-reichste Kohlart**

Ernte: Bei frühem Anbau (Ernte September–November) erhält man durch »Köpfen« der Spitzenknospe größere Röschen. **Boden:** Humus- und strukturreich, nicht zu leicht. **Anbau:** Von Ende April bis Ende Juni vorgezogene Jungpflanzen setzen, ab April Aussaat auch direkt aufs Beet, vereinzeln. Mindestens 3 Jahre Anbaupause (auch andere Kohlarten, Spinat). **Pflege:** Gleichmäßig feucht halten, reichlich organische und mineralische Düngung (Starkzehrer), nicht zu viel Stickstoff; standfest durch Anhäufeln.

Expertentipp
Empfindlich bei unregelmäßiger Nährstoff- und Wasserversorgung.

Expertentipp
Ähnlich wie Rot- und Weißkohl ist auch der Wirsing zu kultivieren.

Expertentipp
Verträgt kurzzeitig Frost, daher Ernte manchmal den ganzen Winter.

Gesunde Vielfalt im Kohlkopf!
Von fein bis deftig, vom Frischgemüse bis zum Lager-
kraut, die »Kohlfamilie« hat viel zu bieten.

Kohlrabi

Brassica oleracea var. *gongylodes*
Pflanzabstand: 30 x 25 cm
Erntezeit: Juli – August
Kohlgemüse

➤ **Blätter besonders vitaminreich**

Ernte: Knollen nicht zu groß werden lassen, werden sonst holzig; auch das Laub kann verwendet werden. **Boden:** Humos, nährstoffreich, nicht zu trocken. **Anbau:** Ab Februar Pflänzchen vorziehen, in Töpfe pikieren, ab April ins Freie setzen, nicht zu tief pflanzen, oder von April bis Mitte Juni direkt aufs Beet säen. Mindestens 3 Jahre Anbaupause (auch andere Kohlarten, Spinat). **Pflege:** Für gleichmäßige Bodenfeuchtigkeit sorgen (mulchen), organische Düngung auf 2 Gaben verteilen.

Brokkoli

Brassica oleracea var. *italica*
Pflanzabstand: 40 x 50 cm
Erntezeit: Juni – Oktober
Kohlgemüse

➤ **Violette und rote Sorten**

Ernte: Ernten, bevor sich die Blütenknospen öffnen. Zuerst den Haupt-»kopf« herausschneiden, dann die nochmals austreibenden Seitentriebe. **Boden:** Humos, nährstoffreich, nicht zu trocken. **Anbau:** Ab April vorgezogene Jungpflanzen setzen oder von April bis Juli direkt ins Freie säen, vereinzeln. Mindestens 3 Jahre Anbaupause (auch andere Kohlarten, Spinat). **Pflege:** Gleichmäßig feucht halten (mulchen), organische Düngung auf 2 Gaben verteilen, Vliesabdeckung zur Ernteverfrühung und zum Schutz vor Schädlingen.

Grünkohl

Brassica oleracea var. *sabellica*
Pflanzabstand: 50 x 50 cm
Erntezeit: Oktober – Februar
Kohlgemüse

➤ **vitaminreiches Wintergemüse**

Ernte: Ernten, wenn die Blätter noch jung und frisch sind und einige Zeit Frost bekommen haben. **Boden:** Humos, etwas lehmig, kalkhaltig. **Anbau:** Im Juni/Juli vorgezogene Jungpflanzen setzen oder von Mitte Mai bis Juli direkt ins Freie säen, 2 cm tief. Bei Aussaat wie Spinat ernten, bei Pflanzung ganze Pflanzen ernten. Mindestens 3 Jahre Anbaupause (auch andere Kohlarten, Spinat). **Pflege:** Boden gleichmäßig feucht halten (mulchen), organische und mineralische Düngung auf 2 Gaben verteilen.

Expertentipp
Es gibt grüne, fast weiße, blau-
und rotviolette Sorten.

Expertentipp
Brokkoli ist sehr frosthart; kann bis
in den Winter auf dem Beet bleiben.

Expertentipp
Es gibt auch violette und fein
gekrauste Sorten.

Fruchtgemüse

Weitere Fruchtgemüsesorten

Sorte	Eigenschaften
Salatgurken	
'Marketmore'	bitterstofffrei, robust, für Anbau im Freien geeignet
'Tanja'	bitterstofffrei, robust, für Anbau im Freien geeignet
Einlegegurken	
'Accordia'	bitterstofffrei, robust
'Amber'	bitterstofffrei, robust
Winterkürbisse	
'Buttercup'	dunkelgrüne, flachrunde Früchte mit intensiv orangefarbenem, aromatischem Fleisch
'Golden Hubbard'/'Roter Hokkaido'	mittelgroße Früchte mit kräftig orangeroter Schale und Fruchtfleisch, sehr aromatisch, Schale essbar
'Türkenturban'	flachrunde, »turbanförmige« orangefarbene Früchte, grün gestreift, mit orangefarbenem, aromatischem Fleisch
Sommerkürbisse	
'Rondini de Nice'	hellgrün und tennisballgroß ernten, Fleisch hellgelb, mit Schale verwenden, rankend
'Summer Satellite'	weißer Ufo- oder Squash-Kürbis, Fleisch hellgelb, handtellergroß ernten, mit Schale verwenden, buschiger Wuchs
Zucchini	
'Ambassador'	längliche grüne Früchte, buschig wachsend, robust, lange Erntezeit
'Black Forrest'	längliche grüne Früchte, kletternder Wuchs
'Gold Rush'	glänzende goldgelbe Früchte, buschig wachsend, ertragreich
Tomaten	
'Balkonstar'	kompakte, ertragreiche Buschtomate
'Frühzauber'	sehr frühe, rote Stabtomate
'Goldene Königin'	goldgelbe mittelgroße Stabtomate
'Master'	große rote, nicht gerippte Fleischtomate
'Mirabell'	sehr robuste, gelbe Cocktailtomate

Gurke
Cucumis sativus
Pflanzabstand: 120 x 30 cm
Erntezeit: Juli – September
Fruchtgemüse

➤ **bitterfreie Sorten wählen**

Ernte: Salatgurken 2 Wochen nach der Blüte erntereif, Einlegegurken je nach gewünschter Größe ernten, Früchte nicht gelb werden lassen. **Boden:** Humos, locker, leicht erwärmbar, nährstoffreich. **Anbau:** Aussaat in Töpfe ab April im Gewächshaus, auspflanzen ab Ende Mai oder ab Ende Mai direkt ins Freie säen und später vereinzeln, Jungpflanzen vor Schnecken schützen! **Pflege:** Salatgurken an Drahtgittern oder Schnüren hochziehen, braucht gleichmäßige Bodenfeuchte, daher am besten mulchen. Kompostgabe.

Winterkürbis
Cucurbita maxima
Pflanzabstand: 2 m
Erntezeit: Oktober
Fruchtgemüse

➤ **bis zu 6 Monaten lagerfähig!**

Ernte: Im Spätherbst vollreif ernten, aber vor dem ersten Frost, wenn der Stiel verholzt; auch Blüten sind essbar. **Boden:** Humos, nährstoffreich, warm. **Anbau:** Aussaat ab März im Gewächshaus, ab Mai auspflanzen oder ab Mitte Mai direkt ins Freie säen. Gut am Fuß eines Komposthaufens, auf Hoch- und Hügelbeeten. **Pflege:** Gut mit Kompost versorgen (Starkzehrer). Gleichmäßig feucht halten (mulchen!). Seitentriebe bei 60–100 cm kappen. Holzbrettchen oder Stroh unter die Früchte legen, damit sie nicht faulen.

Expertentipp
Erst nach 4 Jahren wieder auf dasselbe Beet pflanzen.

Expertentipp
Erst nach 3–4 Jahren wieder am selben Platz anbauen.

Tomate, Gurke, Zucchini & Co. sind typische Sommergemüse, die sich relativ leicht im eigenen Garten anbauen lassen.

Sommerkürbis
Cucurbita pepo
Pflanzabstand: 80 x 100 cm
Erntezeit: Juli – September
Fruchtgemüse

➤ **Geschmack ähnlich Zucchini**

Ernte: Früchte jung und frühzeitig ernten, bei größeren Früchten wird die Schale hart, das Fleisch fade; auch Blüten sind essbar. **Boden:** Humos, nährstoffreich, warm. **Anbau:** Aussaat in Töpfe ab April im Gewächshaus, auspflanzen ab Ende Mai oder ab Ende Mai direkt ins Freie säen. **Pflege:** Am besten 2 Kompostgaben während des Wachstums, nicht von oben gießen, für gleichmäßige Feuchtigkeit sorgen, mulchen (z.B. mit Stroh). Jungpflanzen vor Schnecken schützen!

Zucchini
Cucurbita pepo var. *melopepo*
Pflanzabstand: 80 x 80 cm
Erntezeit: Juli – September
Fruchtgemüse

➤ **meist genügen 1–2 Pflanzen**

Ernte: Früchte von ganz klein bis 20 cm Länge ernten, nicht größer werden lassen, auch die Blüten sind essbar. **Boden:** Humos, nährstoffreich. **Anbau:** Aussaat in Töpfe ab April im Gewächshaus, ab Mitte Mai auspflanzen oder direkt ab Mitte Mai ins Freie säen. **Pflege:** Am besten 2–3 Kompostgaben während des Wachstums (Starkzehrer). Nicht von oben gießen. Für gleichmäßige Feuchtigkeit sorgen, mulchen (z.B. mit Stroh). Jungpflanzen vor Schnecken schützen!

Tomate
Lycopersicon esculentum
Pflanzabstand: 50 x 80 cm
Erntzeit: Juli – Oktober
Fruchtgemüse

➤ **mit Regenschutz pflanzen**

Ernte: Vollreif ernten, grüne Früchte roh giftig, können im Zimmer nachreifen. **Boden:** Humos, nährstoffreich. **Anbau:** Ende Februar/Anfang März Aussaat im Gewächshaus, in Töpfe pikieren, ab Ende April pflanzen (ins Freie erst ab Ende Mai), tief setzen. Standort jährlich wechseln. **Pflege:** An Stäbe binden. Triebe in den Blattachseln regelmäßig ausbrechen. Ab Fruchtansatz Spitze des Haupttriebes kappen (Ausnahme: Buschtomaten), überzählige Blätter entfernen. Von unten gießen. Im Mai und Juli düngen.

Expertentipp
Buschartig wachsende Sorten auch für Balkon und Terrasse geeignet.

Expertentipp
Es gibt auch gelbfrüchtige Sorten.

Expertentipp
Busch- und Cocktailtomaten für den Anbau auf Balkon und Terrasse.

Zwiebelgemüse und Hülsenfrüchte

Küchenzwiebel

Allium cepa

Pflanzabstand: 20 x 5 cm

Erntezeit: Juli – August

(überwinterndes) Zwiebelgemüse

➤ **scharfe und milde Sorten**

Ernte: Erste Zwiebeln schon ab Juni, Haupternte (zum Einlagern), wenn das Laub welkt, zum Lagern gut abtrocknen lassen, junges Laub auch essbar. **Boden:** Locker, humos, durchlässig. **Anbau:** Am besten junge Steckzwiebeln ab Ende März direkt ins Beet stecken (Aussaat dauert deutlich länger). Mindestens 5 Jahre Anbaupause **Pflege:** Bei Trockenheit gießen. Boden zwischen den Reihen vorsichtig lockern. Keine frische organische Düngung, auf gute Kaliumversorgung achten.

Winterheck-/Lauchzwiebel

Allium fistulosum

Pflanzabstand: 40 x 40 cm

Erntezeit: März – Oktober

mehrjähriges Zwiebelgemüse

➤ **würziger Schnittlauchersatz**

Ernte: Liefert das erste Zwiebelgrün im Frühjahr. In erster Linie werden die Blätter geerntet, die wie Schnittlauch verwendet werden; Zwiebeln sind auch essbar. **Boden:** Locker, durchlässig. **Anbau:** Aussaat ab April direkt aufs Beet oder von April – Juni Brutzwiebeln von älteren Pflanzen abnehmen und büschelweise setzen. **Pflege:** Bei Trockenheit gießen. Keine frische organische Düngung. Die mehrjährigen Zwiebelstöcke alle 3–4 Jahre teilen und neu pflanzen.

Lauch/Porree

Allium porrum

Pflanzabstand: 30 x 15 cm

Erntezeit: Juni – April

Wintergemüse

➤ **wertvoll für Bodengesundheit**

Ernte: Pflanzen mit Spaten oder Grabegabel anheben, aus der Erde ziehen und Wurzeln abschneiden. **Boden:** Tiefgründig, humos, locker. **Anbau:** Pflanzung vorgezogener Jungpflanzen ab Mitte April (Sommersorten) mit Vliesabdeckung bis Mitte Mai, im Mai/Juni (Herbstsorten), im August (Wintersorten), tief setzen, anhäufeln. **Pflege:** Vor der Pflanzung Kompost oder verrotteten Stallmist einarbeiten, 2-mal mineralisch nachdüngen. Winterporree vor Frosteintritt anhäufeln, mit Reisig oder Vlies abdecken.

Expertentipp

Sorten zum Überwintern Mitte August aussäen, Ernte ab April.

Expertentipp

Es gibt auch eine rotstielige Variante, die milder im Geschmack ist.

Expertentipp

3-jährige Anbaupause einhalten (keine anderen Zwiebelgewächse).

Die typischen Zwiebelgewächse sind zum Würzen und Kochen unverzichtbar und passen besonders gut in Mischkulturanbau.

Buschbohne
Phaseolus vulgaris var. *nanus*
Pflanzabstand: 40 x 8 cm
Erntezeit: Juli – Oktober
einjährige Hülsenfrucht

➤ **frühe Ernte durch Vlies/Folie**

Ernte: Bohnen nur gekocht verwenden, roh giftig. **Boden:** Locker, humos, durchlässig, kalkhaltig (Kalk im Herbst ausbringen!). **Anbau:** Ab April Aussaat in Töpfe im Gewächshaus, ab Mitte Mai auspflanzen oder ab Mitte Mai direkt ins Freie säen, jeweils 4–6 Samen zusammen ca. 3 cm tief stecken. **Pflege:** Die Pflanzen an der Stängelbasis mit Erde anhäufeln. Chloridarm düngen. Bohnen (und andere Hülsenfrüchte) reichern den Boden mit Stickstoff an, daher abgeerntete Pflanzen abschneiden und die Wurzeln im Boden lassen.

Stangenbohne
Phaseolus vulgaris var. *vulgaris*
Pflanzabstand: 50 x 8 cm
Erntezeit: Juni – August
einjährige Hülsenfrucht

➤ **auch als Sichtschutz**

Ernte: Bohnen nur gekocht verwenden, roh giftig. **Boden:** Locker, humos, durchlässig, kalkhaltig (Kalk im Herbst ausbringen!). **Anbau:** Am besten ab Mitte Mai direkt ins Freie säen. Gleich bei der Aussaat Stangen (oder Drahtgitter) aufstellen, jeweils 5–7 Samen ca. 3 cm tief um die Stangen herum stecken. **Pflege:** Windgeschützt pflanzen, chloridarm düngen. Bohnen (und andere Hülsenfrüchte) reichern den Boden mit Stickstoff an, daher abgeerntete Pflanzen abschneiden und die Wurzeln im Boden lassen.

Erbse
Pisum sativum 'Kapuzinererbse'
Pflanzabstand: 40 x 5 cm
Erntezeit: Mai/Juni – August
einjährige Hülsenfrucht

➤ **zartes Sommergemüse**

Ernte: Von Zucker- und Markerbsen nur junge, zarte Hülsen ernten, roh giftig. **Boden:** Humos, locker. **Anbau:** Schal- und Zuckererbsen ab Mitte März, Markerbsen ab Mitte April direkt ins Freie säen, ca. 5 cm tief. **Pflege:** Saat mit Netzen vor Vögeln schützen. Pflanzen an der Stängelbasis mit Erde anhäufeln. Höhere Sorten mit Reisig stützen. Empfindlich gegen frische organische Düngung und frisches Kalken. Erbsen reichern den Boden mit Stickstoff an, daher abgeerntete Pflanzen nur abschneiden und die Wurzeln im Boden lassen.

Expertentipp
3-jährige Anbaupause einhalten (auch keine andere Hülsenfrucht).

Expertentipp
3-jährige Anbaupause einhalten (auch keine andere Hülsenfrucht).

Expertentipp
3–4-jährige Anbaupause einhalten (auch keine andere Hülsenfrucht).

Südliche Gemüse

Weitere südliche Gemüsesorten

Sorte	Eigenschaften
Gewürz-Paprika/Chili	
'De Cayenne'	schwarzrot bis leuchtend rot
'Lombardo'	hellgrüne Schoten, rot abreifend, mild
'Spanischer Pfeffer'	kurze, feuerrote Schoten, sehr ertragreich, scharf
Gemüse-Paprika	
'Liebesapfel'	rote dickfleischige Früchte, tomatenförmig, gut zum Füllen
'Mavras'	violette Früchte
'Neusiedler Ideal'	große, kantige, grüne Früchte, rot abreifend, sehr früh
'Pusztagold'	gelbe Früchte, früh reifend, für Freilandanbau geeignet
'Yolo Wonder'	große, grüne Früchte, rot abreifend, gut zum Füllen
Artischocken	
'Große von Laon'	grüne Blütenhüllblätter
'Romagna'	violette Blütenhüllblätter
Auberginen	
'Bonica'	dunkelviolette, glänzende Früchte
'Golden Eggs'	fast weiße, hühnereigroße Früchte, sehr dekorativ
'Sito'	rundovale, glänzend-violette Früchte, früh tragend
Zuckermais	
'Aztek'	früh, halbhoch, süß
'Sweet Nugget'	mittelspät, hoch, süß
'Tasty Sweet'	extra süß

Gewürz-Paprika/Chili

Capsicum annuum
Pflanzabstand: 40 x 40 cm
Erntezeit: Juli – September
Fruchtgemüse

➤ **Anbau im Gewächshaus**

Ernte: Wenn die Früchte die sortentypische Größe und Farbe erreicht haben, die Fruchthaut fest und glänzend ist. **Boden:** Tiefgründig, humos, leicht erwärmbar, nährstoffreich. **Anbau:** Ab März Aussaat am Fensterbrett oder im Gewächshaus, nach ca. 2 Wochen in Töpfe pikieren, ab Mitte Mai pflanzen, tief setzen. 3–4 Jahre Anbaupause (auch Tomate, Kartoffel). **Pflege:** Höhere Sorten an Stäben aufbinden. Vor der Pflanzung Kompost oder verrotteten Stallmist einarbeiten, 2–3-mal nachdüngen.

Gemüse-Paprika

Capsicum annuum
Pflanzabstand: 40 x 60 cm
Erntezeit: Juli – September
Fruchtgemüse

➤ **sehr vitaminreiches Gemüse**

Ernte: Grün ernten, wenn die Frucht fest und glänzend und entsprechend groß ist oder vollreif ernten, d.h. nach sortentypischer Ausfärbung. **Boden:** Tiefgründig, humos, leicht erwärmbar, nährstoffreich. **Anbau:** Ab März Aussaat am Fensterbrett oder im Gewächshaus, nach ca. 2 Wochen in Töpfe pikieren, ab Mitte Mai pflanzen, tief setzen. 3–4 Jahre Anbaupause (auch Tomate, Kartoffel). **Pflege:** Höhere Sorten an Stäben aufbinden. Vor der Pflanzung Kompost oder verrotteten Stallmist einarbeiten, 2–3-mal nachdüngen.

Expertentipp
Nur in sehr milden Gegenden ist ein Anbau im Freien ratsam.

Expertentipp
Nur in sehr milden Gegenden ist ein Anbau im Freien ratsam.

Für einige der typisch südlichen Gemüsearten wie Auberginen, Paprikas und Chilis sollten Sie am besten ein Gewächshaus haben.

Artischocke
Cynara scolymus
Pflanzabstand: 100 x 100 cm
Erntezeit: September oder Juni/Juli
(mehrjährige) Gemüsestaude

➤ **attraktive Blüten**

Ernte: Es werden die fleischigen Blütenböden und verdickten Teile der Blütenhüllblätter geerntet. **Boden:** Locker, tiefgründig (Wurzeln bis 60 cm tief), humos, nährstoffreich. **Anbau:** Aussaat ab Februar/März im Gewächshaus, Ende Mai auspflanzen. Einzelpflanzen können 3–4 Jahre kultiviert werden, Standort regelmäßig wechseln. **Pflege:** Organische Düngung während der ganzen Wachstumszeit (Starkzehrer). Im Herbst ausgraben, frostfrei überwintern oder zurückschneiden und ca. 30 cm hoch gut abdecken.

Aubergine/Eierfrucht
Solanum melongena
Pflanzabstand: 50 x 50 cm
Erntezeit: Juni – September
einjähriger Gemüsestrauch

➤ **Anbau im Gewächshaus**

Ernte: Mit Blütenkelch und Stiel ernten. **Boden:** Humos, tiefgründig, nährstoffreich. **Anbau:** Im Februar Aussaat im Gewächshaus, nach 2 Wochen pikieren, ab April verpflanzen, ins Freie erst ab Ende Mai, Standort regelmäßig wechseln, nicht als Folgekultur von Tomate, Kartoffel. **Pflege:** Organisch oder flüssig düngen (Starkzehrer), chloridfrei. Nicht von oben gießen. Nach erstem Fruchtansatz Haupttrieb kappen und überzählige Blätter und Triebe entfernen (siehe Tomate).

Zuckermais
Zea mays convar. *saccharata*
Pflanzabstand: 30 x 60 cm
Erntezeit: Juli – September
einjährige Gemüsepflanze

➤ **roh und gekocht essbar**

Ernte: Die Kolben milchreif ernten, d.h. wenn aus den Körnern beim Anritzen noch Saft austritt. **Boden:** Humusreich, sandig-lehmig. **Anbau:** Direktaussaat aufs Beet Anfang bis Mitte Mai. **Pflege:** Abstand zu Futtermaisfeldern halten, da Mais fremdbestäubt wird und sich der feine, süße Geschmack des Zuckermais sonst nicht entwickelt. 2–3-malige Kompostgabe, zwischen den Reihen mulchen oder Kurzkulturen (Radieschen, Spinat) aussäen.

Expertentipp
Die Blütenköpfe ernten, wenn die Schuppenblätter noch eng anliegen.

Expertentipp
Gleich mit Stab einpflanzen, ähnlich wie Tomaten.

Expertentipp
Erst nach 3 Jahren wieder am selben Platz anbauen.

Pilze auf Stroh und Holz

Chinesische Morchel
Auricularia auricula-judae
Anbauzeit: Mai – September
Erntezeit: Mai – September
Pilzkultur

➤ **großer, schmackhafter Pilz**

Geschmack: Feinwürziges Aroma, sehr beliebt und viel verwendet in der asiatischen Küche. **Kultur:** Auf Laubholzstücken. Wächst besonders gut auf Holunderholz. **Anbau:** Wächst ab 10 °C. **Pflege:** An einem halbschattigen, windgeschützten Ort aufstellen. Gleichmäßig feucht halten, nicht austrocknen lassen. Bei Erscheinen der ersten Pilze vor Schnecken schützen.

Stockschwämmchen
Kuehneromyces velutipes
Anbauzeit: Mai – September
Erntezeit: Mai – September
Pilzkultur

➤ **getrocknet ideal zum Würzen**

Geschmack: Schmackhafter, kleiner Pilz, besonders gut zum Würzen von Suppen und Soßen geeignet. Erntereif, wenn die Pilzhüte waagerecht abstehen. **Kultur:** Auf Laubholzstücken. **Anbau:** Wächst ab 14 °C. **Pflege:** An einem halbschattigen, windgeschützten Ort aufstellen. Gleichmäßig feucht halten, nicht austrocknen lassen. Bei Erscheinen der ersten Pilze vor Schnecken schützen.

Shii-Take
Lentinula edodes
Anbauzeit: Mai – September
Erntezeit: Mai – September
Pilzkultur

➤ **für feine asiatische Gerichte**

Geschmack: Schmackhafter, feiner Pilz, gesund, vitaminreich, gilt in Asien als »Lebenselixier«. **Kultur:** Auf Laubholzstücken. **Anbau:** Kann ganzjährig angebaut werden, wenn die Holzstücke der Spätherbst- und Winterkulturen zum Durchwachsen in einem frostfreien Raum (Keller) gelagert werden. Braucht zum Durchwachsen Temperaturen von 12–28 °C, wird am besten bei Temperaturen von 14–24 °C geerntet. **Pflege:** Halbschattig und windgeschützt aufstellen. Gleichmäßig feucht halten. Vor Schnecken schützen.

Expertentipp
Erntereif, wenn die Pilzhüte waagerecht abstehen.

Expertentipp
Erntereif, wenn die Pilzhüte waagerecht abstehen.

Haben Sie ein bisschen Spaß am Experimentieren? Dann versuchen Sie doch einmal den Anbau von Pilzen in Ihrem Garten.

Limonenpilz

Pleurotus cornucopiae

Anbauzeit: April – September

Erntezeit: ab Juli

Pilzkultur

➤ **wächst auf Holz oder Stroh**

Geschmack: Sehr wohlschmeckender Pilz mit pfifferlingähnlichem Aroma. **Kultur:** Auf Laubholzstücken oder Strohballen. **Anbau:** Werden die Holzstücke oder Strohballen im Gewächshaus aufgestellt, kann der Pilz auch ganzjährig kultiviert werden. Pilze wachsen ab ca. 12 °C, brauchen hohe Luftfeuchtigkeit, daher besonders ertragreich (mehrere Monate) im Folientunnel. **Pflege:** Halbschattig und windgeschützt aufstellen. Gleichmäßig feucht halten, nicht austrocknen lassen. Bei Erscheinen der ersten Pilze vor Schnecken schützen.

Austernpilz

Pleurotus ostreatus/P. pulmonarius

Anbauzeit: April – September

Erntezeit: ab Juli

Pilzkultur

➤ **wächst auf Holz oder Stroh**

Geschmack: Beliebter Speisepilz mit feinem Aroma und zartem Fleisch. **Kultur:** Auf Laubholzstücken oder Strohballen. **Anbau:** Werden die Holzstücke oder Strohballen im Gewächshaus aufgestellt, kann der Pilz auch ganzjährig kultiviert werden. Pilze wachsen schon ab ca. 10 °C, brauchen allerdings sehr hohe Luftfeuchtigkeit, daher Anbau im Folientunnel ratsam. **Pflege:** Halbschattig und windgeschützt aufstellen. Gleichmäßig feucht halten, nicht austrocknen lassen. Bei Erscheinen der ersten Pilze vor Schnecken schützen.

Braunkappe

Stropharia rugoso-annulata

Anbauzeit: April – September

Erntezeit: ab Juli

Pilzkultur

➤ **»Kultur«-Steinpilz**

Geschmack: Aussehen und Geschmack ähnlich wie Steinpilz. **Kultur:** Auf Strohballen. **Anbau:** Werden die Strohballen im Gewächshaus aufgestellt, kann der Pilz auch ganzjährig kultiviert werden. Pilze wachsen ab ca. 14 °C, optimales Wachstum bei 20–28 °C, brauchen keine so hohe Luftfeuchtigkeit wie viele andere Pilzkulturen. Pilze wachsen oft tief im Inneren der Strohballen. **Pflege:** Halbschattig und windgeschützt aufstellen. Nicht austrocknen lassen. Bei Erscheinen der ersten Pilze vor Schnecken schützen.

Expertentipp
Erntereif, wenn die Pilzhüte waagerecht abstehen.

Expertentipp
Die Pilze können noch jung oder eher größer geerntet werden.

Küchenkräuter

*Kräuter passen in jeden Garten,
ob auf die Gemüsebeete, in die Staudenrabatte
oder in einen schönen Topf!*

Kräuter lassen sich auf Grund ihres eher geringen Platzbedarfs auch in den kleinsten Gärten kultivieren und sind ebenso gut als Topf- und Kübelpflanzen für Terrasse und Balkon geeignet. Einige von ihnen wachsen auch recht gut im Halbschatten, dennoch sollten Kräuter immer an einem möglichst sonnigen Gartenplatz stehen. Je mehr Sonne und Wärme sie nämlich abbekommen, umso höher ist ihr Gehalt an Aromastoffen, das heißt umso feiner und geschmackvoller werden Kräutergerichte und Kräutertees. Außerdem bevorzugen viele Kräuter eher magere Böden, weshalb sie nicht auf stark gedüngten Gemüsebeeten stehen sollten.

»Alltägliche« und »feine« Kräuter

Schon ganz einfache und herkömmliche Gerichte werden mit frischen und »alltäglichen« Kräutern wie Petersilie, Schnittlauch und Dill verfeinert, so dass Sie diese Kräuter immer im Garten oder in einem Topf auf Balkon und Terrasse parat haben sollten.
Auch ein Vorrat an Liebstöckel, Majoran und Bohnenkraut, die Grünes und Würziges für herzhafte und deftige Gerichte liefern, sollte nicht fehlen. Kräuter wie Estragon und Kerbel sind natürlich für die »Feine Küche« unerlässlich, und auch hier gilt: Was frisch vom Garten in die Küche kommt, ist meist ungleich aromatischer als gekaufte Kräuterbüschel. Leckeres Knoblaucharoma und viele gesunde Vitamine zeichnen den Bärlauch aus, den Sie am besten am Rand eines Staudenbeets oder unter einer Hecke anpflanzen.

Mediterrane Kräuter

Südliches Flair im Garten und auf dem Balkon zaubern Sie ganz leicht mit duftendem Lavendel, Rosmarin und Thymian. Alle diese »Sonnenkinder« brauchen besonders geschützte und warme Plätze und einen leichten, etwas sandigen Boden.

Blüten- und Teekräuter

Die Blütenpracht von Borretsch und Ringelblume macht Kräuterbeete so richtig bunt, Pfefferminze und Kamille können zudem als heilsamer Tee getrunken werden.

*Das Himmelblau der
Borretschblüten lockt nicht
nur Bienen an ...*

Kräuter für jeden Tag

Schnittlauch

Allium schoenoprasum

Höhe/Breite: 15–30 cm/ca. 15 cm
Erntezeit: April – November
ausdauernde Zwiebelpflanze

➤ **dekorative, essbare Blüten**

Inhaltsstoffe: Lauch- und Senföle, Vitamin C, Mineralstoffe. **Ernte:** Blätter bzw. Stängel vor der Blüte, ausgezupfte Einzelblütchen. **Boden:** Humos, nährstoffreich, ausreichend feucht. **Anbau:** Aussaat ab Ende April ins Freie. Vermehrung durch Teilung älterer Pflanzen. Gut geeignet für Topf oder Balkonkasten. **Pflege:** Schnittlauch ernten im Winter: zweijährige Pflanzen ab Herbst in Töpfe setzen, an einem trockenen Platz im Freien aufstellen, bis die oberirdischen Pflanzenteile verdorrt sind. Frost schadet nicht! Dann ins warme Zimmer stellen, gießen.

Dill

Anethum graveolens

Höhe/Breite: 60–120 cm, aufrecht
Erntezeit: Juli – September
einjähriges Gewürzkraut

➤ **Blüte zieht Schmetterlinge an**

Inhaltsstoffe: Ätherische Öle. **Ernte:** Blätter, ganzes Kraut, halbreife Blütendolden, Samenkörner. **Boden:** Locker, humos, warm. **Anbau:** Ab April Direktaussaat ins Freie, gerne als Folgekultur nach einem Starkzehrer. Mindestens 4 Jahre Anbaupause einhalten! Auch eine Aussaat im Balkonkasten ist möglich. **Pflege:** Dill nicht verpflanzen, da die sehr feinen und stark verzweigten Wurzeln sonst abreißen und die Pflanzen absterben. Gedeiht gut neben Bohnen und Kohl.

Liebstöckel

Levisticum officinale

Höhe/Breite: 150–200 cm/120 cm
Erntezeit: Mai – Oktober
ausdauernde Gewürzstaude

➤ **intensiv aromatisch**

Inhaltsstoffe: Ätherische Öle. **Ernte:** Laufend frische Blätter. **Boden:** Humos, nährstoffreich, tiefgründig. **Anbau:** Ab März ins Freie säen oder selbst geernteten, frischen Samen im August aussäen. Pflanzung im April oder September. Gut geeignet für großen Topf oder Balkonkasten. **Pflege:** Der großen Pflanze genügend Standraum geben. Eine Pflanze ist meist ausreichend; gelegentlich mit einer Kompostgabe versorgen. Gelbe Blätter sind meist ein Zeichen für Nährstoffmangel oder Trockenheit!

Expertentipp
Mit einer Dill-Beisaat zu Möhren und Zwiebeln keimen diese besser.

Expertentipp
Gute Nachbarpflanze zu Estragon. Die Blüte lockt viele Insekten an.

*Wegen ihres geringen Platzbedarfs
lassen sich Würzkräuter auch gut in Töpfen und
Schalen auf Terrasse und Balkon ziehen.*

Majoran
Origanum majorana
Höhe/Breite: 15–30 cm/15–20 cm
Erntezeit: Juni – August
einjähriges Gewürzkraut

➤ **gute Bienenweide**

Inhaltsstoffe: Ätherische Öle (verdauungsfördernd, magenstärkend). **Ernte:** Blätter, ganzes Kraut, halbreife Blütendolden, Samenkörner. **Boden:** Nahrhaft, aber nicht frisch gedüngt, locker, humos, warm. **Anbau:** Aussaat ab März ins Frühbeet, ab Mitte Mai ins Freie. Majoran ist ein Lichtkeimer, daher die Samen nur ganz dünn mit Erde bedecken! Auch eine Aussaat im Balkonkasten ist möglich. **Pflege:** Majoran ist ziemlich frostempfindlich; evtl. mit Vlies schützen!

Petersilie
Petroselinum crispum
Höhe/Breite: ca. 20 cm/20–30 cm
Erntezeit: Mai – November
zweijähriges Gewürzkraut

➤ **sehr lange Keimdauer**

Inhaltsstoffe: Vitamin C, Karotin, Kalzium, Eisen, ätherische Öle. **Ernte:** Laufend frische Blättchen (glatt oder gekraust) von den Blattstielen zupfen. **Boden:** Humos, nährstoffreich, durchlässig, nicht zu trocken. **Anbau:** Aussaat ab März ins Frühbeet, ab Ende April direkt ins Freie. Nicht verpflanzen. Anbaufläche von Jahr zu Jahr wechseln, sonst Wuchshemmung. **Pflege:** Gelegentlich mit einer Kompostgabe versorgen, kann im Winter abgedeckt und dann weiter geerntet werden. Nicht neben Salat setzen!

Winter-/Bergbohnenkraut
Satureja montana
Höhe/Breite: 25–40 cm/30–40 cm
Erntezeit: Juli – September
ausdauernder Halbstrauch

➤ **gute Bienenweide**

Inhaltsstoffe: Ätherische Öle (magenstärkend). **Ernte:** Junge Blätter und Triebspitzen, am aromatischsten kurz vor der Blüte; auch die Blüten sind essbar. **Boden:** Leicht, locker, durchlässig. **Anbau:** Aussaat im Sommer (August) direkt ins Freie. Vermehrung durch Absenker oder Stecklinge im April/Mai. **Pflege:** Gelegentlich mit einer Kompostgabe versorgen. Von Zeit zu Zeit Rückschnitt im Frühjahr vor dem Austrieb um ca. 1/3. Gedeiht gut in Nachbarschaft mit Bohnen.

Expertentipp
Die Wurzeln der Wurzelpetersilie werden im Herbst ausgegraben.

Expertentipp
Einjähriges Bohnenkraut (Satureja hortensis) ab Mai im Freien säen.

Kräuter für die feine Küche

Weitere Kräutersorten

Sorte	Eigenschaften
Kerbel	
'Benarys Krauskopf'	aromatisch, krausblättrig
'Mooskrauser Kerbel'	aromatisch, krausblättrig
Estragon	
'Deutscher Estragon' (Französischer, Echter Estragon)	schwach wachsend, sehr aromatisch, etwas frostempfindlich
'Russischer Estragon'	stark wachsend (bis zu 150 cm), weniger aromatisch, leicht bitter, sehr winterhart

Weitere feine Kräuter

Art	Eigenschaften
Süßdolde *Myrrhis odorata*	ausdauernder Doldenblütler, Stängel, Blätter und Blüten für Desserts und Süßspeisen
Brunnenkresse *Nasturtium aquaticum*	Vitaminreiches, niedriges Wildkraut für sehr feuchte Plätze, frische Blätter für Salate
Duftpelargonie *Pelargonium* sp.	blattduftende Kübelpflanze, die Blätter können zum Aromatisieren von Süßspeisen verwendet werden
Pimpinelle *Sanguisorba minor*	mehrjähriges Würzkraut, das auch im Winter geerntet werden kann, junge Blätter für Suppen und Salate
Tripmadam *Sedum reflexum*	ausdauernde, fleischige Steingarten- und Trockenmauerpflanze, Triebspitzen zum Würzen, scharf, pfeffrig

Bärlauch
Allium ursinum
Höhe/Breite: 30–40 cm/20 cm
Erntezeit: April – Mai
ausdauernde Zwiebelpflanze

➤ **intensives Knoblaucharoma**

Inhaltsstoffe: Lauch- und Senföle, Vitamin C, Mineralstoffe. **Ernte:** Blätter vor der Blüte, Blüten, grüne Samen, junge Zwiebeln. **Boden:** Humos, nährstoffreich, feucht. **Anbau:** Vermehrung durch Zwiebeln, die im August/September gesteckt werden, auch die Teilung älterer Stöcke ist möglich. **Pflege:** Bärlauch ist eine heimische Wildpflanze, die gut an schattigen Plätzen im Garten gedeiht, z.B. unter Hecken und Sträuchern, wo die Pflanzen ungestört wachsen und gedeihen.

Zitronenverbene
Aloysia triphylla/Lippia citriodora
Höhe/Breite: 30–80 cm/20–50 cm
Erntezeit: Juni – September
ausdauernder Aromastrauch

➤ **frostfrei überwintern**

Inhaltsstoffe: Ätherische Öle. **Ernte:** Frische junge Blätter und Triebspitzen, Blütenrispen. **Boden:** Humos, nährstoffreich, tiefgründig. **Anbau:** Vermehrung am besten durch Stecklinge im Mai, die an einem warmen Ort bewurzelt werden. **Pflege:** Im Topf oder Kübel kultivieren, der im Sommer auch im Garten eingesenkt werden kann. Gelegentlich mit einer Kompostgabe versorgen. Kühl (2–6 °C) und hell überwintern (im dunklen Winterquartier verliert die Pflanze das Laub), ab Ende Mai rausräumen, vor dem Ausräumen zurückschneiden.

Expertentipp
Bärlauch zieht nach dem Verblühen ein, d. h., das Laub verschwindet.

Expertentipp
Frische oder getrocknete Blätter für herrlichen Tee mit Zitronenaroma.

Reservieren Sie im Garten
auch ein Plätzchen für »exklusivere« Kräuter
wie Bärlauch oder Estragon.

Kerbel
Anthriscus cerefolium
Höhe/Breite: 25–50 cm, buschig
Erntezeit: Mai – August
einjähriges Gewürzkraut

➤ **nicht kälteempfindlich**
Inhaltsstoffe: Ätherische Öle, Vitamine, Mineralstoffe. **Ernte:** Blätter, ganzes Kraut vor Blühbeginn. **Boden:** Locker, humos, tiefgründig (Wurzeln bis zu 30 cm tief), ausreichend feucht, aber keine Staunässe. **Anbau:** Ab Ende März flach direkt ins Freie aussäen; mehrere Folgesaaten. 2–3 Jahre Anbaupause nach sich selbst und anderen Doldenblütlern einhalten. **Pflege:** Frühe Aussaat und ein etwas halbschattiger und leicht feuchter Standort verzögern die Blüte und verlängern so die Erntephase, gute Zwischenfrucht.

Estragon
Artemisia dracunculus
Höhe/Breite: 60–150 cm/ca. 60 cm
Erntezeit: Juni – August
ausdauernde Gewürzstaude

➤ **ganze Pflanze sehr aromatisch**
Inhaltsstoffe: Ätherische Öle, Bitter- und Gerbstoffe. **Ernte:** Junge Blätter und Triebspitzen (mit Knospen); ab dem zweiten Standjahr mehr Aroma. **Boden:** Humos, nahrhaft, ausreichend feucht, warm. **Anbau:** Aussaat ab Februar ins Frühbeet (Russischer Estragon). Lichtkeimer. Auspflanzen ab Mai. Vermehrung durch Stecklinge oder Teilung (Deutscher/Französischer/Echter Estragon). **Pflege:** Eine Pflanze ist meist ausreichend. In rauen Lagen etwas frostgefährdet (v.a. Deutscher Estragon).

Koriander
Coriandrum sativum
Höhe/Breite: 30–60 cm, aufrecht
Erntezeit: Juni – August
einjähriges Gewürzkraut

➤ **wärmeliebender Doldenblütler**
Inhaltsstoffe: Ätherische Öle, Vitamine, Mineralstoffe. **Ernte:** Frische Blätter und ganzes Kraut vor der Blüte, reife Samenkörner eignen sich gut zum Trocknen und Würzen. **Boden:** Kalkhaltig, leicht, warm. **Anbau:** Ab März Direktsaat in Reihen ins Freie, Keimdauer 2–3 Wochen, ab 15 cm Höhe werden die Pflänzchen vereinzelt. **Pflege:** Eine gelegentliche Kompostgabe und eine leicht kalibetonte Düngung sorgen für gutes Wachstum.

Expertentipp
Gute Nachbarpflanze zu Salat.
Auch für Balkonkasten geeignet.

Expertentipp
Gute Nachbarpflanze zu Liebstöckel.
Leichte Reisig-Abdeckung im Winter.

Expertentipp
Koriander kann gut im Topf oder
Balkonkasten gezogen werden.

Mediterrane Kräuter

Weitere Kräuterarten und -sorten

Sorte	Eigenschaften
Knoblauch	
Schnitt-knoblauch *Allium tuberosum*	Blätter und Blüten werden verwendet, mildes Knoblauch-aroma
Basilikum	
'Cinnamon'	Zimtbasilikum
'Genoveser'	große grüne Blätter
'Großes Grünes Basilikum'	große grüne Blätter
'Lemon'	Zitronenbasilikum
'Opal'	rot blättrig
Lavendel	
'Diamant'	weiße Blüten
'Hidcote Blue'	dunkelblaue Blüten
'Munstead'	hellblaue Blüten, stark wachsend
'Nana Rosea'	rosafarbene Blüten, niedrig wachsend
Rosmarin	
'Arp'	besonders winterhart
Hängender Rosmarin	kriechender Wuchs, zur Bepflanzung von Hängeampeln geeignet
'Rex'	sehr stark wachsend
'Salem'	besonders winterhart
'Veitshöch-heim'	besonders winterhart
Thymian	
'Deutscher Winterthymian'	besonders winterhart
Kriechthymian (Quendel) *Thymus serpyllum*	flach wachsend, als Bodendecker geeignet
Zitronen-thymian *Thymus citriodorus*	kräftiges Zitronenaroma

Knoblauch
Allium sativum
Höhe/Breite: 30–80 cm
Erntezeit: Juli – September
(überwinternde) Zwiebelpflanze

➤ **intensives ätherisches Öl**
Inhaltsstoffe: Ätherische Öle, Mineralstoffe. **Ernte:** Die Zwiebeln ernten, wenn das untere Drittel der Pflanzen gelb wird und sich umlegt. Zum Lagern gut trocknen. **Boden:** Humos, locker, keine nassen, schweren Böden. **Anbau:** Die Zehen der Wintersorten werden im Oktober, Frühjahrssorten im März gesteckt. Anbaufläche von Jahr zu Jahr wechseln, auch keine Zwiebeln oder Schnittlauch im nächsten Jahr auf den Beeten anbauen. **Pflege:** In der Mischkultur ein idealer Partner zu Möhren und Erdbeeren.

Lavendel
Lavandula angustifolia
Höhe/Breite: 30–60 cm/30–60 cm
Erntezeit: Juni – September
ausdauernder Halbstrauch

➤ **für Potpourris, Duftsäckchen**
Inhaltsstoffe: Ätherische Öle. **Ernte:** Junge Blätter und Triebspitzen, Blüten. **Boden:** Locker, humos, warm, möglichst »mager«, leicht kalkhaltig. **Anbau:** Ab März Aussaat ins Frühe, ab Mai kann ins Freie gepflanzt werden. Vermehrung durch Stecklinge von Mai–August. **Pflege:** Lavendel eignet sich auch für Anbau im Topf oder Kübel. Durch Frühjahrsschnitt alle 2–3 Jahre um 1/2–1/3 behält der Strauch eine schöne kompakte Form.

Expertentipp
Ein möglichst trockener Juli bringt besonders schöne Knollen.

Expertentipp
Schön im Steingarten, zu Rosen oder als Beeteinfassung.

Stark duftende mediterrane Kräuter können auch im Staudenbeet oder Steingarten, im Balkonkasten oder Terrakottakübel angebaut werden.

Basilikum
Ocimum basilicum
Höhe/Breite: 20–50 cm, buschig
Erntezeit: Juni – September
einjähriges Gewürzkraut

➤ **ausgesprochen wärmeliebend**

Inhaltsstoffe: Ätherische Öle, Mineralstoffe, Gerbstoffe, Säuren. **Ernte:** Laufend frische junge Blätter und Triebspitzen (am aromatischsten vor der Blüte), Blüten. **Boden:** Humos, sandig-lehmig, warm. **Anbau:** Aussaat ab März auf der Fensterbank oder ins warme Frühbeet. Lichtkeimer. Ab Mitte Mai in Töpfe pikieren oder direkt ins Freie säen (Schneckenschutz!).
Pflege: Sehr empfindlich gegen Nässe und Kälte, sehr schneckenanfällig, daher am besten Anbau in Töpfen und Schalen. Gute Nachbarpflanze zu Tomaten.

Rosmarin
Rosmarinus officinalis
Höhe/Breite: 50–150 cm/20–60 cm
Erntezeit: Mai – September
immergrüner Gewürzstrauch

➤ **frostfrei überwintern**

Inhaltsstoffe: Ätherische Öle, Gerb- und Bitterstoffe. **Ernte:** Blätter, Triebspitzen und Blüten. **Boden:** Durchlässig, leicht, trocken. **Anbau:** Vermehrung am besten durch Stecklinge im Juli/August. **Pflege:** Am besten in großen Topf oder Kübel pflanzen, der im Sommer evtl. auch ins Beet ausgepflanzt werden kann. Kalibetonte Düngung. Nur in sehr milden Gegenden frosthart, ansonsten Überwinterung in einem hellen und kühlen Raum (2–8 °C), ab Mitte Mai wieder rausräumen. Gedeiht gut in der Nachbarschaft von Salbei.

Thymian
Thymus vulgaris
Höhe/Breite: 30–40 cm, buschig
Erntezeit: Mai – September
immergrüner Halbstrauch

➤ **stark aromatisch**

Inhaltsstoffe: Ätherische Öle, Gerb- und Bitterstoffe, Flavonoide. **Ernte:** Junge Triebspitzen und Blätter (am aromatischsten kurz vor der Blüte), Blüten. **Boden:** Steinig oder sandig, trocken, warm, keine Staunässe! **Anbau:** Aussaat ab Februar ins Frühbeet und ab April ins Freie. Lichtkeimer. Vermehrung durch Stecklinge (Mai–August) oder Absenker (April/Mai). **Pflege:** Manchmal nicht ganz winterhart, daher Abdeckung mit Reisig oder Vlies empfehlenswert. Eignet sich gut für Pflanzung in Töpfen und Schalen.

Expertentipp
Es gibt bereits deutlich winterfestere Sorten.

Expertentipp
Schön im Steingarten, an einer Trockenmauer, als Beeteinfassung.

Kräuter mit zierenden Blüten

Borretsch

Borago officinalis

Höhe/Breite: 60–80 cm, buschig
Erntezeit: Juni – September
einjähriges Gewürzkraut

➤ **dekorative blaue Blüten**

Inhaltsstoffe: Mineralstoffe, Vitamin C, Gerb- und Schleimstoffe. **Ernte:** Laufend junge Blätter und Triebspitzen, Blüten auch essbar. **Boden:** Feucht, nährstoffreich, gelegentlich mit einer Kompostgabe versorgen, kalkhaltig. **Anbau:** Ab April Direktaussaat ins Freie. Dunkelkeimer. Nicht zu dicht stehen lassen, da sonst Gefahr von Mehltaubefall! Versamt sich stark von selbst. Gerne als Folgekultur nach einem Starkzehrer. Nicht verpflanzen. **Pflege:** Auch im Balkonkasten, dann allerdings genügend Platz einplanen!

Ringelblume

Calendula officinalis

Höhe/Breite: 15–30 cm, aufrecht
Erntezeit: Juni – Oktober
einjährige Heil- und Teepflanze

➤ **gute Gründüngungspflanze**

Inhaltsstoffe: Ätherische Öle, Saponine, Flavonoide, Gerbstoffe. **Ernte:** Frische Blüten, an sonnigen Tagen ernten. **Boden:** Nährstoffreich. **Anbau:** Aussaat von März–Mai direkt ins Freie. Versamt sich auch stark von selbst. Lichtkeimer. Ab Mai mit 20 cm Abstand verpflanzen. Nicht zu dicht pflanzen, sonst Mehltaubefall! **Pflege:** Auch in Balkonkästen und Schalen, dann eher niedrige Sorten (z.B. 'Fiesta Gitana`) wählen und nicht zu dicht pflanzen!

Ysop

Hyssopus officinalis

Höhe/Breite: 60–100 cm/20–60 cm
Erntezeit: Juli – Oktober
ausdauernder Halbstrauch

➤ **anspruchslos**

Inhaltsstoffe: Ätherische Öle, Gerbstoffe. **Ernte:** Junge Blätter und Triebspitzen kurz vor oder mit der beginnenden Blüte, Blüten auch essbar. **Boden:** Leicht, kalkhaltig, durchlässig, trocken. **Anbau:** Aussaat ab März ins Frühbeet, Pflanzung ab Mitte Mai. Stecklingsvermehrung im Mai/Juni. Auch mit Stauden oder Rosen, als Beeteinfassung, in Töpfen und Kübeln. **Pflege:** Kalkbetonte Düngung, nur wenig Stickstoff, gelegentlicher Schnitt (1/2–1/3) sorgt für eine kompakte Form.

Expertentipp
Gute Nachbarpflanze zu Zucchini.

Expertentipp
Es gibt einfach blühende und gefüllte Sorten.

Diese Kräuter sorgen mit ihrer Blütenpracht sowohl für Farbe im Garten als auch in der Küche – alle Blüten sind dekorativ, essbar und gesund.

Origano, Dost

Origanum vulgare
Höhe/Breite: 30–60 cm, buschig
Erntezeit: Juli – September
ausdauernde Gewürzstaude

➤ **Schmetterlingsmagnet**

Inhaltsstoffe: Ätherische Öle. **Ernte:** Fortlaufend frische Blätter und Triebspitzen, während der Blüte am aromatischsten (dann zum Trocknen ernten), Blüten auch essbar. **Boden:** Trocken, durchlässig, nährstoffarm, kalkhaltig, warm, keine Staunässe. **Anbau:** Aussaat ab Februar im Gewächshaus und ab Mitte Mai mit 25 cm Abstand auspflanzen oder ab April direkt ins Freie. Lichtkeimer. Vermehrung durch Wurzelausläufer oder Stockteilung. **Pflege:** Im Frühjahr Rückschnitt kurz über dem Boden. Flachwurzler.

Gewürztagetes

Tagetes tenuifolia
Höhe/Breite: ca. 25 cm, buschig
Erntezeit: Juni – Oktober
einjährige Sommerblume

➤ **blüht bis zum Frost**

Inhaltsstoffe: Ätherische Öle. **Ernte:** Frische Blüten. **Boden:** Humos. **Anbau:** Aussaat ab April auf der Fensterbank oder ins Frühbeet, ab Mai direkt ins Freie. Gut für Balkonkästen geeignet oder als niedere Beeteinfassung. **Pflege:** Gelegentliche Kompostgabe. Unbedingt vor Schnecken schützen! Regelmäßiges Auszupfen von Verblühtem garantiert eine lange Blütezeit bis zum Frost. Fördert Bodengesundheit und wirkt gegen Wurzelälchen (Fadenwürmer) und Bodenmüdigkeit. Im Herbst Samen abnehmen.

Kapuzinerkresse

Tropaeolum majus
Höhe/Breite: 25–300 cm
Erntezeit: Juni – Oktober
einjährige Sommerblume

➤ **zum Beranken von Zäunen**

Inhaltsstoffe: Ätherische Öle. **Ernte:** Frische junge Blätter vor der Blüte, auch Blüten, geschlossene Knospen (als Kapernersatz), unreife (grüne) Samen. **Boden:** Sandig-lehmig, kalkhaltig, mager, warm. **Anbau:** Aussaat ab April auf der Fensterbank oder von Ende April bis Anfang Mai direkt ins Freie. Gut in Kübeln oder Balkonkästen, zur Berankung von Zäunen und Rankgittern, auf Baumscheiben. **Pflege:** Im Sommer ausreichend wässern. Lockt Kohlweißlingsraupen und Läuse vom Gemüse weg.

Expertentipp
Gedeiht gut im Staudenbeet, im Steingarten, in Töpfen und Kübeln.

Expertentipp
Schöne Sorten sind 'Red Gem', 'Orange Gem', 'Lemon Gem'.

Expertentipp
Niedrige, buschige, rankende und gefleckt-blättrige Sorten.

Kräuter für Tees und Heilzwecke

Weitere Heilkräutersorten

Sorte	Eigenschaften
Zitronenmelisse	
'Limoni'	Auslese mit besonders intensivem Zitronenaroma, Blüte weiß-rosa
Pfefferminze	
Fruchtminzen *Mentha* x *piperita* var. *citrata*	mit Orangen-, Zitronen-, Bergamotte-Aroma, relativ trockenheitsverträglich
'Mitcham'	klassische englische Teeminze mit intensivem Menthol-Aroma, schwach wachsend
'Multimentha'	sehr aromatische Teeminze, robust, ertragreich
Salbei	
'Berggarten'	breite Blätter, gedrungener, kompakter Wuchs, schön buschig
'Purpurascens'	rotblättrig, mit blauen Blüten, sehr dekorativ
'Tricolor'	Laub dreifarbig: gelbgrün, graugrün, rosafarben, mit lilablauen Blüten, sehr dekorativ

Weitere Heilkräuter

Wermut *Artemisia absinthium*	ausdauernde Staude, graulaubig, sehr dekorativ, sehr bitter, Blätter und Triebe für Tee zur Magenstärkung
Fenchel *Foeniculum vulgare*	zweijähriger Doldenblütler, sehr dekorativ, Früchte/Samen für Tee gegen Husten und Bauchschmerzen
Indianernessel *Monarda didyma*	rot blühende Sommerstaude, Blüten geben dem Tee ein Earl-Grey-Aroma
Goldrute *Solidago virgaurea*	schöne, gelb blühende Sommerstaude, Blüte und Triebspitzen für eine harntreibende Teemischung

Kamille
Chamomilla recutita
Höhe/Breite: 20–50 cm, buschig
Erntezeit: Mai – Juni
einjähriges Heilkraut

➤ anspruchslos
Inhaltsstoffe: Ätherische Öle, Flavonoide. **Ernte:** Blüten (mit den obersten Blättchen) 3–4 Tage nach dem Aufblühen. **Boden:** Nährstoffarm, mager, warm, trocken. **Anbau:** Am besten ist eine Direktaussaat im August/September in Reihen mit ca. 30 cm Abstand. Lichtkeimer, daher die Saat nicht mit Erde bedecken. Keimung innerhalb einer Woche. Die Jungpflanzen überwintern und liefern im folgenden Jahr eine reiche Blütenernte. **Pflege:** Kann auch gut in Töpfen und Schalen ausgesät werden.

Johanniskraut
Hypericum perforatum
Höhe/Breite: 30–100 cm/20–40 cm
Erntezeit: Juni – August
ausdauernde Heilpflanze

➤ schöner Hochsommerblüher
Inhaltsstoffe: Ätherische Öle, Gerbstoffe, Flavonoide. **Ernte:** Oberste Triebspitzen mit kleinen Blättchen, Blütenknospen und gerade aufgeblühten Blüten. **Boden:** Locker, warm, trocken. **Anbau:** Samen keimen sehr unregelmäßig, Zukauf von Jungpflanzen ist besser. Auspflanzung ab Mai mit 35 cm Pflanzabstand. Vermehrung durch Teilung älterer Pflanzen im Herbst. **Pflege:** Als ausdauernde Pflanze gut im Staudenbeet mit anderen Sommerblühern, z.B. Salbei, Goldrute, Indianernessel. Auch im Topf oder Kübel.

Expertentipp
Echte Kamille hat einen kleinen Hohlraum innen im Blütenboden.

Expertentipp
Die Blüten des Echten Johanniskrauts färben beim Zerreiben violett.

Tee aus dem eigenen Garten, bei Husten, Schnupfen, Heiserkeit oder als belebende Erfrischung – pflanzen Sie sich die geeigneten Kräuter dazu an!

Zitronenmelisse

Melissa officinalis
Höhe/Breite: 50–100 cm/50–60 cm
Erntezeit: Juni – August
ausdauernde Heilpflanze

➤ **für den zitronigen Teegenuss**
Inhaltsstoffe: Ätherische Öle. **Ernte:** Frisch: Blätter und Triebspitzen fortlaufend ernten; zum Trocknen: vor Blühbeginn. **Boden:** Locker, tiefgründig (Wurzeln bis 30 cm tief), humos, nährstoffreich, warm, nicht zu trocken. **Anbau:** Aussaat ab Februar/März im Gewächshaus, ab Mai auspflanzen oder Jungpflanzen kaufen (Pflanzabstand 30 cm). Vermehrung durch Teilen großer Pflanzen. Ca. alle 4 Jahre den Standort wechseln. **Pflege:** Gelegentliche Kompostgaben, mulchen. Auch im Staudenbeet, Topf und Kübel.

Pfefferminze

Mentha x *piperita*
Höhe/Breite: 50–80 cm/20–40 cm
Erntezeit: Juni – August
ausdauernde Heilpflanze

➤ **intensives Menthol-Aroma**
Inhaltsstoffe: Ätherische Öle. **Ernte:** Fortlaufend frische Blätter und Triebspitzen bis kurz vor der Blüte. **Boden:** Humos, leicht, feucht. **Anbau:** Echte Pfefferminze ist steril, daher Kauf von Jungpflanzen (Abstand 30 cm). Vermehrung durch Wurzelausläufer oder Teilung im Frühjahr. **Pflege:** Gelegentliche Kompostgabe. Bei Rostpilzbefall Rückschnitt, bei ständigem Befall oder Schwachwüchsigkeit Anbauplatz wechseln. Stark wuchernd, daher evtl. Wurzelsperre einbauen. Auch gut im Topf oder Kübel.

Salbei

Salvia officinalis
Höhe/Breite: 30–80 cm/30–80 cm
Erntezeit: Juni – September
ausdauernder Halbstrauch

➤ **auch schön im Ziergarten**
Inhaltsstoffe: Ätherische Öle, Gerbstoffe. **Ernte:** Fortlaufend frische junge Blätter und Triebspitzen (am aromatischsten kurz vor der Blüte), Blüten. **Boden:** Trocken, durchlässig, kalkhaltig. **Anbau:** Ab Februar Aussaat im Gewächshaus oder ab Mai direkt ins Freie. Jungpflanzen ab Mai mit 30 cm Abstand pflanzen. Vermehrung durch Stecklinge im Sommer. **Pflege:** Gelegentlich mit Kompost und Kali düngen. Rückschnitt im Frühjahr auf 1/2–1/3, um die Pflanze kompakt zu halten. Auch gut im Steingarten, Topf oder Kübel.

Expertentipp
In rauen Lagen gelegentliche Ausfälle im Winter möglich.

Expertentipp
Gute Nachbarpflanze zu Tomaten, Salat, Möhren.

Expertentipp
Gute Nachbarpflanze zu Bohnen, Erbsen, Möhren, Fenchel, Kohl.

Mit Obst, Gemüse u

nd Kräutern gestalten

Mit Obst, Gemüse und Kräutern gestalten

Grundlagen der Gestaltung
Seite 140 – 145

Obstgärten gestalten
Seite 146 – 153

Kräuter- und Gemüsegärten gestalten
Seite 154 – 177

Grun

dlagen der Gestaltung

*Gartengestaltung gilt auch für den Obst-
und Gemüsegarten. Peppen Sie »nützliche« Gartenteile
mit einer ansprechenden Gestaltung auf!*

Vielleicht denken Sie beim Begriff »Nutzgarten« auch an gleichförmige Gemüsebeete und ordentliche Reihen von Obstbäumen? Nützlich zwar, aber auch etwas langweilig? Das muss nicht so sein! Auch Obst- und Gemüsegärten können verschiedenen Stilrichtungen entsprechend angelegt und bepflanzt werden, können entweder so gestaltet werden, dass sie zum Stil des übrigen Gartens passen oder aber einen Blickfang bilden.

Nostalgisch, naturnah, romantisch?

Finden Sie als Erstes heraus, was Ihren Vorlieben entspricht, was am besten zum Haus und zu bestehenden Gartenteilen passt. Wollen Sie eine formale Gestaltung im Stil eines Bauerngartens mit niedrigen Hecken und Spalierobst? Einen eher mediterranen Garten mit entsprechenden Accessoires und ausgesuchten Pflanzen? Oder vielleicht einen naturnah gestalteten Garten mit Wildobststräuchern, Heilkräuterecke und Hügelbeet? Auch wenn der Nutzaspekt überwiegen soll, muss der Zieraspekt nicht zu kurz kommen.

Strukturen und Farben

Jeder Einzelpflanze kommt im Gesamtkonzept eine bestimmte Aufgabe zu. Größe, Form, Farbe und besondere Strukturen sind wichtige Kriterien, nach denen Sie Pflanzenarten und -sorten auswählen, wenn Sie sie unter dem Gesichtspunkt einer harmonischen Gestaltung betrachten. Mittlerweile ist auch das Gemüse- und Nutzpflanzensortiment so vielfältig, dass Sie unter Ihren kulinarischen Favoriten durchaus entsprechende Sorten auswählen können, die sich z.B. auch farblich in eine bestimmte Gestaltungsidee einfügen. Buntblättrige Kräuter- und Gemüsesorten, Obst- und Gemüsearten mit farbenprächtigen Früchten oder leuchtender Herbstfärbung eignen sich auch besonders gut für Mischformen aus Zier- und Nutzgarten. Mit einigen ausgewählten Sommerblumen vervollkommnen Sie solche Arrangements. Die farblichen Schwerpunkte oder Kombinationen können Sie von Jahr zu Jahr variieren, was dem Garten immer wieder ein neues Gesicht verleiht.

*Ringelblumen und Dill –
eine gelungene Kombination von
Schönem und Nützlichem.*

Verschiedene Stilrichtungen

Wie in Haus und Wohnung wird auch in der Gestaltung des Gartens ein bestimmter Stil ausgedrückt. Werden Sie sich im vorhinein darüber klar, was Ihnen am besten entspricht: Klare Formen, verspieltes Zubehör oder wuchernde Wildnis?

Klassisch schön & praktisch

Eine klassische Gestaltungsvariante, auf die immer wieder gerade beim Nutzgarten gern zurückgegriffen wird, ist die Anordnung von Kräuter- und Gemüsebeeten nach dem Vorbild eines Bauerngartens.

Diese formale Gestaltung eignet sich besonders für nicht ganz so große Gärten, weil alle Pflanzen ihren klar umgrenzten Platz zugewiesen bekommen. In einer zeitgemäßen Variante setzen Sie die Gemüsearten nach dem Prinzip der Mischkultur (→ Seite 18/19) zusammen, das ist einerseits förderlich für die Pflanzengesundheit, andererseits aber auch äußerst attraktiv (→ Seite 166/167).

Gewürz-, Tee- und Heilkräuter fühlen sich auf einem eigenen, buchsumrandeten Beet wohl. Und an den Zaun, der das ganze Ensemble stilecht einfasst, pflanzen Sie Beerenhochstämmchen oder ein Apfelspalier.

Diese Art Garten wirkt in erster Linie durch deutlich voneinander abgegrenzte Flächen und Räume, durch eine klare Wegeführung und nostalgi-

sche Accessoires wie zum Beispiel Buchshecken, Rosenhochstämmchen, Gartenkugeln, alte Metall- oder Stakenzäune u. ä.

Üppig & wüchsig

Sie hätten es lieber weniger formal, dafür etwas »wildwüchsiger«? Und genügend Platz haben Sie sowieso? Suchen Sie sich eine möglichst sonnige Ecke für ein vielfältiges Küchen- und Heilkräuterbeet, lassen Sie besonders attraktive Blüher unter den Kräutern einen Platz im Staudenbeet finden, und entscheiden Sie sich bei Ihren Lieblingsgemüsen für möglichst farbenfrohe Sorten (→ Seite164/165). Oder Sie erleichtern sich Hacken, Jäten und Gießen, indem Sie Ihr Gemüse leicht erhöht auf ein pflegeleichtes Hoch- oder Hügelbeet (→ Seite 168–

Kräuter und Buchs

Die einfachste Möglichkeit, einen formalen Garten zu gestalten, sind Buchseinfassungen.

171) setzen, das allein schon durch seine Form wie ein kleines Gartenkunstwerk für sich wirkt. Im größeren Garten sieht eine ganze Gruppe solcher Beete – jedes farblich etwas anders bepflanzt – sehr ansprechend aus.

Lebensgefühl »Garten«

Wenn Sie einen ganz bestimmten »Gartentraum« haben, eine spezielle Stimmung, die Sie mit dem Aufenthalt in Ihrem Garten verbinden oder verstärken möchten, dann können Sie auch das mit der entsprechenden Gestaltung Ihres Kräuter-, Obst- und Gemüsegartens erreichen. So müssen Sie zum Beispiel mit dem »Traum vom Süden« nicht unbedingt auf den nächsten Urlaub warten – schaffen Sie sich mit aromatischen Kräutern, südländischen Gemüsearten und bepflanzten Terrakottagefäßen Ihr eigenes mediterranes Ambiente (→ Seite 172/173). Dazu passen auch ein lauschiger Sitzplatz an einem Wein- oder Kiwispalier oder süße Pfirsiche, die an einer warmen Hauswand hervorragend gedeihen und sowohl blühend als auch Frucht tragend einen wunderschönen Blickfang darstellen.

Eine romantische Gartenstimmung erzielen Sie, wenn Sie stark duftende und aromatische Kräuter an Sitzplätzen oder zentralen Gartenpunkten pflanzen, begleitet von duftenden Rosen und anderen passenden Nach-

Ursprünglichkeit und reiches Wachstum assoziiert man bei einem so prachtvollen Bauerngartenbeet.

barn (→ Seite 160/161). Auch ein Gemüsebeet, durchsetzt mit farblich abgestimmten Zierpflanzen oder Sommerblumen, verbreitet ein fröhliches und heiteres Flair, das zum genauen Hinschauen und Verweilen einlädt.

Kräuter in der Spirale

Diese bekannte und beliebte Sonderform des Kräuteranbaus (→ Seite 162/163) passt fast in jeden Garten. Seien Sie großzügig mit Platz und Material, damit Ihr Kräuter-Stein-Kunstwerk nicht zu klein ausfällt, denn je größer es ist, um so besser kommt es zur Geltung. Vielleicht wollen Sie am unteren Ende der Spirale sogar noch ein flaches Wasserbecken für feuchtigkeitliebende Kräuter wie zum Beispiel Wasserminze und Brunnenkresse integrieren? Bereits mit ganz kleinen Wasserflächen schaffen Sie ein zusätzliches belebendes und auflockerndes Element in Ihrem Garten.

Der mobile Topfgarten

Mit Pflanzen in Kübeln, Kästen und Töpfen (→ Seite 176/177) sind Sie im Garten, auf Balkon und Terrasse gestalterisch außerordentlich flexibel. Besonders Wärme liebende Gemüse und Kräuter sind oft mit einem geschützten Terrassenplatz im Topf zufriedener als mit einer kühlen Ecke im Garten. Nutzen Sie außerdem kleine Bäume und Sträucher im Kübel als mobile, wandelbare Gestaltungsressource.

Farben, Formen und Texturen

Wenn wir einen schönen Garten, einen auffälligen Gartenteil oder auch nur ein einzelnes, ansprechend arrangiertes Beet betrachten, sind es in erster Linie die Farben, die auf uns wirken. Mal bunt gemischt, mal farblich abgestuft, mal Ton-in-Ton – je nach Gestaltungsvorliebe immer ein wenig anders.

Grün ist nicht gleich Grün

Die vorherrschende Farbe im Garten ist das Grün der Blätter, ganz besonders natürlich in einem Nutzgarten, der normalerweise nicht mit der bunten Blütenfülle eines reinen Ziergartens mithalten kann. Jedoch auch Grün ist nicht gleich Grün. Graugrün von Lavendel, Salbei und Wermut, Gelbgrün von Chicorée und Endivie, Hellgrün von Salat, Möhren und Fenchel, Dunkelgrün von Mangold und Spinat, Blaugrün von Grünkohl und Weinraute – alle diese verschiedenen Abstufungen und Nuancen konkurrieren nicht etwa miteinander, sondern sorgen gemeinsam für ein harmonisches und vielfältiges Gartenbild.

Blüten und Früchte bringen Farbe

Farbe in den Nutzgarten bringen aber in erster Linie Blüten und Früchte. Auffällige bunte Blüten finden sich im Nutzgarten meist nicht ganz so viele, Früchte dagegen eine ganze Menge.
➤ Eine Möglichkeit, die »Blütenquote« im Kräuter- und Gemüsegarten zu steigern, ist die Verwendung von ausgesprochenen Blütenkräutern wie Borretsch, Lavendel, Origano, Kapuzinerkresse, Ringelblume und Ysop.
➤ Einen zusätzlichen Farbaspekt liefern Gemüse, Obst und Kräuter, die mit ihren Blättern »Farbe bekennen«. Denken Sie nur an die rotblättrigen

Hier wurde nicht nur mit Farbe, sondern auch mit Formen gestaltet.

Gewächse wie Bronzefenchel, Purpurbasilikum, Rote Gartenmelde, Rotstieliger Mangold, Rotkohl und herbstfärbende Beerensträucher, oder an Pflanzen mit weiß- und gelb-buntem Laub (zum Beispiel bestimmte Sorten von Melisse, Minze oder Salbei).
➤ Und schließlich sind da noch die farbenfrohen Früchte von typischem Sommergemüse wie Bohnen, Kürbis, Tomaten, Zucchini & Co. Sie liefern nicht nur leckere Geschmackserlebnisse, sondern auch kräftige und leuchtende Farben für verschiedene Gestaltungsideen.

Farben gezielt verwenden

Wenn Ihnen eine Ton-in-Ton-Pflanzung am besten für Ihren Garten geeignet erscheint, wählen Sie Rot oder Gelb, weil Sie damit im Gemüse- und Kräutersortiment eine große Auswahl haben. Sie können sich allerdings auch schwerpunktmäßig auf die Kombination von Komplementärfarben wie Rot und Grün oder Blau und Gelb/Orange verlegen. Schließlich gibt es noch die beliebte und bewährte Möglichkeit der Farbverläufe. Das bedeutet, dass gemischte Beete, die uns besonders gelungen erscheinen, oft nicht nur einfach »bunt« sind, sondern der Farbstaffelung einer Palette folgend von Gelb über Orange zu Hell- und Dunkelrot bepflanzt sind. Mit Dill, Johanniskraut, Kapuzinerkesse, Kürbis, Paprika, Ringelblume, Tomaten, gelbblättrigem Salbei, verschiedenfarbigen Stachel- und Johannisbeersorten könnten Sie zum Beispiel eine solche harmonische Farbabfolge erreichen.

Formen, die sich ergänzen

Neben der Farbe ist die Form einer Pflanze ein ganz entscheidendes Kriterium bei der Gestaltung. Eine durchdachte Mischung von breit niederliegenden und aufrecht wachsenden

Wer hätte gedacht, dass Gemüse neben reinen Zierpflanzen so dekorativ wirken kann?

Pflanzen, von runden und schmalen Pflanzenformen, von eintriebig und buschig wachsenden Arten erzeugt sowohl Harmonie als auch Spannung im Gesamtausdruck einer Pflanzung. Gerade im Gemüsebeet bietet sich eine außergewöhnlich große Auswahl an verschiedenen Wuchsformen: Kohl- oder Salatköpfe und Porree, Spitz- und Weißkraut, Zucchini und Mais, Stangenbohnen und Einlegegurken sind so unterschiedlich geformt, dass ein gestaltetes Miteinander auf einem Beet oder einer Pflanzfläche abwechslungsreich und ansprechend wirkt. Das Prinzip der Mischkultur, das im naturgemäßen Gartenbau aus Gründen des Pflanzenschutzes und zum Wohle der Pflanzengesundheit entwickelt wurde, fördert die Zusammenstellung verschiedener und verschieden geformter Pflanzenarten und liefert so ein wunderbares Beispiel dafür, dass ein Gemüse- und Nutzgarten schön, nützlich und sogar naturgemäß sein kann.

Verschiedene Texturen

Wenn Sie sich die Gemüse- und Kräuterpflanzen auf einem Beet einmal genauer ansehen, wird Ihnen auffallen, dass sie sich nicht nur in Farbe und Form unterscheiden, sondern auch verschiedene Texturen, das heißt Oberflächenbeschaffenheiten von Blättern, Blüten und Früchten aufweisen: Glatte Tomaten hängen neben runzligen Warzenkürbissen, glänzende Mangoldblätter stehen neben rauhaarigem Borretsch, schirmartiger Rhabarber thront neben zartem Möhrenlaub.

Machen Sie sich diese Vielfalt im Pflanzenreich zu Nutze, indem Sie bewusst Grobes mit Feinem, Raues mit Weichem und Wolligem, Glattes mit Haarigem kombinieren.

Obstgärten gestalten

Ob Hochstamm, Halbstamm, Busch- oder Spalierbaum – die verschiedenen Obstbaumformen bieten viele Gestaltungsmöglichkeiten.

Auf Grund ihrer Dimension bilden Bäume und Gehölze in der Regel das Grundgerüst verschiedener gärtnerischer Gestaltungen.

Mit Bäumen Akzente setzen

Als Schattenspender, als »grüner Schirm« eines Sitzplatzes oder als Mittelpunkt eines Beetes oder einer Pflanzung haben Obstbäume ihren großen Auftritt. Im kleineren Garten können Spalierbäume für eine Begrünung von Wänden und Mauern sorgen oder als »lebende grüne Zäune« zugleich Blickfang und Begrenzung sein.

Sträucher im Garten

Bei geringem Platzangebot können Sie kleinere Obstspalierbäumchen oder Beerensträucher als Gestaltungselement einsetzen. So betonen Beerensträucher zum Beispiel einen Beetmittelpunkt – vor allem in Form von Hochstämmchen – oder umranden als niedere Hecke Gemüse- oder Blumenbeete.

Hecken und Sträucher können als »Raumteiler«, grüne Begrenzungen oder ruhiger Hintergrund für eine vielgestaltige und abwechslungsreiche Pflanzung eingesetzt werden.

Haben Sie genügend Gartenraum zur Verfügung, dann pflanzen Sie auf jeden Fall einige Wildobststräucher, die mit Blüte, Fruchtschmuck und Herbstfärbung sehr schöne Akzente setzen!

Obstgehölze im Topf

Nicht zuletzt lassen sich mit Beerensträuchern, kleinen Obstbaumformen oder Spalierbäumen in – ausreichend großen – Pflanzgefäßen auch auf Balkon und Terrasse ansprechende und stimmungsvolle Gestaltungsideen planen und verwirklichen.

Auch wenn Sie die Standorte von solchen Gehölzen in Töpfen und Gefäßen nicht ständig verändern sollten, steht Ihnen mit dieser Variante gewissermaßen »mobiles Grün« zur Verfügung. Für ein Terrassenfest, eine »Salatparty« oder einen sommerlichen Grillabend können Sie Ihre Bäumchen und Sträucher im Kübel auch kurzfristig einmal umdekorieren und spontan ein verändertes Ambiente schaffen.

Beerenhochstämmchen sind ideale Gestaltungselemente – im Garten wie auch im Kübel.

Spalierobst im Garten

Kurzinformation

Obstsorten für Spaliere an Süd- und Ostwänden

Aprikosen (im Frühjahr Sonnenschutz geben; treiben und blühen sonst zu früh!): 'Mombacher Frühe', 'Nancy-aprikose', 'Ungarische Beste'
Birnen: 'Alexander Lucas', 'Edelcras-sane', 'Gräfin von Paris', 'Madame Verté', 'Triumph aus Vienne'
Kiwis: 'Bruno', 'Weiki'
Pfirsiche: 'Dixired', 'Früher Roter Ingelheimer', 'Kernechter vom Vorge-birge'
Sauerkirschen: 'Schattenmorelle'
Wein: 'Blauer Portugieser', 'Boskoop's Glorie', 'Dornfelder', 'Königin der Weingärten', 'Muskat Bleu', 'Phoenix', 'Regent', 'Roter Gutedel', 'Weißer Gut-edel'

Obstsorten für Wandspaliere an Westwänden

Frühe Birnensorten: 'Bunte Julibirne', 'Frühe aus Trévoux', 'Stuttgarter Geißhirtle', 'Williams Christbirne'

Obstsorten für freistehende Spaliere

Äpfel: 'Champagnerrenette', 'Cox Orange', 'Idared', 'Ingrid Marie'

Spalierobst für alle Fälle

Spalierbäume machen kahle und unattraktive Wandflächen lebendig und langweilige Zäune werden zum grünen Schmuckstück. Verschiedene Gartenräume erhalten durch eine blühende und fruchtende Spalierobstreihe eine lockere Abgrenzung, die auch im kleineren Garten untergebracht werden kann, da sie in der Tiefe nicht so viel Platz braucht wie eine Hecke. Im Frühling sind Wände und freistehende Spalierreihen mit einer Fülle zarter und duftender Blüten überzogen, im Sommer verschwinden unschöne Mauern unterm Grün und selbst die schmalen freien Spalierreihen bieten einen Sichtschutz. Zur Erntezeit werden dann die verschiedenfarbigen Früchte noch mal zum Blickfang, und wenn Sie sich für ein Wein-Spalier entschieden haben, bekommen Sie als Zugabe sogar noch ein Farbenspektakel in herbstlichem Rot.

Sie können Spalierbäume bis zu einer Höhe von 2–2,5 m ziehen. Bedenken Sie jedoch bei der Höhe und auch bei einer Pflanzung am Zaun, dass Sie für Pflege- und Erntemaßnahmen noch einen guten Zugang zu allen Seiten der Bäume haben müssen.

Mit Obstspalieren schlagen Sie zwei Fliegen mit einer Klappe: eine ansprechende Gestaltung und schmackhafte Früchte!

Fruchtige Wandverschönerung

Besonders wärmebedürftige Obstarten wie z. B. Birne liefern in klimatisch nicht so begünstigten Gegenden oft nur am Spalier süße und zahlreiche Früchte. Fixieren Sie mit Hilfe eines an der Wand angebrachten Lattengerüsts die Triebe in der Waagerechten. Besonders attraktiv wirken kunstvolle Spaliererziehungsformen, bei denen die Äste fächerartig oder exakt kandelaberartig an den Wänden emporgeleitet werden. Sie brauchen natürlich für eine solche Formierung etwas mehr Zeit und ein gewisses Geschick, aber die Mühe lohnt sich. Sogar im Winter, in der »blattlosen« Zeit, kommt ein solches Spalier so richtig zur Geltung!

Obstspalier als »Raumteiler«

Wo keine absolut dichte Hecke oder Sichtschutzwand stehen soll oder aus Platzgründen stehen kann oder »offene Grenzen« zwischen Grundstücken nicht mit Zäunen abgegrenzt werden, erfüllt ein freistehendes, relativ flaches Obstspalier hervorragend den Zweck eines »grünen Raumteilers«. Obstarten, die nicht ausgesprochen viel Wärme brauchen, z.B. Äpfel, wachsen sogar besser an einem freistehenden Spalier als an einer Wand. Das warme und geschützte Kleinklima eines Wandspaliers würde in diesem Fall eher zu einem verstärkten Schädlingsbefall führen.

Spalierobst im Topf

Mit kleinen Spalierobstbäumen im Topf können Sie auch auf Balkon oder Terrasse einen lockeren Sichtschutz bilden oder Räume unterteilen. Am besten verwenden Sie ein in der Baumschule bereits »formiertes«, d.h. in Spalierform gezogenes Bäumchen. Setzen Sie es in einen ausreichend großen und stabil stehenden Topf oder Kübel, und sorgen Sie für einen guten Wasserabzug, dann können Sie den kleinen Obstbaum auch problemlos an seinem Standplatz überwintern.

Expertentipp
Halten Sie mit dem Spaliergerüst mindestens 10 cm Abstand zur Wand!

Expertentipp
Pflanzen Sie verschiedene Apfel-Sorten in einer Spalierreihe.

Expertentipp
Spaliergerüst am besten mit in den Topf oder Kübel stecken.

Beerensträucher im Garten

Kurzinformation

Beerenobst-Hochstämme

Weiße Johannisbeeren: 'Weiße Versailler'
Rote Johannisbeeren: 'Heinemanns Rote Spätlese', 'Rote Vierländer'
Schwarze Johannisbeeren: 'Ometa', 'Rosenthals Langtraubige Schwarze'
Gelbe Stachelbeeren: 'Risulfa'
Grüne Stachelbeeren: 'Invicta'
Rote Stachelbeeren: 'Remarka'

Beerenobst für flache Spaliere

Brombeeren: 'Black Satin', 'Theodor Reimers', 'Thornfree'
Taybeeren
Kiwi: 'Bruno', 'Weiki'
Wein: 'Blauer Portugieser', 'Boskoop's Glorie', 'Königin der Weingärten', 'Regent', 'Roter Gutedel', 'Weißer Gutedel'

Beerenobst als Bodendecker oder Unterpflanzung

Erdbeeren: 'Elvira', 'Evita', 'Korona', 'Mrak' (2x tragend), 'Senga Sengana', 'Thuriga' (2 x tragend)
Heidelbeeren: 'Berkeley', 'Bluecrop'
Monatserdbeeren: 'Alexandria', 'Falstaff' (gelbe Früchte)
Preiselbeeren: 'Erntesegen', 'Koralle'
Walderdbeeren (Fragaria vesca)

Hochstämme setzen Grenzen

Alle Johannisbeer- und Stachelbeersorten bekommen Sie im Fachhandel nicht nur als von der Basis her verzweigte Sträucher, sondern auch als kleine Hochstämmchen. Diese lassen sich auf begrenztem Gartenraum wesentlich leichter unterbringen als die oft ausladenden Sträucher und stellen zugleich attraktive Blickfänge dar (siehe Bild). Zusätzlich bringt die Hochstammform auch eine wesentliche Erleichterung bei den anfallenden Pflege- und Erntearbeiten.

Pflanzen Sie verschiedene Beerenstämmchen entlang von Zäunen oder auch als Umgrenzung Ihres Gemüse- oder Kräutergartens. Langweilige oder unschöne Draht- oder Lattenzäune bekommen so ein neues »Gewand« verpasst. Handwerklich schön gestaltete Zäune werden durch die kleinen Hochstämme betont, aber nicht komplett verdeckt.

Mischen Sie Sorten mit verschiedenen Fruchtfarben und Reifezeiten. So erhalten Sie zum einen zur Erntezeit ein besonders leuchtendes Gartenbild, zum andern sind etwas unterschiedliche Reifezeiten auch von Vorteil bei der Ernte, wenn Sie nicht alle Beeren zum selben Zeitpunkt ernten und verarbeiten müssen.

Mit seinen unterschiedlichen Wuchsformen lässt sich Beerenobst im Garten auch hervorragend als Gestaltungselement einsetzen.

Beeren am Spalier

Obst- und Beerenarten, die von rankendem, schlingenden oder kletterndem Wuchs sind, eignen sich optimal zum Bewachsen von Rankgerüsten, Spalieren und Pergolen. Pflanzen Sie an einen Freisitz neben Kletterrosen eine – dornenlose – Brombeere, dann genießen Sie neben Duft und Blütenfülle im Frühling auch noch süße Früchte im Herbst – einfach zum Naschen vom Strauch! Auch Sichtschutzwände an Terrassen und Sitzplätzen bekommen mit rankenden Beersträuchern einen grünen und fruchtenden Bewuchs.

Hochstämmchen als Blickfang

Hochstämmchen von Johannis- oder Stachelbeeren eignen sich auch hervorragend, um gestalterische Akzente in bestimmten Gartensituationen zu setzen. Ein kleines Stauden oder Frühlingsbeet, ein Rondell in der Mitte eines Gemüse- oder Bauerngartens, ein mit Buchs eingefasstes Kräuterbeet oder auch ein Gemüsegärtchen auf kleinstem Raum – überall können Sie mit einem Beeren-Hochstamm als Mittelpunkt eine kleine Gartenecke zu einem gelungenen Ensemble verwandeln. Eine bodendeckende Unterpflanzung aus Erdbeeren verbindet das Schöne mit dem Nützlichen.

Johannisbeerhecke in V-Form

Eine reizvolle Möglichkeit für eine schmale Obsthecke ergibt sich, wenn Sie eine ganze Reihe von Johannisbeersträuchern an einem Gerüst (hier aus Pfählen mit Spanndrähten) pflanzen, an denen die Triebe dann V-förmig gezogen werden.

Beeren im bunten Herbstlaub

Auch beim Beerenobst gibt es attraktive Herbstfärber wie z.B. Heidelbeeren. Am Rand eines Gemüsegartens oder in ein Moorbeet gepflanzt, bringen sie im Herbst mit ihrem gelbroten Laub zusätzliche Farbe aufs Beet.

Wildobst im Garten

Kurzinformation

Geeignete Sträucher für eine gemischte Wildobsthecke

Felsenbirne (Amelanchier canadensis)
Hasel (Corylus avellana)
Holunder (Sambucus nigra)
Kornelkirsche (Cornus mas)
Weißdorn (Crataegus laevigata)
Wildrosenarten (z.B. Rosa canina, Rosa glauca, Rosa hugonis, Rosa x foetida 'Bicolor')

Geeignete Sträucher für eine einheitliche Wildobsthecke

Hasel (Corylus avellana)
Kartoffelrose (Rosa rugosa)
Weißdorn (Crataegus laevigata)
verschiedene Wildrosenarten (z. B. Rosa canina, Rosa glauca, Rosa hugonis, Rosa x foetida 'Bicolor')

Geeignete Wildobstarten als freistehende Bäume

Eberesche (Sorbus aucuparia)
Holunder (Sambucus nigra)
Mehlbeere (Sorbus intermedia)
Mispel (Mespilus germanica)
Pflaumendorn (Crataegus x prunifolia)
Scharlachdorn (Crataegus coccinea)
Wildapfel (Malus silvestris)

Hier gibt's was auszuhecken ...

Eine gemischte Wildobsthecke ist ein Schmuckstück für jeden Garten – sofern Sie Platz für eine Heckenbreite von 2–2,5 m zur Verfügung haben. Schon im zeitigen Frühjahr beginnen Kornelkirsche und Haselsträucher mit ihrer zarten Blüte, gefolgt von Felsenbirne und verschiedenen Wildrosenarten. Holunder und Weißdorn verlängern die Blütezeit einer solchen Hecke schließlich bis in den Frühsommer hinein. Die verschiedenen Laubstrukturen und -färbungen verleihen einer solchen Hecke über den Blütenaspekt hinaus ein lebendiges und abwechslungsreiches Aussehen.

Schließlich erscheinen vom Spätsommer bis zum Herbst die verschiedenen Früchte, die dem Garten leuchtende Farbtupfer aufsetzen. Darüber hinaus warten auch einige der Wildobststräucher mit einer roten oder gelben Herbstfärbung auf (z.B. Felsenbirne, Scharlachdorn). Rund ums Jahr sorgt eine Wildobsthecke für Abwechslung, Farbe und attraktive Blickfänge. Nicht zuletzt locken Wildobststräucher auch »tierischen« Besuch in den Garten. Bienen, Schmetterlinge, Vögel und Eichhörnchen machen Ihren Garten – besonders für Kinder – spannend und lebendig!

Eine Wildobsthecke bringt Leben in Ihren Garten!
Blüten, Früchte, buntes Laub und ein reges Tierleben
geben immer Anlass zum Staunen!

Eine Hecke wie im Märchen ...

Wie wäre es mit einer verwunschenen Dornröschenhecke im eigenen Garten? Zart duftende Blütenpracht kleiner, aber zahlreich erscheinender Rosenblüten und leuchtend rote Hagebutten setzen zauberhafte Akzente im Garten. Sie können die Hecke nur mit einer Rosenart pflanzen, z.B. Hundsrose (*Rosa canina*) oder Kartoffelrose (*Rosa rugosa*) (für niedrigere Hecken), oder eine Mischung aus verschiedenen Wildrosenarten wählen. Dann erfreuen Sie sich etwas länger an der Blütenfülle, da die verschiedenen Arten um einige Wochen früher oder später zu blühen beginnen.

Soloauftritt für Holunder & Co.

Wenn Sie in Ihrem Garten nicht genügend Platz für eine ganze Hecke haben, kann auch ein einzeln stehender Wildobststrauch oder -baum einen schönen Blickfang an einem besonderen Gartenplatz bilden.

Wählen Sie entweder ein besonders gleichmäßig oder ein eher bizarr gewachsenes Exemplar. Auch spezielle Sorten mit rotlaubigen, weiß gefleckten oder geschlitzten Blättern (im Bild eine rotlaubige Holundersorte) eignen sich gut, um gestalterische Akzente zu setzen.

Herbstliches Farbenspektakel

Nicht nur Blüten und Früchte, auch eine ausgesprochen schöne und leuchtende Herbstfärbung ist ein zusätzlicher »Pluspunkt«, den einige Wildobstgehölze für die Gestaltung Ihres Gartens zu bieten haben. Besonders tut sich hier die Felsenbirne mit einem Farbspektrum von Gelb über Orangerot bis Scharlachrot hervor. Zusammen mit herbstblühenden Stauden wie Astern, Sonnenbraut und Sonnenhut ergibt sich ein wahrer Farbenrausch im herbstlichen Garten. Eine Hecke wird durch solche Gehölze farblich belebt und bereichert.

Expertentipp
'Goldrose' und 'Kapuzinerrose' blühen besonders schön.

Expertentipp
Ein kleiner Wildobstbaum passt auch gut in eine Staudenrabatte.

Expertentipp
Herbstlaub der Felsenbirne und rote Hagebutten ergeben schöne Gestecke.

Kräuter- und Ge

müsegärten gestalten

Nützliches und Schönes gehen bei der Gestaltung von Kräuter- und Gemüsebeeten eine gelungene Verbindung ein.

Nutzpflanzengärten müssen längst keine »Stiefkinder« sein, was die Gestaltung betrifft. Sie können so attraktiv und abwechslungsreich aussehen wie jeder andere Gartenbereich auch. Wenn Sie Kräuter, Gemüse und Salate in Ihrem Garten anbauen, stehen Ihnen sehr viele verschiedene Gestaltungsmöglichkeiten zur Verfügung. Welche Sie auswählen, richtet sich zum einen nach Ihren persönlichen Vorlieben, zum andern aber auch nach praktischen Gesichtspunkten.

Platz sparende Lösungen

Haben Sie nur wenig Platz zur Verfügung, sind Kräuterspirale, Hoch- oder Hügelbeet ideale Platz sparende Lösungen. Als Hoch- oder Hügelbeet (→ Seite 168–171) wird außerdem aus einem normalen Gemüsebeet im Handumdrehen ein attraktiver und interessanter Blickfang für Ihren Garten. Zusätzlich sind diese Beetformen durch ihre Höhe bei Pflege-, Gieß- und Erntetätigkeiten äußerst angenehm (und Rücken schonend!) zu bearbeiten. Beim Hochbeet haben Sie darüber hinaus mit einer ganzen Palette von Einfassungsmaterialien (Holzlatten, -stangen oder -planken), bei der Kräuterspirale von Baumaterialien (Kalksteinbruch, Granitsteine, Ziegel, Sandstein) einen weiteren Gestaltungsspielraum. Wählen Sie unter dem Gesichtspunkt aus, was sich am besten in Ihr bereits vorhandenes Gartenkonzept einfügt.

Von naturnah bis »voll im Trend«

Im größeren Garten können Sie aus dem Vollen schöpfen! Soll es ein üppiger Heilkräutergarten sein, ein Duftrasen zwischen Plattenwegen, ein farbenfroher und zugleich naturgemäßer Gemüseanbau nach dem Prinzip der Mischkultur? Bevorzugen Sie Altbewährtes im Stil eines Bauerngartens mit Buchseinfassungen und Pflanzenrondellen (→ Seite 156/157) oder hat es Ihnen der aktuelle Trend zum mediterranen Gartenflair (→ Seite 172/173) angetan? Und auch die Topf- und Kübelhaltung bietet viele Möglichkeiten zur Gestaltung – ja, das »mobile Grün« ist sogar außerordentlich variabel.

Wie eine »Blumenkönigin« erhebt die Artischocke ihre wunderschönen Blüten im Gemüsebeet.

Formale Kräutergärten

Kurzinformation

Kräuter für Beetumrandungen

Buchs: hell- bis dunkelgrünes klein-blättriges, glänzendes Laub
Eberraute: graugrünes Laub
Heiligenkraut: graugrünes, gefiedertes Laub
Lavendel: graugrüne, nadelartige Blätter
Salbei: graugrüne, samtige Blätter
Thymian: dunkelgrüne Blättchen
Ysop: dunkelgrünes Laub

Kräuter mit bunten Blättern

Ananasminze (Mentha suaveolens 'Va-riegata')
Bronzefenchel (Foeniculum vulgare 'Bronzefenchel')
Salbei (rotblättrig 'Purpurascens', weiß-gelb-grünblättrig 'Tricolor')
Zitronenmelisse (Melissa officinalis 'Aureavariegata')

Kräuter mit grauen oder silbrigen Blättern

Currykraut (Helichrysum angusti-folium)
Heiligenkraut (Santolina chamae-cyparissus)
Weinraute (Ruta graveolens)
Wermut (Artemisia absinthium)

Kräuter im Buchsmantel

Gerade in einem kleineren Garten, in dem Ihnen nicht viel Platz zur Verfügung steht, Sie aber dennoch möglichst viele Pflanzen oder Nutzungsvarianten unterbringen wollen, ist eine formale Gestaltung ideal, um auf engem Raum Verschiedenes zu vereinen. Durch niedrige Einfassungen – hier bewähren sich immer wieder die altbekannten Buchsumrandungen – lassen sich unterschiedlich bepflanzte und gestaltete Beete voneinander abgrenzen und wirken dennoch miteinander als einheitlich gestaltetes Ganzes. Die sattgrünen Buchshecken geben außerdem einen ruhigen Hintergrund ab. So zaubern Sie mit besonderen Farben und Wuchsformen der Würzkräuter aus einem reinen Küchenbeet ein wahres Schmuckstück! Z. B. bilden buntlaubige, buschige Salbeiarten mit hochwachsendem, zartblättrigem Fenchel ein äußerst ansprechendes Ensemble. Experimentieren Sie mit verschiedenen Beetformen. Lassen Sie sich durch den Verlauf der Wege und die Form des Grundstücks inspirieren. Einzelne passende Accessoires, z. B. eine schöne Amphore, machen die Gartenidylle perfekt!

*Mit pflegeleichten Kräutern lassen sich
im kleinen oder größeren Garten wunderbare formale
Gestaltungsideen verwirklichen.*

»Schilderwald« im Kräuterbeet

Einzelne kleine Kräuterbeete inmitten eines Gemüsegartens oder umgeben von Staudenpflanzungen werden durch einen zentralen Blickfang – wie z.B. ein Rosenhochstämmchen – besonders hervorgehoben und betont. Auch im Eingangsbereich oder nahe der Terrasse wirkt ein solches Beet sehr ansprechend. Versehen mit kunstvollen Namensschildern kommen keine Zweifel mehr auf, was da wächst und blüht. Auch aus schönen Flusskieseln oder Terrakottascherben lassen sich fantasievolle Namensschilder herstellen.

Kräuter in Form gebracht

Zu einer formalen Gartengestaltung passt eine klare Wegeführung, die oft schon als Gestaltungselement für sich wirkt. Klinkersteine eignen sich gut für kleine Wege und ihre ziegelrote Farbe harmoniert besonders gut zu grau- und silberlaubigen Kräutern.
So muss Buchs auch nicht immer die Einfassungspflanze der Wahl sein. Gerade ein Kräuterbeet kann auch mit einer Umrandung aus Heiligenkraut (siehe Bild), Lavendel oder Ysop versehen werden. Im Gegensatz zum Buchs blühen diese niedrigen Kräuterhecken auch. Kurz nach der Blüte müssen sie allerdings wieder in Form gestutzt werden.

Gehen Sie auf »Blickfang«!

Bei ganz kleinen, eingefassten Beeten ist es wichtig, sich auf einige wenige Pflanzen und Arten zu beschränken und diese mit Bedacht auszuwählen. Entscheiden Sie sich dann jedoch ruhig für etwas Auffälliges, was die Blicke von Gartenbesuchern sofort auf sich zieht. So ergänzt sich z.B. die buntlaubige Zitronenmelisse hervorragend mit den leuchtenden Blüten der üppigen Ringelblumen.
Durch eine formale Grundstruktur – rechteckige Beetformen, einheitliche Beeteinfassungen, deutliche Wegeführung – wird dennoch kein Einzelarrangement überbetont.

Expertentipp
Ziehen Sie Buchsumrandungen aus bewurzelten Stecklingen selbst.

Expertentipp
Lassen Sie Beeteinfassungen nicht höher als 20 cm wachsen.

Querverweis
Kräuter mit zierenden Blüten Seite 134/135

Frei gestaltete Kräutergärten

Kurzinformation

Kräuter für sonnige Standorte

Bergbohnenkraut (Satureja montana)
Currykraut (Helichrysum angustifoli-um)
Eberraute (Artemisia abrotanum)
Kamille (Matricaria chamomilla)
Lavendel (Lavandula angustifolia)
Majoran (Origanum majorana)
Origano (Origanum vulgare)
Salbei (Salvia officinalis)
Schnittknoblauch (Allium tuberosum)
Thymian (Thymus vulgaris)
Weinraute (Ruta graveolens)

Kräuter für halbschattige Standorte

Bärlauch (Allium ursinum)
Borretsch (Borago officinalis)
Engelwurz (Angelica officinalis)
Pfefferminze (Mentha x piperita)
Schnittlauch (Allium schoenoprasum)
Zitronenmelisse (Melissa officinalis)

Kräuter fürs Rosenbeet

Lavendel (Lavandula angustifolia)
Origano (Origanum vulgare)
Salbei (Salvia officinalis)
Ysop (Hyssopus officinalis)

Geordneter Wildwuchs

Ein frei gestaltetes Kräuterbeet ist eine Augenweide für jeden Garten – sofern Sie genügend Platz zur Verfügung haben und etwas Energie aufbringen, um die wilde Kräuterfülle zu bändigen! Denn was in gelungenen Gärten auf den ersten Blick wie harmonischer, üppiger Wildwuchs aussieht, ist meist durch wohl durchdachte Planung und eine ordnend eingreifende »Gärtnerhand« entstanden.

In erster Linie kommt es darauf an, stark wachsende und wuchernde Pflanzen von eher schwach wüchsigen abzugrenzen bzw. die passenden Partner nebeneinander zu setzen. Ausläufer treibende Kräuter wie z.B. Pfefferminze hindern Sie am besten durch eine Wurzelbarriere (z.B. einen eingegrabenen Betonring) daran, in Kürze die ganze Fläche zu überwuchern. Kräuter, die langsamer wachsen oder offenen Boden um sich herum brauchen, müssen Sie mit genügend Abstand zu »Wucherern« und »Schnellstartern« setzen. Wenn Sie diese Grundregeln beachten, sind die Kombinationsmöglichkeiten jedoch fast unerschöpflich. Blühendes und »Blättriges«, bunt oder einfarbig, filigran oder wuchtig, duftig oder herb – lassen Sie Ihren Gestaltungsideen am besten freien Lauf!

Bei frei gestalteten, üppigen Kräuterbeeten können Sie aus dem Vollen schöpfen und sich an einem reichhaltigen Sortiment erfreuen.

Wilde Kräuter gedeihen überall

Wenn gesunde Wildkräuter zu Ihren Favoriten zählen, haben Sie auch bei der Auswahl des passenden Gartenplatzes recht freie Hand. Natürlich müssen die Standortbedingungen passen, aber ob Sie nun Quendel (Wilder Thymian) oder Kamille in einen Steingarten integrieren, Bärlauch (siehe Bild) in ein Schattenbeet mit Farnen oder unter eine Hecke oder Spitzwegerich in Ihre Wiese setzen – die Gestaltungsmöglichkeiten im Verein mit anderen Gartenpflanzen sind unerschöpflich! Sogar im Rosenbeet kann eine Kräuterecke aus Lavendel, Salbei und Origano entstehen.

Die Kleinen nach vorn!

Selbst wenn Sie bei der Anlage Ihrer Kräuterbeete keinen festen Gestaltungsregeln folgen und einfach quer durchs Sortiment auswählen, was Ihnen gefällt und schmeckt, sollten Sie beim Pflanzen die Höhenstaffelung beachten. Hohe Pflanzen wie Engelwurz (siehe Bild) oder Fenchel kommen am besten im Beethintergrund zur Wirkung. Oder Sie setzen die »Riesen« ins Zentrum einer nach außen abgestuften Pflanzung. Dann stützen sich die Gewächse gegenseitig, liegen nach kräftigen Regenfällen nicht gleich am Boden und sorgen für einen ganz natürlichen Eindruck.

Jedes Eckchen nutzen

Kleine »Restflächen« im Garten, z.B. schmale Pflanzstreifen vor Wänden oder Zäunen, mit denen Sie nichts Rechtes anzufangen wissen, werden, mit einigen Kräutern bepflanzt, zum zauberhaften »Minibeet«.

Platz für Mauerblümchen

Trockensteinmauern sind ein nahezu idealer Standort für sonnenhungrige Kräuter – sowohl obendrauf als auch in den Fugen und Lücken zwischendrin! Pflanzen Sie einige attraktive Blüher aus dem Steingartensortiment dazu und Sie werden staunen, was für eine duftende und blühende Idylle entsteht!

E x p e r t e n t i p p
Säen Sie verschiedene Wildkräuter in Töpfe und Balkonkästen.

E x p e r t e n t i p p
Für besonders hohe Gewächse gibt es Pflanzenstützen im Fachhandel.

Q u e r v e r w e i s e
Thymian ist ein idealer Lückenfüller für Pflaster- und Mauerfugen.

Duft- und Heilkräutergärten

Kurzinformation

Duft- und Aromakräuter

Currykraut (Helichrysum angusti-
folium)

Heiligenkraut (Santolina chamaecyparissus)

Kamille (Matricaria chamomilla)

Lavendel (Lavandula angustifolia)

Rosmarin (Rosmarinus officinalis)

Salbei (Salvia officinalis)

Thymian (Thymus vulgaris)

Waldmeister (Galium odoratum)

Heilkräuter

Echter Eibisch (Hibiscus officinalis)

Engelwurz (Angelica officinalis)

Fenchel (Foeniculum vulgare)

Johanniskraut (Hypericum perforatum)

Kamille (Matricaria chamomilla)

Königskerze (Verbascum densiflorum)

Malve (Malva sylvestris)

Pfefferminze (Mentha x piperita)

Ringelblume (Calendula officinalis)

Rosmarin (Rosmarinus officinalis)

Salbei (Salvia officinalis)

Thymian (Thymus vulgaris)

Wermut (Artemisia absinthium)

Ysop (Hyssopus officinalis)

Zitronenmelisse (Melissa officinalis)

Ein Platz zum Träumen!

Ein solcher Sitzplatz inmitten blühenden Lavendels, umgeben von duftenden Rosensträuchern, ist eine wahre Oase für die Sinne und wird wahrscheinlich über kurz oder lang zu einem Ihrer Lieblingsplätze im Garten avancieren. Entscheidend ist, für dieses lauschige Plätzchen einen möglichst windgeschützten, warmen Ort auszuwählen, damit sich das Aroma der Pflanzen in ausreichendem Maße entwickeln und entfalten kann. Gut geeignet sind auch geschützte Mulden oder Geländevertiefungen, von einer Hecke umgebene Plätze oder eine sonnige Ecke vor einer Wand oder Mauer. Ein Kies- oder Natursteinplattenbelag, der zusätzlich Wärme speichert, trägt ebenfalls zu einem optimalen »Dufterlebnis« an einem solchen Lieblingsplatz bei. Pflanzen Sie Kontaktdufter – Pflanzen, die bei Berührung ihr Aroma verströmen – möglichst nahe an Wege, Stufen und Treppen, so dass Sie beim Vorübergehen immer wieder an ihnen entlangstreifen und in den Genuss der herrlichen Düfte kommen. Geeignete Kräuter sind z. B. Currykraut, Lavendel, Salbei oder Waldmeister.

Ein Duftgarten spricht alle Sinne an und bietet geradezu »betörende« Erlebnisse. Nutzen Sie auch die heilkräftigen Wirkungen der duftenden Kräuter.

Duft auf Schritt und Tritt

So genannte »Duftwege« können Sie anlegen, wenn Sie niedrige oder bodendeckende aromatische Kräuter, z.B. Thymian, direkt in die Fugen zwischen die Platten eines Weges pflanzen. Beim Darüberlaufen umgibt Sie dann z.B. der herbe Geruch der Thymianpolster. Oder Sie sparen einzelne Wegplatten aus und setzen schachbrettartig Duftkräuter in die frei bleibenden quadratischen Felder. Experimentieren Sie mit ganz unterschiedlichen Thymiansorten oder kombinieren Sie ihn mit Kamille, Römischer Kamille und kriechenden Formen von Minze und Bohnenkraut.

Ein Garten »für die Nase«

Wenn Sie für einen üppigen Duftgarten alle Möglichkeiten ausschöpfen wollen, so bepflanzen Sie ihn mit einer Mischung von Aromakräutern, duftenden Blütenstauden und Gehölzen. Achten Sie bei der Zusammenstellung der verschiedenen Pflanzen in erster Linie darauf, dass sich alle am selben Standort wohl fühlen. Obwohl die meisten Duftkräuter und -pflanzen sonnige, warme Plätze bevorzugen, müssen Sie auch im Schatten nicht ganz aus Duftendes verzichten. Bärlauch, Bauernjasmin, Duftveilchen, Pfefferminze und Waldmeister sind geeignete »Schattendufter«.

Heilkräuterpotpourri im Topf

Viele aromatische Kräuter wie z.B. Rosmarin, Salbei und Thymian sind wirkungsvolle Heilpflanzen bei Erkältung und Magenverstimmungen. Setzen Sie die Heilkräuter, von denen Sie erfahrungsgemäß größere Mengen brauchen, auf einem möglichst sonnigen Beet zusammen oder ziehen Sie sich große Einzelpflanzen in Töpfen und schönen Terrakottagefäßen heran. Es ist gut, diese Pflanzen im Blickfeld zu haben, damit Sie nicht den richtigen Erntezeitpunkt versäumen. Selbst wer nur einen Balkon hat, kann sich hervorragend mit »eigenem« Hustentee versorgen!

Expertentipp
Besonders »dufte« Partner sind Damaszener- und Centifolia-Rosen.

Expertentipp
Spezialgärtnereien bieten Duft- und Aromapflanzen in großer Vielfalt.

Expertentipp
Pflanzen Sie doch mal verschiedene Kräuter in einen »Erdbeertopf«.

Eine Kräuterspirale anlegen

Kurzinformation

Werkzeug

Spaten
Schaufel
Pflanzschaufel
Maurerkelle (bei Mörtel)

Material

Natursteine, z.B. Granit, Sandstein, Kalkstein, evtl. auch frostfeste Ziegel (wirken strenger)
magere Erde mit groben Steinen oder Kies
Humus
Sand
Zement

Geeignete Pflanzen (von oben nach unten bzw. von innen nach außen)

Salbei, Thymian (auch gut in den Mauerfugen), Rosmarin, Lavendel, Bergbohnenkraut, Ysop, Fenchel, Petersilie, Pimpinelle, Kerbel, Schnittlauch, Ringelblume, Melisse, Pfefferminze

Eine Spirale voller Kräuter

Eine Kräuterspirale ist eine geniale Möglichkeit, für Kräuter mit z.T. recht unterschiedlichen Standortansprüchen auf einer vergleichsweise kleinen Grundfläche optimale Wachstumsbedingungen zu schaffen. Zudem sieht eine bepflanzte und bewachsene Kräuterspirale (oder Kräuterschnecke) auch noch wunderschön aus und ist besonders für Kinder recht anziehend, da es in diesem gestalteten Kleinlebensraum fast immer etwas zu beobachten gibt. Das Schotter-Kies-Material im Inneren sorgt für einen guten Wasserablauf, was für die trockenheitsliebenden Kräuter im oberen Bereich besonders wichtig ist. Gleichzeitig erhalten die Pflanzen an der Spitze durch ihre erhöhte Position mehr Licht und Sonneneinstrahlung, was sich bei diesen meist mediterranen Gewächsen mit gutem Gedeihen bemerkbar macht. In den absteigenden Windungen sitzen Pflanzen wie Petersilie, Schnittlauch, Ringelblume und Ysop, die mit etwas weniger Sonne und weniger trockenem Boden auskommen. Am unteren Ende der Kräuterspirale finden schließlich Kräuter wie Brunnenkresse, Melisse und Pfefferminze ihren Platz, die etwas schwereren, lehmigeren und feuchten Boden bevorzugen.

Expertentipp
Bepflanzen Sie die Kräuterspirale anfangs auf keinen Fall zu dicht.

Auf einer Kräuterspirale bieten Sie den Kräutern optimale Wuchsbedingungen – außerdem wirkt sie als attraktiver Blickfang im Garten!

Spirale vorbereiten

Wählen Sie auf jeden Fall einen vollsonnigen Platz als Standort für Ihre Kräuterspirale aus, da fast alle Kräuter sonnenhungrig und wärmeliebend sind.

Streuen Sie auf dem Boden einen Kreis mit Sand ab (Durchmesser ca. 3 m), der die äußere Begrenzung der Kräuterspirale markiert. Dann streuen Sie mit dem Sand in Ost-West-Richtung eine sich verjüngende Spirale, die die Windung Ihrer entstehenden Kräuterspirale vorgibt. Die günstigste Zeit zur Anlage und Bepflanzung eines solchen »Bauwerks« ist das Frühjahr.

Steine aufschichten

Beginnen Sie mit dem Aufschichten der Steine für die Mauer im Zentrum der Spirale. Wenn Sie die Steine trocken aufsetzen (Trockenmauer), müssen Sie auf eine gute Standfestigkeit achten, erzielen damit meist aber eine sehr natürliche Wirkung. Gemörtelte Mauern sind dagegen oft etwas stabiler, wirken jedoch leicht streng. Wählen Sie aus, was Ihren Vorlieben entspricht bzw. was zum Stil Ihres Gartens passt. Im Inneren der Spirale sollte die Mauer etwa 75–100 cm hoch sein und bis zum Rand hinauf die Höhe eines Mauersteins abnehmen.

Material auffüllen

Füllen Sie das Zentrum der Spirale bis zur Hälfte einer »Windung« mit einem Gemisch aus magerer Erde mit groben Steinen oder Kies auf. Das Material sollte möglichst grobkörnig und durchlässig sein, damit das Wasser später gut ablaufen kann. Auf dieses Gemisch füllen Sie etwa 20–30 cm hoch eine Schicht aus Sand und Erde auf. Anschließend füllen Sie die äußeren Windungen der Spirale mit Erde auf. Nach außen und unten hin darf die Erde ruhig etwas nahrhafter werden; geben Sie etwas lehmiges Substrat oder verrotteten Kompost dazu.

Expertentipp
Setzen Sie auch Pflanzen in die Fugen der Trockenmauer.

Expertentipp
Am unteren Ende können Sie auch ein kleines Wasserbecken anlegen.

Bunte Salat- und Gemüsebeete

Kurzinformation

Bunt laubige Salate

Lollo Rosso
Radicchio
Rote Gartenmelde
Roter Eichblattsalat
Rotgrüner Kopfsalat 'Blutstropfen'
Rotgrüner Romanasalat 'Teufelsohren'

»Buntes« Gemüse

Braunrote Stabtomate 'Schwarze
Pflaume'
Bunter Kürbis 'Türkenturban'
Bunter Mais (verschiedenfarbige
Körner an einem Kolben)
Buntstieliger Mangold 'Bright Lights'
Fuchsroter Mais 'Joro'
Gelb gestreifte Tomate 'Tigrella'
Gelbe Tomate 'Lämpchen'
Gelbgrün gestreifte Tomate 'Green
Zebra'
Gelbgrün gestreifter Kürbis 'Sweet
Potatoe'
Roter Kohlrabi
Rotkohl
Rotstieliger Mangold 'Vulkan'
Schwarzvioletter 'Purpurpaprika'
Violettrote Bohne 'Reine des Pourpres'
Weißfrüchtige Aubergine

Farbe im Gemüsebeet

Farben und Formen, zwei der wichtigsten Gestaltungskriterien im Garten, machen – wie man sieht – auch vor Salat- und Gemüsebeeten nicht Halt. Bei Salat, Mangold, Melde, Grünkohl, Rotkraut, Kohlrabi sind es in erster Linie die Blätter, Triebe oder Blattstiele, die für bunte »Hingucker« sorgen. Typische Fruchtgemüsearten wie Tomaten, Zucchini, Auberginen, Kürbis oder Paprika hingegen warten mit den erstaunlichsten Ausfärbungen ihrer Früchte auf, die darüber hinaus auch noch gestreift, gefleckt, uni oder mehrfarbig sein können.

Legen Sie Mischpflanzungen aus den gängigen Sorten und einigen farbigen Spielarten an. Oder wagen Sie eine abgestimmte Ton-in-Ton-Pflanzung, vielleicht noch ergänzt von einigen Kräutern in den passenden Blütenfarben. So passen z.B. blau und rotviolett blühender Lavendel, Salbei, Borretsch und Ysop hervorragend zu den starken Blattfarben von Rotkohl oder Lollo Rosso. Ringelblumen und Kapuzinerkresse zu leuchtenden Kürbis- und Zucchinifrüchten. Von so extravaganten Gemüsesorten wie den violettrot schotigen Bohnen oder schwarz-lila Mais ganz zu schweigen.

Wer meint, dass Salat- und Gemüsebeete
nur Einheitsgrün zu bieten haben und bunte Farben den
Zierpflanzen vorbehalten sind, der irrt!

Salat und Gemüse in Rot

Rote Farbstoffe sind in der Natur gar nicht so selten zu finden. Die so genannten Anthocyane kommen in Blüten, Blättern und Früchten vor und sind wertvolle und gesunde Zusatzstoffe für unsere Ernährung. Im Garten lassen sich gerade mit einer Bepflanzung in den Komplementärfarben Rot und Grün wirkungsvolle Kontraste setzen, und das nicht nur im Stauden- oder Sommerblumenbeet. Lollo Rosso und rotvioletter Kohlrabi heben sich mit ihren kräftigen Färbungen ganz deutlich von ihren grünen Salat- und Gemüsenachbarn ab.

Feuer und Flamme für Bohnen ...

Bei den meisten Gemüsearten werden Blätter, Triebe, Früchte, Samen oder Wurzeln geerntet und die Blüten sind entweder unauffällig oder sogar unerwünscht. Anders bei den Feuerbohnen! Die leuchtend roten Schmetterlingsblüten dieser imposanten Kletterer können es an Attraktivität ohne weiteres mit so mancher Zierpflanze aufnehmen. Pflanzen Sie Feuerbohnen als »Blüten-Highlight« ins Gemüsebeet oder als Sichtschutz und Begrenzung am Zaun entlang. Oder wie wäre es mit einer Bohnenlaube zum Ausruhen von der Gartenarbeit?

Dem Salat wird es nie zu bunt

Normalerweise ist Grün die typische Farbe, die wir beim Blick in die Salatschüssel – bzw. aufs Salatbeet – erwarten. Mittlerweile gibt es allerdings eine immense Sortenvielfalt an rot- oder braunlaubigen oder sogar rötlich gesprenkelten und gefleckten Salaten. Im Verbund mit ihren grünblättrigen »Geschwistern«, blühenden Studentenblumen und Möhren, deren feines Laub einen schönen Kontrast bildet, bieten rote Salate einen tollen Anblick. Ein kleiner Nebeneffekt dieser gelungenen Gestaltung: Rotlaubige Salate leiden unter deutlich geringerem Läusebefall als hellgrüne!

Querverweise
Kopfsalate Seite 106/107
Kohlgemüse Seite 116/117

Expertentipp
Wunderschöne und dekorative
Blüten haben die Artischocken.

Vielfalt der Mischkultur

Kurzinformation

Mischkultur-Kombinationen unterschiedlicher Größe/Höhe

Tomaten (hoch, aufrecht) mit Buschbohnen (niedrig, buschig)
Gurken (niederliegend) mit Dill (aufrecht)
Salat (kugelig, niedrig) mit Dill (aufrecht)

Mischkultur-Kombinationen mit verschiedenen Formen/ Strukturen

Lauch (schmal) mit Sellerie (knollenförmig)
Möhren (feinlaubig) mit Zwiebeln (röhrenartiges Laub)
Salat (rund, kopfartig) mit Kerbel (feinlaubig, filigran)
Kohl (rund, kopfartig) mit Dill (feinlaubig, schmal)

Mischkultur-Kombinationen mit verschiedenen Farben

Rotkohl (rot) mit Dill (gelb und blaugrün)
Salat (hellgrün) mit Kohlrabi (blaugrün oder violett)
Mangold (dunkelgrün) mit Weißkraut (blaugrün)
Möhren (frischgrün) mit Salbei (graugrün)

Bunt gemischt

Das Prinzip der Mischkultur macht sich zu Nutze, dass sich bestimmte Gemüse- und Kräuterarten bezüglich Wüchsigkeit und Gesundheit gegenseitig günstig beeinflussen, wenn sie nebeneinander gepflanzt werden. Diese Kulturform führt gleichzeitig zu optisch und gestalterisch äußerst attraktiven und ansprechenden Gemüsebeeten oder -gärten, da Pflanzen von unterschiedlicher Größe, Gestalt und Farbe nebeneinander stehen und ein lebendiges und vielfältiges Gartenbild entsteht. Buntlaubige Salat- und Gemüsesorten machen Ihre Beete noch farbenprächtiger.

Was zu den Bohnen passt

Manchmal sind die »Zweckgemeinschaften«, die verschiedene Pflanzenarten auf dem Gemüsebeet miteinander eingehen, so beständig, dass sie auch noch in der Küche und im Kochtopf gelten! Bohnen und Bohnenkraut (im Bild) oder Tomaten und Basilikum ergänzen sich sowohl nach dem Prinzip der Mischkultur hervorragend im Garten als auch mit ihren verschiedenen Geschmacksrichtungen und Aromen auf dem Teller.
Das feinlaubige Bohnenkraut gibt außerdem einen guten Kontrast zu den großen, dunkelgrünen Bohnenblättern ab.

Querverweise
Mischkulturtabelle Seite 18/19

*Die Mischkultur – eigentlich eine Kulturform
für die Pflanzengesundheit – erweist sich darüber hinaus
als hervorragende Gestaltungsidee.*

Diese Mischung hat es in sich!

Vergessen Sie nicht, Blumen und Blütenkräuter in Ihre »Mischungen« mit einzubeziehen. Tagetes oder Studentenblumen (im Bild) sind farbenprächtige Partner für viele Pflanzen, die anfällig für Wurzel- und Bodenparasiten sind. Mit den Erdbeeren ergänzen sie sich aus diesem Grund hervorragend und geben gleichzeitig mit ihren leuchtenden Blütenfarben dem ganzen Beet eine heitere und fröhliche Note. Aromatische Kräuter sind fast immer willkommene Nachbarn für andere Pflanzen, da ihre Duftstoffe oft Schädlinge vertreiben und Krankheiten vermeiden helfen.

Salat und Rote Gartenmelde

Besonders reizvolle Mischkultur-Kombinationen ergeben sich dann, wenn die verschiedenen Pflanzenpartner sich nicht nur positiv im Wachsen beeinflussen, sondern auch farblich besonders gut harmonieren. Die Komplementärfarben Rot und Grün (im Bild durch Salat und Rote Gartenmelde vertreten) verhelfen sich gegenseitig erst so richtig zu Leuchtkraft und intensiver Wirkung. Ähnliches lässt sich von Ringelblume und Bienenfreund sagen, zwei bewährten »Gründüngungs-Partnern«, die sich ebenfalls zu einer wahren Farbenpracht in Blau und Gelb/Orange entwickeln.

Derber Kohl und zarter Fenchel

Was bei Mischkulturbeeten gestalterisch ganz besonders ins Auge sticht, sind die unterschiedlichsten Wuchsformen und Strukturen, die auf diese Weise nebeneinander hervorragend zur Geltung kommen. Der Fenchel mit seinem zarten, feinen Laub und den hellen Knollen (im Bild) wirkt neben den kräftigen, bodenständigen und kompakten Krautköpfen gleich doppelt so filigran.
Die Eigenart einer jeden Pflanze und ihre typischen Merkmale treten äußerst wirkungsvoll hervor, wenn andere, völlig anders geartete Gewächse direkt danebenstehen.

Expertentipp
Auch Ringelblumen sind gesundheitsfördernde und schöne Partner.

Querverweise
Gründüngung Seite 48/49

Ein Hochbeet anlegen

Kurzinformation

Werkzeug

Spaten
Grabgabel
Vorschlaghammer
Säge
evtl. Schraubenschlüssel
Arbeitshandschuhe

Material

flache Bretter (4–6 cm stark)
oder Rundhölzer für die Seiten
starke Rund- (Durchmesser
8 cm) oder Kanthölzer
(4 x 8 cm) zur Stabilisierung.
Länge der Hölzer = gewünschte
Beethöhe + 30 cm zum Eingraben (ein Stützholz pro Längen-
meter des Beetes)
ggf. rostfreie Gewindestangen
und passende Muttern
evtl. feines Drahtgeflecht als
Mäuseschutz

Zeitpunkt

Herbst oder zeitiges Frühjahr

Anlage eines Hochbeetes

Mit einem Hochbeet machen Sie sich gleich mehrere Vorteile zu Nutze:

➤ Sie können mit wenig Platz eine ganze Menge Pflanzen kultivieren.

➤ Beim Pflanzen, Jäten und Ernten entfällt das lästige Bücken.

➤ Durch die Zersetzung der verschiedenen Materialien im Inneren des Beetes entsteht Wärme, die die Pflanzen schneller erntereif werden lässt. Achten Sie darauf, dass das Hochbeet von allen Seiten zugänglich ist und eine Mindestlänge von 2 m hat. Es sollte etwa 1,20 m breit und ca. 80 cm hoch sein. Markieren Sie die Grundfläche und heben dort den Boden ca.

25 cm tief aus. Dann bauen Sie die Seitenwände aus Brettern oder Rundhölzern drum herum. Stabilisieren Sie die Wände mit Palisaden, starken Rundhölzern oder quer durchgeführten Gewindestangen. Wenn der Rahmen steht, füllen Sie lagenweise ein: Laub (1), Holzabfälle (2), Laub (1), Rasensoden (3), halb verrotteten Kompost (4). Decken Sie das Ganze 30–40 cm hoch mit einem Erde-Kompost-Gemisch (5) ab. Durch die Zersetzung des Materials sackt das Beet jedes Jahr etwas ab. Füllen Sie daher im Frühjahr immer wieder mit Kompost auf. Nach 5–6 Jahren müssen Sie das Beet neu anlegen.

*Ein Hochbeet bietet auf wenig Grundfläche
viel Platz zum Pflanzen. Außerdem können Sie vom
Hochbeet früher ernten!*

Frühsommerbepflanzung

Durch das viele organische Material im Inneren sind Hochbeete besonders fruchtbar und können daher während eines Gartenjahres mehrmals bepflanzt werden. Im Frühsommer können Sie z.B. Salat und Lauch vom Hochbeet ernten und sich außerdem an den leuchtenden Ringelblumenblüten erfreuen. Als Erstbepflanzung eignen sich auch Dill, Mangold, Möhren, Radieschen und Schnittsalat.

Hochsommerbepflanzung

Kohl und Kohlrabi, Mangold und Friséesalat, Endivie und Sellerie können Sie im Hochsommer vom Hochbeet ernten.

Die Kulturzeit der Gemüsearten kann um 7–10 Tage kürzer sein im Vergleich zu herkömmlichen Beeten.

Wenn Sie für die Seitenwände Bretter verwenden und darauf einen Maschendraht festnageln, haben Sie außerdem die geniale Möglichkeit einer attraktiven Begrünung mit Rank- oder Kletterpflanzen, wie z.B. Kapuzinerkresse (im Bild). Oben bunt bewachsen und an den Seiten begrünt – so kann ein Hochbeet sogar zu einem Gartenschmuckstück werden!

Mini-Hochbeet

Damit sich die ganze Arbeit des Aufbauens und Aufschichtens auch lohnt, ist es empfehlenswert, Hochbeete mit einer Mindestgröße von 2 x 1 m zu bauen. Wenn Sie jedoch noch weniger Platz haben und dennoch nicht auf diese Gestaltungsidee verzichten wollen, dann erfüllt ein kleines »Mini-Hochbeet« natürlich auch seinen Zweck. Eine besonders schöne Idee ist es, für Kinder solche kleinen Beete anzulegen, auf denen sie dann selbst pflanzen und ernten dürfen und das Pflanzenwachstum auf Augenhöhe verfolgen können.

Expertentipp
Rundhölzer für die Seiten sorgen für einen besonders stabilen Unterbau.

Expertentipp
Als mittelstarker Kletterer eignet sich auch Schwarzäugige Susanne.

Ein Hügelbeet anlegen

Kurzinformation

Werkzeug

Spaten
Grabgabel

Aufschichtmaterial

Äste, Holzabfälle, Strauchschnitt, Zweige
Rasensoden (mit den Wurzeln
nach oben aufschichten)
Laub (oder Stroh)
halb verrotteter und fertiger
Kompost
evtl. Kalkstickstoff zur besseren
Zersetzung der Schichten
(50–100 g/m²)

Zeitpunkt

Herbst oder zeitiges Frühjahr

Anlage eines Hügelbeetes

Die Neuanlage eines Hügelbeetes
macht zwar etwas Arbeit, ist aber eine
praktische Möglichkeit, in kleinen und
v.a. schmalen Gärten ausreichend
Pflanzfläche für verschiedene Gemüse
zu bekommen. Besonders bei kühler,
regenreicher Witterung macht sich ein
weiterer Vorteil eines solchen Beetes
bezahlt: Ähnlich wie beim Komposthaufen entsteht in seinem Inneren
durch die Verrottung des pflanzlichen
Materials Wärme, die die Pflanzen
schneller wachsen lässt. Durch die verschiedenen Schichten kann bei starken
Regenfällen auch das Wasser gut ablaufen und es entsteht keine Staunässe.

Ein Hügelbeet sollte ca. 1,40 m breit
und beliebig lang sein, je nachdem, wie
viel Platz Sie haben. Markieren Sie die
Grundfläche und heben den Boden ca.
25 cm tief aus und füllen lagenweise
ein: Holzabfälle (1), Rasensoden (2),
Laub (3), halb verrotteten Kompost
(4). Das Ganze decken Sie 30–40 cm
hoch mit einem Erde-Kompost-Gemisch (5) ab. Der fertige »Hügel« soll
in etwa eine Gesamthöhe von 80–
100 cm haben. Durch die Zersetzung
des Materials sackt das Beet jedes Jahr
etwas ab und wird mit Kompost aufgefüllt. Nach 5–6 Jahren müssen Sie das
Beet neu anlegen.

Expertentipp
*Sorgen Sie bei großer Hitze für
ausreichende Bewässerung.*

Auf einem Hügelbeet wachsen die Pflanzen besonders gut und schnell. Zudem ist es eine originelle Gestaltungsform.

Pflanzen auf dem Hügel

Für die Bepflanzung eines Hügelbeetes ist das Mischkultur-Prinzip hervorragend geeignet, und das Beet lässt sich auf diese Art und Weise vielfältig und abwechslungsreich gestalten.
Pflanzen Sie Frühgemüse und wärmebedürftige Arten, die sich auf dem von unten erwärmten Hügel besonders wohl fühlen. Tomaten und Paprika kommen in die Beetmitte oben drauf. Eine Zusatzbewässerung (im Bild mit eingegrabenen Flaschen) liefert ihnen das nötige Wasser. Sie können entlang des Hügel-»kammes« auch eine Gießmulde aus Erde formen, damit das Wasser nicht sofort nach unten abläuft.

Wohl durchdachte Bepflanzung

Da durch die verschiedenen Schichten im Inneren auf einem Hügelbeet immer für einen guten Wasserabzug gesorgt ist, wachsen staunässeempfindliche Pflanzen hier besonders gut. (z. B. Salat, Lauch und Kohlrabi).
An den schräg abfallenden Seiten des Hügelbeetes tun Sie sich mit Aussaaten oft etwas schwer, da die Samen beim Gießen leicht heruntergeschwemmt werden oder aber vertrocknen. Setzen Sie also bevorzugt vorgezogene Jungpflanzen und wählen für Aussaaten den abgeflachten Hügel»kamm« oder den Fuß der seitlichen »Hänge«.

Salat in Hülle und Fülle

Achten Sie darauf, möglichst schnell eine »geschlossene« Pflanzung zu erreichen, d. h., es sollten keine großen Bodenflächen unbedeckt sein, weil sonst bei Regen leicht zu viel Erde abgeschwemmt wird. Das vermeiden Sie z.B. durch eine Kombination von breit und hoch wachsenden Pflanzen (im Bild: Salate, Kohlrabi, Lauchzwiebeln und Kresse) oder durch regelmäßiges Mulchen.
Werden einzelne Kulturen abgeerntet, pflanzen Sie weitere nach, denn auch die stetige Nährstoffnachlieferung aus dem verrottenden Material im Inneren lässt ohne weiteres eine mehrmalige Bepflanzung in einem Jahr zu.

Expertentipp
Mulch aus Stroh oder Grasschnitt hilft, Bodenfeuchtigkeit zu erhalten.

Garten mediterrané

Kurzinformation

Geeignete Obstarten

Aprikose
Kiwi
Nektarine
Pfirsich
Weintraube

Geeignete Gemüsearten

Artischocke
Aubergine
Chili
Paprika
Sommerkürbis
Tomate
Zucchini
Zuckermais

Geeignete Kräuter

Currykraut (silberlaubig)
Lavendel (graulaubig)
Lorbeer
Rosmarin
Salbei (graulaubig)
Thymian
Weinraute (graublaulaubig)
Wermut (silberlaubig)

»Der Traum vom Süden«

Wenn Sie im eigenen Nutzgarten neben gärtnerischer Betätigung auch Erholung und Entspannung finden wollen, ist wohl kaum ein Gestaltungsthema besser dafür geeignet als der mediterrane Garten. Was gibt es Schöneres, als durch Pflanzen, Farben, Materialien und Düfte an angenehme Urlaubstage erinnert zu werden? Suchen Sie sich eine sonnige Gartenecke aus und pflanzen Sie üppige duftende Kräuter wie Lavendel, Salbei und Thymian. Stellen Sie Lorbeer, Rosmarin und Zitronenverbene, die in unseren Breiten nicht ausreichend winterhart sind, in passende Pflanzgefäße. Kombinieren Sie die Kräuter mit farblich auffälligen Fruchtgemüsen wie Tomate, Aubergine und Kürbis. Ist noch Platz für einen Obstbaum oder ein Spalier? Wie wäre es mit einem Laubengang aus Weinreben oder einer grünen Kiwi-Laube? Für Stein- oder Plattenwege verwenden Sie am besten ein Material, das sich gut erwärmt (z. B. Klinker- oder frostfeste Tonziegel). Ein Quittenbaum oder ein Rosenstrauch sorgen für einen zusätzlichen blühenden Blickfang.

*Holen Sie sich ganz einfach ein Stück Urlaub
in Ihren Garten – mit Gemüse- und Kräuterbeeten
im mediterranen Stil!*

Mediterrane Kräuterkombination

Duftende und aromatische Kräuter sind der Inbegriff eines mediterranen Gartens schlechthin. Wählen Sie einen möglichst sonnigen und warmen Platz für ein solches Arrangement aus. Verwenden Sie bevorzugt grau- und silberlaubige Kräuter, die in verschiedenen Blautönen blühen und intensiv duften, und Sie wecken in jedem Besucher und Betrachter garantiert Urlaubsgefühle und Erinnerungen an den sonnigen Süden!

Helle Kiesbeläge, sandfarbenes Pflaster oder auch rostrote Klinkersteine verstärken noch den Eindruck von Wärme und südlichem Flair.

Passende Accessoires

Schon wenige ausgewählte Gefäße, Terrakottatöpfe oder andere passende »Zutaten« verbreiten in einem Kräuter- oder Gemüsebeet mediterranes Flair. Halten Sie in Gartenmärkten Ausschau nach schönen Schalen, Krügen oder Amphoren, und platzieren Sie diese zwischen den Pflanzen im Beet. Weniger ist oft mehr; einige schöne Einzelstücke sind wirkungsvoller als ein ganzes Sammelsurium.

Auch ausgediente Olivenölkanister – gereinigt und mit Wasserabzugslöchern versehen – dienen als ausgefallene Pflanzgefäße mit südländischem Charme.

Gemüse im Topf

Zum mediterranen Garten passen typische Wärme liebende Gemüsearten in Töpfen oder Kübeln. Tomaten, Paprika oder Chili werden auch in südlichen Ländern gern in Gefäßen kultiviert, die nahe am Haus stehen und deshalb bezüglich Wasserversorgung und Pflege besser versorgt werden können. Sonnenverwöhnte Hauswände bieten ein ideales Kleinklima für diese Gemüsearten und gleichzeitig entstehen auf Balkonen und Terrassen wunderschöne mediterrane Szenarien.

Pflanzen Sie dazu die passenden Kräuter wie Origano und Basilikum in Töpfen und Schalen.

▶ **Querverweise**
Südliche Gemüse Seite 122/123
Mediterrane Kräuter Seite 132/133

▶ **Expertentipp**
Ein besonders würziges Duftkraut ist Heiligenkraut.

Nutzpflanzen im Ziergarten

Kurzinformation

Buntes Gemüse

Bunter Römischer Salat
Buntstieliger Mangold
Erdbeerspinat
Radicchio
Rotblättriger Kopfsalat
Rote Gartenmelde
Roter Eichblattsalat
Roter Palmkohl
Roter/Violetter Kohlrabi
Rotkohl
Violetter Grünkohl

Buntblättrige Kräuter

Bronzefenchel
buntblättriger Salbei
buntblättriger Thymian
Purpurbasilikum
weißbunte Ananasminze
weißbunte Zitronenmelisse

Kräuter mit auffälligen Blüten

Borretsch
Indianernessel
Johanniskraut
Kapuzinerkresse
Lavendel
Ringelblume
Salbei

Buntes Gemüse im Ziergarten

Ein reiner Gemüse- oder Nutzgarten mag vielen Gartenbesitzern zu arbeitsaufwändig und gleichzeitig zu wenig attraktiv erscheinen. Wer sowieso nur begrenzten Gartenraum zur Verfügung hat, möchte diesen oft lieber mit bunten, blühenden und vor allem zierenden Gewächsen bepflanzen als mit »langweiligem« Gemüse. Inzwischen gibt es im Fachhandel jedoch einige Gemüsesorten, die in ihrer Attraktivität und ihrer Farbigkeit mit jeder bunten Sommerblumenpflanzung Schritt halten können. Wenn Sie eine Vorliebe für ungewöhnliche und ein-fallsreiche Beetgestaltung haben, dann versuchen Sie sich doch einmal an einer Gemüse-Blumen-Kombination! In der Hauptsache geht es hierbei natürlich um interessante Gestaltungseffekte – dennoch können Sie Ihren Mangold, Rot- oder Grünkohl, Fenchel oder Salat, Lavendel oder Schnittlauch getrost ernten, während die Sommerblumen nach Saisonende allenfalls ein Fall für den Kompost sind!

Gemüse ganz ohne Gemüsegarten, als »Nebenprodukt« herrlich blühender Rabatten – für Gärtner und Gärtnerinnen, die das Ausgefallene lieben!

Expertentipp
Blaugrün-violetter Zierkohl schmückt spätsommerliche Beete.

*»Nutzpflanzen sind nützlich, aber langweilig« –
haben Sie bisher auch so gedacht? Farbige und bizarre
Gemüsesorten beweisen das Gegenteil!*

Gemüse im Farbenrausch

Wer würde auf die Idee kommen, Sommerblumen wie Dahlien und Feuerlobelien mit Gemüse und Kräutern zu kombinieren? Dabei steht der buntstielige Mangold den farbkräftigen Dahlien in nichts nach und die roten Lobelien intensivieren die leuchtenden Sommerfarben. Bronzefenchel fungiert in der kräftigen Mischung durch sein zartes Laub und die ins Violette gehende Tönung als verbindendes und leichtes Element im Hintergrund.
Für ein solches Arrangement erhalten Sie sicherlich staunende und bewundernde Blicke!

Ein erstaunliches Duo

Der Rotkohl allein ist ja schon eine recht auffällige Erscheinung inmitten des »Gemüse-Grüns«. Da er die Beetflächen lange für sein Wachstum beansprucht, können ihm durchaus ein paar bunte Partner zur Seite gestellt werden, die einen Sommer lang blühen und nicht zu heftig mit dem Kohlgewächs um Nährstoffe konkurrieren.
Die Blütenfarben und zarten Formen von Roten Lobelien und Borretsch harmonieren wunderbar zum kräftigen Kohlkopf, weißbunte Ananasminze rundet die illustre Pflanzengesellschaft hervorragend ab.

Noch mehr Kräuter mischen mit

Kräuter wie Borretsch, Fenchel, Pfefferminze und Ringelblumen haben unbestritten einen hohen Zierwert und fügen sich problemlos in unterschiedliche Ziergartenpflanzungen ein. Das gilt im Großen und Ganzen für fast alle blühenden Kräuter, die ohne weiteres mit reinen Zierpflanzen konkurrieren können.
Selbst Schnittlauch, oft zu Unrecht als »Allerweltskraut« im Wegwerftopf betrachtet, zeigt sich in einer Pflanzung mit Sibirischen Schwertlilien und Schnittsellerie von seiner dekorativen Seite, vor allem zur Blütezeit.

E x p e r t e n t i p p
*An Stelle der Lobelien kann auch
essbare Rote Gartenmelde stehen.*

Der mobile Nutzgarten

Kurzinformation

Geeignete Obstarten

»Ballerina«-Apfelbäume
Erdbeeren
Johannisbeeren
Kiwi
Stachelbeeren
Weintraube

Geeignete Gemüsearten

Artischocke
Aubergine
Chili
Fenchel
Kürbis
Mangold
Paprika
Radieschen
diverse Salate
Spinat
Stangenbohne
Tomate
Zucchini

Geeignete Kräuterarten

Basilikum
Kapuzinerkresse
Lavendel
Rosmarin
Salbei
Schnittlauch

Garten mobil

Sie haben keinen Garten, sondern nur eine Terrasse oder einen Balkon? Und haben den Wunsch, Gemüse, Salat oder Kräuter selbst zu ziehen, mangels »richtiger« Beete längst aufgegeben? Das muss nicht sein! Viele Gemüsearten lassen sich hervorragend in Töpfen und Schalen heranziehen und die meisten Kräuter erst recht! Besonders gut eignen sich Auberginen, Paprika, Tomaten oder Stangenbohnen, die aufrecht wachsen bzw. klettern und so schon als Einzelpflanze für sich wirken. Haben Sie größere Pflanzgefäße wie Kisten oder Tröge, dann unterpflanzen Sie diese höher werdenden Gemüsearten mit Radieschen, Pflück- und Schnittsalat oder Kresse. Sorgen Sie auch für farbliche Abwechslung. Wählen Sie auffällige Sorten von Tomate, Paprika, Zucchini und Kürbis, bunte und rotlaubige Salate und dekorativ blühende Kräuter wie Ananassalbei, Kapuzinerkresse, Schnittlauch, Lavendel und Origano. Eine Auflösung einer rein waagrechten Gestaltungsachse erreichen Sie durch schlingende, herabhängende und rankende Pflanzen wie Bohne, Kürbis, Kapuzinerkresse.

Auf Balkon oder Terrasse können Sie problemlos viele Kräuter- und Gemüsearten ziehen. Sogar Obst vom Balkon ist keine Seltenheit mehr!

Balkonobst zum Anbeißen

Hervorragend für den Anbau im Kübel geeignet sind die Busch- und Spalierformen vieler Obstarten. Wenn Sie sich für ein Spalierbäumchen entscheiden, haben Sie zwar etwas mehr Pflegeaufwand, können damit allerdings ansprechende Wandbegrünungen schaffen. Selbst bei sehr geringem Platzangebot lassen sich noch die »Ballerina«-Apfelbäumchen unterbringen, die an einem aufrechten Haupttrieb ohne größere Seitenverzweigungen Früchte tragen. Eine grüne Laube aus Ihrem Balkon machen stark wüchsige Ranker und Schlinger wie z.B. Wein oder Kiwi.

Beeren sind für alle(s) zu haben

Gemütlich auf dem Balkon sitzen und so nebenbei ein paar Beeren frisch vom Strauch pflücken? Warum nicht! Johannisbeer- und Stachelbeersträucher, v.a. als Stämmchen gezogen, lassen sich gut im Kübel kultivieren, auch auf wenig Standraum unterbringen und sind gleichzeitig attraktive »Hingucker«. Erdbeerpflanzen sind fast für jede Gestaltungsidee zu haben. Ob Sie sie als Unterpflanzung in größeren Kübeln verwenden, als Hängeform in Ampeln setzen oder etagenweise im Erdbeertopf ziehen – Ihrer Phantasie sind kaum Grenzen gesetzt!

Essbarer Sichtschutz in Rot/Grün

Dicht belaubte Sitzplätze, die sich ab Juni mit roten (oder weißen) Blüten schmücken, bekommen Sie, wenn Sie Feuer- oder Prunkbohnen pflanzen. Die raschwüchsigen Kletterer brauchen Bambusstäbe, Holzstangen oder Sisalschnüre zum Emporklimmen. In kurzer Zeit liefern sie Sichtschutz und Schatten für die nachmittägliche Siesta. Blattgemüse wie Mangold oder Spinat lässt sich gut unterhalb der Kletterbohnen in Töpfen oder Kisten ziehen. Vom Mangold gibt es wunderschöne Sorten mit auffällig gefärbten Blattstielen, die das Farbenspiel der Bohnenblüten ergänzen.

Expertentipp
Schöne Partner zu den rotblühenden Bohnen sind blaue Trichterwinden.

Erklärung der Fachausdrücke

Einige der im Text genannten Fachaus-drücke sind nicht jedermann geläufig und werden daher hier erklärt.

Anbaupause: Pflanzenarten, die auf Wurzelausscheidungen u.ä. ihrer eigenen Art »allergisch«, d.h. mit Wachstums-hemmungen reagieren, brauchen eine meist mehrjährige Anbaupause, bis sie wieder auf derselben Fläche angebaut werden dürfen.

Art: Grundeinheit in der Pflanzensyste-matik, in der alle Individuen zusammen-gefasst werden, die sich untereinander in allen wesentlichen, erblich konstanten Merkmalen gleichen.

Astring: Beim Gehölzschnitt werden Äste und Triebe so abgeschnitten, dass der kleine, ringförmige Wulst an der Ast-basis nicht verletzt wird. In diesem Astring sitzt das teilungsfähige Gewebe, das die Schnittwunde überwachsen und verschließen kann.

Auge: In den Blattachseln und an der Basis der Triebe von Stauden und Gehöl-zen sitzen kleine »schlafende« Knospen, die Augen. Daraus können neue Seiten-triebe austreiben.

Auslichten: Schnittmaßnahme, die dazu dient, die Wuchsform eines Gehölzes aufzulockern. Es werden schwache und alte Triebe entfernt.

Ballen: Von Erde umgebenes Wurzel-werk einer Pflanze.

Buschbaum: Baumform, bei der sich ein deutlicher Kronenansatz über einem ge-raden Stamm befindet (bei Obstbäumen ca. 40–60 cm über dem Boden).

Dunkelkeimer: Pflanzen, deren Samen nur im Dunkeln keimen. Sie müssen bei der Aussaat mit Erde bedeckt werden (Angaben auf der Samentüte).

einjährig: Pflanzen, die innerhalb eines Jahres aus Samen austreiben, Blüten, Früchte und Samen bilden und danach wieder absterben, d. h., sie müssen jedes Jahr neu aus Samen gezogen werden.

Entgeizen: Ausbrechen von Blütentrie-ben aus den Blattachseln (z.B. Tomaten). Auf diese Weise »investiert« die Pflanze alle Nährstoffe in die bereits vorhande-nen Früchte und bildet keine neuen Blü-ten mehr aus.

Entspitzen: Abschneiden von Triebspit-zen. Dadurch wird der Austrieb von Sei-tentrieben gefördert; die Pflanze wird buschiger und kompakter.

Flachwurzler: Pflanzen, deren Wurzeln sich flach und dicht unter der Erdober-fläche ausbreiten; häufig bei Pflanzen, die trockene Standorte bevorzugen.

Fremdbefruchtung: Pflanzen (v.a. Obst-gehölze), die zur Befruchtung ihrer Blü-ten eine andere Sorte als Pollenspender brauchen (die exakt zur selben Zeit blüht).

Gehölz: Pflanzen mit verholzten Stäm-men und Trieben (Bäume und Sträu-cher).

Halbstamm: Baumform, bei der sich ein deutlicher Kronenansatz über einem ge-raden Stamm befindet (bei Obstbäumen ca. 100–120 cm über dem Boden).

Halbstrauch: Pflanzen, die im unteren Bereich verholzen und im oberen Be-reich jedes Jahr neue grüne, nicht holzige Triebe ausbilden.

Haupttrieb: Stärkster Trieb einer Pflan-ze, von dem seitliche Triebe abzweigen. Siehe Seitentrieb.

Hochstamm: Baumform, bei der sich ein deutlicher Kronenansatz über einem geraden Stamm befindet (bei Obstbäumen ca. 160–180 cm über dem Boden).

Humus: Nährstoffreiche obere Bodenschicht, die aus verrottetem organischen Material entsteht.

Knospe: Vor dem Austrieb sind Blätter, Blüten oder Seitentriebe von Hüllblättern umgeben. In diesem Stadium werden sie als Knospe bezeichnet.

Lichtkeimer: Pflanzen, deren Samen zum Keimen eine bestimmte Lichtmenge benötigen. Solche Samen dürfen nicht mit Erde bedeckt werden (Angaben auf der Samentüte).

mehrjährig: Stauden oder Gehölze, die im Verlauf mehrerer Jahre immer wieder neu austreiben, blühen und fruchten.

Mutterpflanze: Ausgewachsene, gesunde und kräftige Pflanze, von der Jungpflanzen z.B. in Form von Stecklingen oder Absenkern abgenommen werden.

Pikieren: Vereinzeln der kleinen, aus Samen gekeimten Pflänzchen.

pilliertes Saatgut: Samen, die vom Samenhandel mit Hüllmasse (z.B. pulverisiertes Holz- oder Steinmehl) umgeben werden.

Pollenspender: Obstsorte, die bei fremdbefruchteten Obstgehölzen rechtzeitig zur Blütezeit den Pollen zur Befruchtung liefert.

Schwachzehrer: Schwachzehrer benötigen wenig Nährstoffe (z.B. Buschbohnen). Siehe Starkzehrer.

Seitentrieb: Aus den Knospen des Haupttriebes entwickeln sich je nach Art unterschiedlich verzweigte Seitentriebe. In der Regel tragen sie die Blüten.

selbstbefruchtend: Pflanzen (v.a. Obstgehölze), bei denen die Befruchtung der Blüten innerhalb ein und derselben Pflanze bzw. Sorte stattfinden kann.

Sorte: Zuchtform einer Kulturpflanzenart, die auf einen bestimmten Standardtyp hingezüchtet ist.

Spalier: Flache und Platz sparende Erziehungsform eines Obstgehölzes an einer Wand oder an einem Zaun. Zur Spaliererziehung eigenen sich am besten Buschbäume.

Starkzehrer: Starkzehrer benötigen viel Nährstoffe.

Staude: Mehrjährige, nicht verholzte Pflanze, deren oberirdische Teile im Winter absterben und die im Frühjahr neu austreibt.

Stecklinge: Meist diesjährige Triebspitzen von Kräutern und Gehölzen, die nicht mehr ganz weich, aber auch noch nicht verholzt sind, mit 3–4 Blattpaaren.

Strauch: Gehölz mit mehreren Haupttrieben, die sich deutlich von der Basis ab verzweigen.

Tiefwurzler: Pflanzen, die eine sehr tief in den Boden reichende Hauptwurzel und wenige Nebenwurzeln ausbilden.

Tochterpflanzen: An Ausläufern oder Absenkern entstehende neue Pflanzen.

Wildtrieb: Bei Veredlungen kann die Unterlage (die eigentlich nur Wurzeln, keine Triebe ausbilden soll) gelegentlich austreiben. Diese Triebe müssen entfernt werden, damit alle Kraft der Pflanze auf die Edelsorte konzentriert wird.

zweihäusig: Pflanzenart, bei der männliche und weibliche Blüten getrennt auf verschiedenen Pflanzen wachsen (z.B. Sanddorn).

Zwergstrauch: Niedriger, ca. 20–80 cm hoher Strauch oder Halbstrauch.

Hilfreiche Adressen

Hilfe und Anregungen bei allen gärtnerischen Problemen bieten Organisationen und Verbände, Zeitschriften und Bücher. Legen Sie bei schriftlichen Anfragen stets einen frankierten Rückumschlag bei.

Bodenuntersuchungen

Auskunft über Institutionen in Ihrer Nähe erteilt:

Verband Deutscher Landwirtschaftlicher Untersuchungs- und Forschungsanstalten (VDLUFA)
c/o LK Rheinland
UZ Bonn-Roleber
Siebengebirgsstraße 200
53229 Bonn

Pflanzenschutz

Biologische Bundesanstalt für Land- und Forstwirtschaft
Institut für Pflanzenschutz im Gartenbau
Messeweg 11/12
38104 Braunschweig

Bundesamt für Landwirtschaft, Sektion Zertifizierung und Pflanzenschutz
Mattenhofstraße 5
CH-3003 Bern

Österreichische Agentur für Gesundheit und Ernährungssicherheit GmbH
Spargelfeldstraße 191
A-1226 Wien

Pflanzenschutzmittel, Dünger, Erden

W. Neudorff GmbH KG
Postfach 1209
31857 Emmerthal

Verbände

Bund Deutscher Baumschulen e.V. (BdB)
Bismarckstraße 49
25421 Pinneberg

Bund Deutscher Staudengärtner im ZVG (BdS)
Godesberger Allee 142-148
53175 Bonn

Deutsche Gartenbaugesellschaft 1822 e.V.
Webersteig 3
78462 Konstanz

Österreichische Gartenbaugesellschaft
Parkring 12/III 1
A-1010 Wien

Verband Deutscher Gartencenter
Borsigallee 10
53125 Bonn

Bücher und Zeitschriften

Weiterführende Literatur

Beucher: *Gemüsegarten.*
Verlag Eugen Ulmer, Stuttgart

Das große Buch vom Obst.
Gräfe und Unzer Verlag, München

Das große Buch vom Gemüse.
Gräfe und Unzer Verlag, München

Hensel: *Gartenspaß für Einsteiger.*
Gräfe und Unzer Verlag, München

Hensel: *Heilkraft aus dem Garten.*
Gemüse, Obst und Kräuter.
Kosmos-Verlag, Stuttgart

Jakubik: *Obstbaumschnitt Grundkurs.*
Verlag Eugen Ulmer, Stuttgart

Kawollek: *Das Ulmer Gartenbuch.*
Eugen Ulmer Verlag, Stuttgart

Kötter: *Küchenkräuter.*
Gräfe und Unzer Verlag, München

Mayer: *Gartenjahr für Einsteiger.*
Gräfe und Unzer Verlag, München

Zeitschriften

Deutschland

FLORA
Gruner & Jahr AG & Co. KG
20444 Hamburg

Gartenpraxis
Eugen Ulmer Verlag
Postfach 700561
70574 Stuttgart

Garten Zeitung
Deutscher Bauernverlag GmbH
Wilhelmsaue 37
10713 Berlin

Kraut & Rüben
DLV GmbH
Lothstraße 29
80797 München

mein schöner Garten
Burda Senator Verlag GmbH
Postfach 1520
77605 Offenburg

Österreich

Garten und Haus
Österreichischer Agrarverlag
Achauerstraße 49a
A-2333 Leopoldsdorf/Wien

Schweiz

Schweizer Garten
Zeitschrift der deutsch-schweizerischen
Gartenbauvereine
Bahnhofsplatz 1
CH-3110 Münsingen

Arten- und Sachregister

Auf den mit * gekennzeichneten Seiten finden Sie eine ausführliche Beschreibung der jeweiligen Pflanze.
Die halbfett gesetzten Seitenzahlen verweisen auf Farbfotos und Farbzeichnungen.

Absenker 33
Accessoires 142, 173
'Accordia' 118
Ackersalat 109*, **109**
Actinida chinensis 88*, **88**
'Alexander Lucas' 148
'Alexandria' 86, 150
Allium cepa 120*, **120**
Allium fistulosum 120*, **120**
Allium porrum 120*, **120**
Allium sativum 132*, **132**
Allium schoenoprasum 128*,
   128, 158
Allium tuberosum 132, 158
Allium ursinum 130*, **130**,
   158
Aloysia triphylla 130*, **130**
'Ambassador' 118
'Amber' 118
Amelanchier canadensis 152
Amelanchier lamarckii 100*,
   100
Ananasminze 156, 174
Anbaupausen 20
Anbauplanung 20
Anethum graveolens 128*, **128**
Angelica officinalis 158, 160
anhäufeln 63
Anthriscus cerefolium 131*,
   131
Apfel 92*, **92**, 93*, **93**
Apfelbeere, Schwarze 86*, **86**
Apfelrose 102
Apfelschorf 61, **61**
Apfelspalier **148**
Apfelspalierbaum 12
Apfelwickler 58, **60**, 60
Apium graveolens 114*, **114**
Aprikose 96*, **96**

Aromakräuter 160
Aronia melanocarpa 86*, **86**
'Arp' 132
Artemisia abrotanum 156, 158
Artemisia absinthium 136,
   156, 160
Artemisia dracunculus 131*,
   131
Artenauswahl 80
Artischocke 123*, **123**, **154**
Astring 57
Atriplex hortensis 110*, **110**
Aubergine 123*, **123**, **164**
Aufbauschnitt 56
aufhacken 62
Auricularia auricula-judae
   124*, **124**
Ausläufer 33
auslichten 54, 56
Aussaat in Töpfe 28
Austernpilz 125*, **125**
'Aztek' 122

Bärlauch 130*, **130**, 158, **159**
Balkonobst 177
'Balkonstar' 118
Ballenware 38, 45
Basilikum 133*, **133**
Bastmatten 53
Bauerngarten 142
Bauerngartenbeet **143**
Baumhasel 102
Baumpflege 52, 53
Baumscheibenbepflanzung 52
Beeren-Hochstamm 151, **146**
Beerenobst 83, 150, 151
Beerensträucher 12
- pflanzen 36, 37
Beeteinfassungen 156

'Benarys Krauskopf' 130
'Bereczki-Quitte' 92
Bergbohnenkraut 129*, **129**,
   158
'Berggarten' 136
'Berkeley' 86, 150
Beta vulgaris ssp. *maritima*
   110*, **110**
Beta vulgaris var. *vulgaris*
   114*, **114**
Bienenfreund **48**
Bindesalat 107*, **107**
Birne 93*, **93**
Birnenschorf 61
Birnensorten, frühe 148
Birnenspalier **149**
'Black Forrest' 118
'Black Satin' 88, 150
Blattbataviasalat 108*, **108**
Blattgemüse 14, 104, 105, 110,
   111
Blattläuse 60, **60**, 68, **68**
Blattmangold 110
Blattstielgemüse 15, 104, 105,
   110, 111
'Blauer Portugieser' 88, 148,
   150
Bleichsellerie 114
'Bluecrop' 86, 150
Blütenkräuter 127, 134, 135,
   144
Blumenkohl 116*, **116**
'Blutstropfen' 164
Bodenarten 22
Bodenpflege 23
Bodenprobe 22
Bodentest 22
Bodenverbesserung 22
Bohne, violettrote 164

Bohnenkraut 129*, **129**
'Bolero' 92
'Bonica' 122
Borago officinalis 134*, **134**
Borretsch 126, 134*, **134**, 158,
   174
'Boskoop's Glorie' 88, 148,
   150
Brassica oleracea var. *botrytis*
   116*, **116**
Brassica oleracea var. *capitata*
   116*, **116**
Brassica oleracea var. *gemmi-
   fera* 116*, **116**
Brassica oleracea var. *gongylo-
   des* 117*, **117**
Brassica oleracea var. *italica*
   117*, **117**
Brassica oleracea var. *sabellica*
   117*, **117**
Braunfäule 69, **69**
Braunkappe 125*, **125**
'Breitblättriger Großer Grü-
   ner' 110
breitwürfige Saat 31
'Bright Lights' 110, 164
Brokkoli 117*, **117**
Brombeere 88*, **88**
Brombeeren schneiden 54
Brombeerspalier **151**
Bronzefenchel 156, 174
Brunnenkresse 130
'Bruno' 88, 148, 150
'Bubikopf' 106
Buchs 156
Buchseinfassung **142**
buntblättrige Kräuter 144,
   156
buntlaubige Salate 164

buntstieliger Mangold 175
'Bunte Julibirne' 148
buntes Gemüse 164, 174
buntes Salatbeet **165**
'Burgundy' 106
Buschbohne 121*, **121**
Buschtomaten 119
'Buttercup' 118

Calendula officinalis 134*, **134**, 160
'Calgary' 106
Capsicum annuum 122*, **122**
'Cavallo' 108
Centifolia-Rosen 161
Chamomilla recutita 136*, **136**
'Champagnerrenette' 148
Chili 122*, **122**
Chinesische Morchel 124*, **124**
Cichorium endivia 106*, **106**
Cichorium intybus var. *foliosum* 106*, **106**
'Cinnamon' 132
Cocktailtomaten 118, 119
Containerpflanzen 38, 45
Coriandrum sativum 131*, **131**
Cornus mas 100*, **100**, 152
'Corona' 86
Corylus avellana 103*, **103**, 152
Corylus colurna 102
Corylus maxima 103*, **103**
'Cox Orange' 148
Crataegus sp. 102
Crataegus coccinea 100*, **100**, 152
Crataegus intricata 100*, **100**
Crataegus laevigata 152
Crataegus x *prunifolia* 152
Cucumis sativus 118*, **118**
Cucurbita maxima 118*, **118**
Cucurbita pepo 119*, **119**
Cucurbita pepo var. *melopepo* 119*, **119**

Currykraut 156, 158, 160
Cydonia oblonga 92*, **92**
Cynara solymus 123*, **123**

Damaszener-Rosen 161
Daucus carota ssp. *sativus* 114*, **114**
'De Cayenne' 122
Deutscher Estragon 130
'Deutscher Winterthymian' 132
'Diamant' 132
Dibbelsaat 30
Dill 128*, **128**, 140
'Dixired' 148
'Dönissens Gelbe Knorpelkirsche' 94
'Dornfelder' 148
Dost 135*, **135**
düngen 47, 48
Dünger 48
Duftgärten 160, 161
Duftkräuter 160
Duftpelargonie 130
Duftwege 161
'Dunkelgrüner Vollherziger' 108
'Dynamit' 106

Eberesche 99, 102*, **102**, 152, 156
Eberraute 156, 158
Echter Eibisch 160
Echter Estragon 130
'Edelcrassane' 148
Eibisch, Echter 160
Eichblattsalat, Roter 164, 174
Eichenblattsalat 108*, **108**
Eierfrucht 123*, **123**
einfrieren 73
Einlegegurken 118
Eissalat 107*, **107**
'Elsanta' 86
'Elvira' 150
Endivie bleichen 63
Endiviensalat 106*, **106**

Engelwurz 158, **159**, 160
Erbse **112**, 121*, **121**
Erdbeere 86*, **86**, 177
Erdbeerspinat 174
Erdbeertopf 161
Ernten 71, 72, 73
'Erntesegen' 86, 150
Erntezeitpunkt 72
'Ersinger Frühzwetsche' 94
Ertragsdauer 12
Erziehungsschnitt 56
'Escariol Grüner' 106
Estragon 131*, **131**
'Evita' 86, 150

Fäulnisschutz, Erdbeeren 52
'Falstaff' 86, 150
Fanggürtel 58
Farben 144
farbenfrohe Früchte 144
farbenfrohe Gemüse 142
Farbverläufe 144
Feldsalat 109*, **109**
Felsenbirne, Kupfer- 100*, **100**, 152, **153**
Fenchel 136, 160
Feuerbohnen 165, 177
Flechten 53
Foeniculum vulgare 136, 160
Foeniculum vulgare 'Bronzefenchel' 156
Foeniculum vulgare var. *azoricum* 115*, **115**
Folientunnel 25
formale Gestaltung 142, 144, 145, 156, 157
formen 144
Fragaria vesca 150
Fragaria vesca var. *semperflorens* 87*, **87**
Fragaria x *ananassa* 86*, **86**
Französischer Estragon 130
'Fredo' 106
Freilandsaat 30, 31
'Frillice' 106
Frostschutz 67

Frostspanner 59, 60, **60**
Fruchtfolge 20, 21
Fruchtgemüse 15, 113, 118, 119
Fruchtminzen 136
Fruchtwechsel 20, 21
Frühbeet 25
'Frühe aus Trévoux' 92, 148
frühe Birnensorten 148
'Frühe Rote Meckenheimer' 94
'Früher Roter Ingelheimer' 96, 148
'Frühzauber' 118
Fugenfüller 159

'Gala' 108
Galium odoratum 160
Gartenkresse 109*, **109**
Gartenkresse, Einfache 108
Gartenkresse, Großblättrige 108
Gartenkresse, Krause 108
Gartenmelde 110*, **110**
Gartenmelde, Rote 164, 167, **167**, 174
Gartenplanung 11
'Geheimrat Oldenburg' 92
'Gelbe Körnersaat' 110
gelbe Stachelbeeren 84
Gelbflechte **53**
Gelbtafeln 58
'Gellerts Butterbirne' 92
gemischte Wildobsthecke 152, **152**
Gemüse 14, 15, 173
-, buntes 164
-, lagern 75
Gemüsefliegennetze 65
Gemüse-Paprika 122*, **122**
'Genoveser' 132
Gestaltungsgrundlagen 141
Gewürz-Paprika 122*, **122**
Gewürztagetes 135*, **135**
gießen 47, 48
'Gold Rush' 118

'Golden Eggs' 122
'Golden Hubbard' 118
'Golden Queen' 88
'Goldene Königin' 118
'Goldrose' 153
Goldrute 132
'Goldtraube' 86
'Graf Althans Reneclaude' 96
'Gräfin von Paris' 148
graulaubige Kräuter 156
Grauschimmel 61, **61**
'Green Zebra' 164
'Große Grüne Krause' 106
'Große Grüne Reneclaude' 96
'Große von Laon' 122
'Großes grünes Basilikum'
132
Gründüngung 48;49
'Grüne Körnersaat' 110
Grünkohl 117*, **117**
Grünkohl, violetter 174
Grüntöne 144
Gurke 118*, **118**

Hängender Rosmarin 132
Hagebutte **98**
Halbschattenkräuter 16
'Hall'sche Riesen' 102
Haselnuss 103*, **103**, 152
Hauptfrucht 20
Hauszwetschge 95*, **95**
'Hedelfinger Riesenkirsche'
94
Heidelbeere 87*, **87**, **151**
Heiligenkraut 156, 160
Heilkräuter 17, 136, 137, 160
Heilkräutergärten 160, 161
Heilkräuterpotpourri **161**
'Heinemanns Rote Spätlese'
84, 150
Helichrysum angustifolium
156, 158, 160
Hibiscus officinalis 160
'Hidcote Blue' 132
Himbeere 89*, **89**
Himbeeren schneiden 54

Hippophae rhamnoides 101*,
101
Hochbeet 142, 155, 168, **168**,
169, **169**
Hochstamm 12
Höhenstaffelung 159
'Holsteiner Blut' 110
Holunder 99, 152
Holunder, rotlaubiger **153**
Holunder, Schwarzer 102*,
102
Horstsaat 30
Hügelbeet 142, 155, 170, **170**,
171, **171**
Hülsenfrüchte 15, 121
Humusgehalt 23
Hundsrose 101*, **101**
Hypericum perforatum 136*,
136, 160
Hyssopus officinalis 134*, **134**,
158, 160

'Idared' 148
Indianernessel 136, 174
'Ingrid Marie' 148
'Invicta' 84, 150

Jiffy-Pots 29
'Jogranda' 84
Johannisbeeren 84*, **84**, 85*,
85
Johannisbeerhecke in V-Form
151, **151**
Johanniskraut 136*, **136**,
160
'Joro' 164
Jostabeere 84*, **84**
'Jostine' 84
Juglans regia 103*, **103**

'Kaiser Wilhelm' 92
Kamille 136*, **136**, 158, 160
Kapuzinerkresse 135*, **135**,
174
Kapuzinerrose 153
Karotte 114*, **114**

Kartoffelrose 102, 152
Keimtemperaturen 24
Kerbel 131*, **131**
'Kernechter vom Vorgebirge'
96, 148
Kernobst 12, 90, 92, 93
Kirschfruchtfliege 58
Kiwi 88*, **88**
'Klarapfel' 92
Kleingewächshaus 25
'Klon Nr. 26' 102
Knoblauch 132*, **132**
Knollen 44
Knollenfenchel 115*, **115**
Knollengemüse 15, 114, 115
Knollensellerie 114*, **114**
'Königin der Weingärten' 88,
148, 150
Königskerze 160
Kohlgemüse 15, 113,
115, 116
Kohlkragen 65
Kohlrabi 117*, **117**
Kohlrabi, Roter 164
Kohlweißlingsraupen 68, **68**
Komplimentärfarben 144
Komposthaufen, Aufbau 50
kompostierbares Material 50
Kompoststarter 51
'Konstantinopeler' 92
Kopfsalat 105, 107*, **107**
Kopfsalat, rot blättriger 174
Kopfsalat, Rotgrüner 164
'Koralle' 86, 150
Koriander 131*, **131**
Kornelkirsche 99, 100*, **100**,
152
'Korona' 86, 150
'Köröser Weichsel' 94
Krachsalat 107*, **107**
Kräuter, einlegen 75
-, pflanzen 35
-, trocknen 72, 75
-, überwintern 67
-, zurückschneiden 66
Kräuter für Halbschatten 158

Kräuter für sonnige Standorte
16, 158
Kräuter fürs Rosenbeet 158
Kräuterbeet **16**, **17**
Kräutergärten, formale 156,
157
Kräutergärten, frei gestaltete
158, 159
Kräuterschnecke 162, 163
Kräuterspirale 143, 162, **162**,
163, **163**
Kräuter-Würzöl 73
Krankheiten 61, 69
Krautfäule 69, 69
Kriechthymian 132
Kronenbildung 45
Küchenkräuter 127
Küchenzwiebel 120*, **120**
Kuehneromyces velutipes 124*,
124
Kürbis, bunter 164
Kultur-Heidelbeere 87*, **87**
Kupfer-Felsenbirne 100*, **100**

'Lämpchen' 164
Lactuca sativa var. *capitata*
107*, **107**
Lactuca sativa var. *crispa* 108*,
108
Lactuca sativa var. *longifolia*
107*, **107**
Lagerbehältnisse 74
Lagergemüse 73
Lagerobst 73
'Laibacher Eis' 106
Lambertnuss 103*, **103**
Lauch 120*, **120**
Lauchmotte 68, **68**
Lauchzwiebel 120*, **120**
Lavandula angustifolia 132*,
132, 156, 158, 160, 174
Lavendel 132*, **132**, 156, 158,
160, **160**, 174
Lehmboden 22
Leimringe 59
'Lemon' 132

Lentinula edodes 124*, **124**
Lepidium sativum 109*, **109**
Levisticum officinale 128*, **128**
'Liebesapfel' 122
Liebstöckel 128*, **128**
Lippia citriodora 130*, **130**
Limonenpilz 125*, **125**
'Limoni' 136
'Little Leprechaun' 106
Lochfolie 24
Lockstofffallen 58
'Lollo Bionda' 108
'Lollo Rosso' 108, 164
'Lombardo' 122
Löwenzahn 109*, **109**
'Ludwigs Frühe' 94
Lycopersicon esculentum 119*, **119**

'Madame Verté' 148
'Maikönig' 106
Mais, bunter 164
Mais, Fuchsroter 164
Majoran 129*, **129**, 158
Malus sp. 102
Malus 'Roter Boskoop' 93*, **93**
Malus silvestris 152
Malus 'Weißer Winterglockenapfel' 92*, 92
Malva sylvestris 160
Malve 160
Mangold, buntstieliger 164, 175
Marille 96*, **96**
'Marketmore' 118
Marmelade herstellen 74
'Master' 118
Matricaria chamomilla 158, 160
'Mavras' 122
'Medaillon' 108
'Medania' 110
mediterrane Kräuter 17, 127. 132, 133, **173**
mediterraner Garten 172, 173

'Mega' 108
Mehlbeere 99, 152
Mehltau 69, **69**
Meisenkästen 59
Melissa officinalis 137*, **137**, 158, 160
Melissa officinalis 'Aureavariegata' 156
Mentha suaveolens 'Variegata' 156
Mentha x piperita 137*, **137**, 158, 160
Mentha x piperita var. *citrata* 136
Mespilus germanica 101*, **101**, 152
Mini-Hochbeet 169
'Mirabell' 118
Mirabelle 96*, **96**
Mischkultur 18, 19, 113, 142, 166, 167
- , Tabelle 18
Mischkultur-Kombinationen 166
Mispel 101*, **101**, 152
'Mitcham' 136
mittlere Zehrer 20, 66
Möhre 114*, **114**
'Mombacher Frühe' 96, 148
Monarda didyma 136
Monatserdbeere 87*, **87**, 150
Monilia-Fruchtfäule 61, **61**
'Monnopa' 110
'Mooskrauser Kerbel' 130
Morchel, Chinesische 124*, **124**
'Mrak' 86, 150
Mulchen 49, 52
Mulchfolie 24, 49
Mulchmaterial 62
'Multimentha' 136
Multitopfplatten 44
'Munstead' 132
'Muskat Bleu' 148
Mutterpflanze 179
Myrrhis odorata 130

Nachfrucht 21
Nährstoffbedarf, Tabelle 20
Nährstoffe 22
'Nana Rosea' 132
'Nancyaprikose' 96, 148
Narrenkrankheit 61, **61**
Nasturtium aquaticum 130
Naturgarten 142
Nektarine 97*, **97**
'Nektarose' 96
Neuseeländer Spinat 111*, **111**
'Neusiedler Ideal' 122
'Nouvelle' 108
Nüsse 98
Nützlinge 58, 64
Nutzgarten, mobiler 176, 177

Obst lagern 74
Obstbaumschnitt 56, 57
Obstgehölze pflanzen 38
Obstkrankheiten 61
Ocimum basilicum 133*, **133**
'Ometa' 84, 150
'Ontariopflaume' 94
'Opal' 132
Origano 135*, **135**, 158
Origanum majorana 129*, **129**, 158
Origanum vulgare 135*, **135**, 158
'Ovation' 106

'Pablo' 106
Paprika 122*, **122**
'Pastorenbirne' 92
Pelargonium sp. 130
Petersilie 129*, **129**
Petroselinum crispum 129*, **129**
Pfefferminze 137*, **137**, 158, 160
Pfirsich 72, **90**, 97*, **97**
Pflanzenanzucht 28, 29
Pflanzenbrühen 64
Pflanzenschutz 47

Pflanzenschutz, vorbeugender 58, 59
Pflanzgefäße 40
Pflanzhütchen 24, **24**
Pflanzschnitt 56
Pflanztermine 34
Pflanzzeit, Sträucher 36
Pflaume 95*, **95**
Pflaumendorn 152
Pflaumenwickler 58
Pflücksalat 105, 108, 109
Phacelia **48**
Phaseolus vulgaris var. *nanus* 121*, **121**
Phaseolus vulgaris var. *vulgaris* 121*, **121**
Pheromonfallen 58
'Phoenix' 88, 148
pH-Wert 22
pikieren 29
Piktogramme 81
pilliertes Saatgut 31
Pilze 15, 113, 124, 125
Pilze, anbauen 42, 43
Pilzkultur auf Holz 42
Pilzkultur auf Stroh 43
Pimpinelle 130
'Pirat' 106
Pisum sativum 'Kapuzinererbse' 121*, **121**
Planung 11
Plastikhauben 24, **24**
Pleurotus cornuscopiae 125*, **125**
Pleurotus ostreatus 125*, **125**
Pleurotus pulmonarius 125*, **125**
Porree 120*, **120**
Preiselbeere 87*, **87**
Prunkbohnen 177
Prunus armeniaca 96*, **96**
Prunus avium 94*, **94**
Prunus cerasus 94*, **94**
Prunus domestica 'Bühler-Frühzwetsche' 95*, **95**

Prunus domestica 'Hauszwet-
sche' 95*, **95**
Prunus domestica 'Königin
Victoria' 95*, **95**
Prunus domestica 'Mirabelle
von Nancy' 96*, **96**
Prunus domestica 'Oullins
Reneclaude' 97*, **97**
Prunus persica 97*, **97**
Prunus persica var. *nucipersica*
97*, **97**
'Purpurascens' 136, 156
Purpurbasilikum 174
Purpurpaprika 164
'Pusztagold' 122
Pyrus 'Alexander Lukas' 93*,
93
Pyrus 'Conference' 93*, **93**

Qualitätsmerkmale 44, 45
'Queen Victoria' 110
Quendel 132
Quitte **13**, 92*, **92**

Radieschen 115*, **115**
Radicchio 106*, **106**, 164,
174
Rankhilfen 62
Raphanus sativus var. *niger*
115*, **115**
Raphanus sativus var. *sativus*
115*, **115**
Raumteiler 149
'Red Lake' 84
'Red Saladbowl' 108
'Redhaven' 96
'Regent' 148, 150
Reifestadium 72
Reihensaat 30
'Reine des Pourpres' 164
'Reka' 86
'Remarka' 84, 150
Reneklode 97*, **97**
'Retina' 92
Rettich 115*, **115**
'Rex' 132

Rhabarber 111*, **111**
Rheum rhabarbarum 111*,
111
Ribes nigrum 84*, **84**
Ribes rubrum 85*, **85**
Ribes uva-crispa 85*, **85**
Ribes x *nidigrolaria* 84*, **84**
Ringelblume 19, 134*, **134**,
140, 160, 174
Rippenmangold 110*, **110**
'Risulfa' 84, 150
'Rixanta' 84
Römischer Salat 107*, **107**,
174
'Rolonda' 84
'Romagna' 122
Romanasalat, Rotgrüner 164
romantische Gärten 142
'Rondini de Nice' 118
Rosa canina 101*, **101**, 152
Rosa glauca 152
Rosa hugonis 152
Rosa rugosa 102, 152
Rosa villosa 102
Rosa x *foetida* 'Bicolor' 152
Rosenhecke 153
Rosenkohl 116*, **116**
'Rosenthals Langtraubige
Schwarze' 84, 150
Rosmarin 133*, **133**, 160
Rosmarinus officinalis 133*,
133, 160
Rostpilze 69, 69
Rotblättrige Lambertnuss 102
Rotblättrige Melde 110
Rote Bete 114*, **114**
Rote Gartenmelde 164, 167,
167, 174
rote Gemüse 165
Rote Johannisbeere **82**, 85*,
85
-, schneiden 55
Rote Rübe 114*, **114**
rote Salate 165
Rote Stachelbeere 85*, **85**
'Rote Vierländer' 84, 150

Roter Eichblattsalat 164
'Roter Ellerstädter' 96
'Roter Gutedel' 88, 148, 150
'Roter Hokkaido' 118
'Roter von Verona' 106
Rotgrüner Kopfsalat 'Bluts-
tropfen' 164
Rotgrüner Romanasalat
'Teufelsohren' 164
'Rotkäppchen' 106
Rotkohl 116*, **116**
Rubus fruticosus 88*, **88**
Rubus fruticosus x *Rubus
idaeus* 89*, **89**
Rubus idaeus 89*, **89**
Rückschnitt 54
'Rügen' 86
'Rumiloba' 88
Russischer Estragon 130
Ruta graveolens 156, 158
'Ruth Gerstetter' 94

Saat ausdünnen 62
Saatbänder 31
Saatkalender für Freiland-
saat 30
Saatroller 31
Saft herstellen 74
'Saladbowl' 108
Salat 14, 15
-, pflanzen 35
Salatbeet, buntes **165**
Salate, buntlaubige 164
Salatgurken 118
Salbei **73**, 137*, **137**, 156, 158,
160, 174
Salbei 'Purpurascens' 156
Salbei 'Tricolor' 156
Salbei, buntblättriger 174
'Salem' 132
'Salt' 104
Salvia officinalis 137*, **137**,
158, 160
Sambucus nigra 102*, **102**,
152
Samentüten 44

Sandboden 22
Sanddorn 99, 101*, **101**
Sanguisorba minor 130
Santolina chamaecyparissus
156, 160
Satureja montana 129*, **129**,
158
Sauerkirsche 94*, **94**
Säuregrad des Bodens 23
Schädlinge 60, 68, 69
Scharlachdorn 100*, **100**, 152
'Schattenmorelle' 94, 148
Schlitzfolie 24
Schlupfwespen 58
Schnecken 68, **68**
Schneckenbekämpfung 65
Schneckenkorn 65
Schneckenzaun 65
'Schneiders Späte Knorpelkir-
sche' 94
Schnittknoblauch 132, 158
Schnittlauch 128*, **128**, 158
Schnittsalate 105, 108, 109
Schnittsellerie 114
Schnittzeitpunkt, Obstbaum
56
Schwachzehrer 20, 49, 66
Schwarzäugige Susanne 169
Schwarze Apfelbeere 86*, **86**
Schwarze Johannisbeere 55,
84*, **84**
'Schwarze Pflaume' 164
Schwarzer Holunder 102*,
102
Sedum reflexum 130
'Senga Sengana' 86, 150
Shii-Take 124*, **124**
Sichtschutz 177
'Silber' 110
'Silver Lode' 96
'Sioux' 106
'Sito' 122
'Snowqueen' 96
Solanum melongena 123*, **123**
Solidago virgaurea 136
Sommerkürbis 119*, **119**

Sommerschnitt, Obstbaum 57
Sorbus aucuparia 102*, **102**, 152
Sorbus intermedia 152
Spalierobst 148
Spanischer Pfeffer 122
'Sperlings Lyonel' 108
Spinacia oleracea 111*, **111**
Spinat 111*, **111**
Spinat, Neuseeländer 111*, **111**
Squash-Kürbis 118
Stabtomate 164
Stachelbeere 85*, **85**
-, schneiden 55
Stangenbohne **15**, 121*, **121**
Starkzehrer 20, 49, 66
Stecklinge 32
Steckzwiebeln 31
Steinobst 12, 90, 94, 95, 96, 97
Stielmangold 110*, **110**
Stilrichtungen 142, 143
Stockschwämmchen 124*, **124**
Stropharia rugoso-annulata 125*, **125**
'Stuttgarter Geißhirtle' **15**, 148
Stützen 62
südliche Gemüse 122, 123
Süßdolde 130
Süßkirsche 94*, **94**
'Summer Satellite' 118
'Sweet Nugget' 122
'Sweet Potato' 164

Tafeltraube 89*, **89**
Tagetes tenuifolia 135*, **135**
'Tanja' 118
Taraxacum officinale 109*, **109**
Taschenkrankheit 61, **61**
'Tasty Sweet' 122
Taybeere 89*, **89**, 150
Teekräuter 17, 127, 136, 137
Teeminzen 136
teilen 33

'Tetona' 110
Tetragonia tetragonioides 111*, **111**
'Teufelsohren' 164
Texturen 145
'The Czar' 94
'The Sutton' 110
'Theodor Reimers' 88, 150
Thermokomposter 50, **50**
'Thornfree' 150
'Thuriga' 86, 150
Thymian 133*, **133**, 156, 158, 160, **161**
Thymian, buntblättriger 174
Thymus citriodorus 132
Thymus serpyllum 132
Thymus vulgaris 133*, **133**, 158, 160
'Tigrella' 164
'Titania' 84
Tomate 119*, **119**, 164
-, aufleiten 63
-, ausgeizen 63
-, pflanzen 35
Tomatenhauben 25
'Tomuri' 88
Tonboden 22
Ton-in-Ton-Pflanzung 144
Topferdbeeren 177
Topfgarten 143, 176, 177
Torfquelltöpfe 29
Trichterwinden 177
'Tricolor' 136, 156
Triebspitzen schneiden 67
Tripmadam 130
'Triumph aus Vienne' 148
Trockenmauer 159, 163
Tropaeolum majus 135*, **135**
Türkenturban 118, 164

Überwachungsschnitt 56
Ufo-Kürbis 118
'Ungarische Beste' 96, 148

Vaccinium corymbosum 87*, **87**

Vaccinium vitis-idaea 87*, **87**
Valerianella locusta 109*, **109**
'Valmaine' 106
'Veitshöchheim' 132
Verbascum densiflorum 160
verjüngen 56
Vermehrungsmethoden 32
'Verte de Cambrai' 108
verwerten 71, 72, 73
'Viking' 86
'Vit' 108
Vitis vinifera 89*, **89**
Vogelscheuchen 58
Vogelschutznetze 59
Vorfrucht 21
Vorratsdüngung 49
'Vulkan' 110, 164

Walderdbeere 150
Waldmeister 160
Walnuss **12**, 99, 103*, **103**
'Waltz' 92
Wandverschönerung 149
'Webb's Preisnuss' 102
'Weiki' 88, 148, 150
Weinraute **15**, 156, 158
'Weinsberg 1' 102
Weißanstrich 53, **53**
Weißdorn 152
'Weiße Triumphbeere' 84
'Weiße Versailler' 84, 150
'Weißer Gutedel' 148, 150
Weißkohl 116*, **116**
Wermut 136, 156, 160
Wildapfel 102, 152
Wildfrüchte 98, 100, 101, 102
Wildobst 152, 153
Wildobsthecken 152, 153
Wildrosen 152
Wildtriebe 57
'Williams Christbirne' 148
Winterbohnenkraut 129*, **129**
Winterheckzwiebel 120*, **120**
Winterkürbis 118*, **118**
Winterthymian, Deutscher 132

Wirsing 116
Wuchsformen 145
Wühlmäuse 69, **69**
Wühlmausfallen 59
'Wunder aus Bollweiler' 102
Wurzelgemüse **15**, 113, 114, 115
wurzelnackte Pflanzen 38, 45
Wurzelpetersilie 129

Xanthorina parietina **53**

'Yolo Wonder' 122
Ysop 134*, **134**, 156, 158, 160

Zea mays convar. *saccharata* 123*, **123**
'ZEFA 3' 88
Zierapfel 102
Ziergarten 174, 175
Zimmergewächshaus 29
Zimtbasilikum 132
Zitronenmelisse 137*, **137**, 156, 158, 160, 174
Zitronenthymian 132
Zitronenverbene 130*, **130**
Zucchini 119*, **119**
Zuckermais 123*, **123**
Zwetsche 95*, **95**
Zwetschge 95*, **95**
Zwiebelgemüse **15**, 120
Zwiebeln 44
-, stecken 31
-, trocknen 75
Zwischenfrucht 20

Die Autorin

Renate Hudak ist Diplom-Ingenieurin für Gartenbau. Im Anschluss an ihr Studium war sie mehrere Jahre in Baumschulen und in Garten-Planungsbüros beschäftigt. Seit 1993 ist sie im Botanischen Garten Augsburg tätig und dort für Bürgerberatung, Öffentlichkeits- und Pressearbeit sowie für Organisation und Koordination eines umfangreichen Veranstaltungsprogramms zuständig.

Die Fotografen

Angermayer/Pfletschinger: 152 u.; Baumjohann: 56 li., 56 re., 69 u.; Berling: 61 u.; Bornemann: 22/23, 33 re., 46/47, 67 re., 126/127; Borstell: U1 u., 12, 14, 15, 16, 48, 88 li., 94 re., 95 re., 118 re., 119 re., 121 li., 122 li., 130 li., 133 li., 144, 145, 148, 154, 156, 159 re.u., 161 re., 165 mi., 165 re., 166 li., 173 mi., 174, 176; Caspersen: 10/11, 104/105, 112/113, 146; Diez: 42 re.o., 98/99, 140/141; Fischer: 43 re., 95 mi., 96 li., 129 mi.; FloraPresenta: 172 u.; GBA/GPL/Diggin: 26 u., GBA/GPL: 119 li.; GBA/GPL/Holmes: 160, GBA/GPL/Nichols: 157 re.; GBA/Nichols: 167 mi., GBA/Noun: 63 mi., 67 mi., 114 li.; GBA/Wothe: 106 re.; Henseler: 61 mi.u., 65 re.; Himmelhuber: 62 re.; Jacobi: 160 u.; Jahreiß: U1; Jarosch: 38 li., 42 li., 42 re.u., 43 li., 43 mi., 77 u.; Kögel: 161 li.; Laux: 87 mi., 88 li., 88 re., 89 re.u., 100 li., 100 re., 101 li., 101 re., 102 re., 103 mi., 109 re., 111 mi., 115 li., 117 mi., 118 li., 120 li., 120 mi., 121 li., 122 re., 124, 125, 129 li., 131 re., 132 li., 134 li., 134 re.,137 mi.; MSG/Kögel: 7 li.u., 139; MSG/Krieg: 164 u.; Neudorff: 24, 50 li.; Nickig: 13, 32 u., 84 li., 84 re., 85 li., 85 mi., 89 li., 93 li., 93 re., 123 mi., 131 mi., 137 li., 159 mi., 168 u., 169 mi., 171 re., 172, 175 li., 175 mi., 175 re.; Pforr: 53 re., 58 re.,58 u., 59 re.u., 60 mi.o., 60 mi.u., 64 li., 68 mi.o., 68 mi.u., 92 li., 101 mi., 103 li.,109 li.,119 mi.,128 mi.,132 re.,134 mi., 135 li., 135 re., 136 re., 137 re.; PhotoPress/Kuh: 36 u.; PhotoPress/Rose: 180; PhotoPress/Rutel: 178; Redeleit: 6 o., 6 u., 7 o., 9 mi., 17, 26 o., 27 o., 27 mi.o., 27 u., 28 u., 29 re.o., 29 re.u., 30 li., 30 re., 31 li.o., 31 li.u., 31 mi., 31 re., 33 mi., 35, 36, 37, 38 re., 39 li o., 39 li.u., 39 mi. u., 39 re., 40 re., 44 mi.o., 45 mi.o., 49, 51 li, 51 re.o., 51 re.u., 52 li., 53 li., 53 mi., 54 li., 54 re., 55, 57 mi., 58 li., 59 mi., 59 re.o., 62 li., 62 u., 63 re.o., 63 re.u., 64 re., 65 li.o., 65 li.u., 65 mi., 66 li., 66 re., 66 u., 73, 74 re., 74 u., 75 mi., 76., 77 o., 77 mi.o., 77 mi.u., 78/79, 79, 82/83, 109 mi., 115 re.,116 mi., 128 re.,136 li., 142, 148 u.; Reinhard: 28 o., 29 li., 34, 40 li., 41, 44 o., 44 mi.u., 44 u., 45 o., 45 mi.u., 45 u., 54 u., 57 re., 68 o., 68 u., 69 o., 69 mi.u., 74 li., 75 li., 75 re., 81, 86 li., 94 li., 97 mi., 97 re., 100 mi., 102 li., 103 re., 106 li., 107 mi.,108 li., 108 re., 110 re., 111 li., 114 mi., 114 re., 115 mi., 116 li., 116 re., 117 li., 120 re., 121 re., 123 li., 123 re., 128 li., 129 re., 130 re., 131 li., 133 mi., 133 re., 149 li., 149 mi., 150, 151 mi., 151 re.o., 151 re.u., 152, 153, 157 li., 157 mi., 159 li., 159 re.o., 161 mi., 162, 166 re., 167 li., 169 li., 169 re., 171 li., 173 li., 177 li.; Schaefer: 61 o., 61 mi.o., 69 mi.o.; Schneider/Will: 4/5, 6 u.re., 7 re., 8/9, 19, 25, 67 li., 70/71, 107 li., 135 mi., 138/139, 143, 158, 164, 173 re., U4; Schneiders: U2/3, 190/191; Stein: 63 li.; Stork: 21, 26 mi.o., 26 mi.u., 29 mi., 51 mi., 60 u., 90/91, 165 li.; Strauß: 27 mi.u., 32 li., 32 re.o., 32 re.u., 40 u., 52 re., 57 li., 59 li., 72, 85 re., 86 re., 87 li., 89 mi., 89 re.o., 92 re., 93 mi., 95 li., 96 re., 97 li., 107 re., 110 li., 111 re., 117 re., 149 li., 151 li., 156 u., 167 re., 171 mi., 176 u., 177 mi.,177 re.; Willner: 60 o.

Impressum

© 2003, Gräfe und Unzer Verlag GmbH, München.
Alle Rechte vorbehalten.
Nachdruck, auch auszugsweise, sowie Verbreitung durch Film, Funk, Fernsehen und Internet, durch fotomechanische Wiedergabe, Tonträger und Datenverarbeitungssysteme jeder Art nur mit schriftlicher Genehmigung des Verlages.

Redaktionsleitung: Steffen Haselbach
Leitende Redaktion: Anita Zellner
Redaktion: Angelika Holdau
Lektorat: Sonnhild Bischoff
Umschlaggestaltung: independent Medien-Design, München
Layout: Christine Paxmann
Herstellung: Susanne Mühldorfer
Satz: Bernd Walser Buchproduktion, München
Reproduktion: Fotolito Longo, Bozen
Druck: Druckerei Appl, Wemding
Bindung: Großbuchbinderei Monheim
Printed in Germany

ISBN 3-7742-5753-1

Auflage	4	3	2	1
Jahr	2006	2005	2004	2003

GRÄFE
UND
UNZER

Ein Unternehmen der
GANSKE VERLAGSGRUPPE

Dank

Verlag, Autorin und Fotografen danken der W. Neudorff GmbH KG in Emmerthal für die freundliche Ünterstützung.

Das Original mit Garantie

Ihre Meinung ist uns wichtig. Deshalb möchten wir Ihre Kritik, gerne aber auch Ihr Lob erfahren. Um als führender Ratgeberverlag für Sie noch besser zu werden. Darum: Schreiben Sie uns! Wir freuen uns auf Ihre Post und wünschen Ihnen viel Spaß mit Ihrem GU-Ratgeber.

Unsere Garantie: Sollte ein GU-Ratgeber einmal nicht Ihren Vorstellungen entsprechen und einen Fehler enthalten, schicken Sie uns bitte das Buch mit einem kleinen Hinweis und der Quittung innerhalb von sechs Monaten nach dem Kauf zurück. Wir tauschen Ihnen den GU-Ratgeber gegen einen anderen zum gleichen oder ähnlichen Thema um.

**Ihr Gräfe und Unzer Verlag
Redaktion Garten
Stichwort: Obst, Gemüse & Kräuter
Postfach 86 03 25
81630 München
Fax: 089/41981-113
e-mail: leserservice@
graefe-und-unzer.de**

GU GARTENSPASS

Erfolgreich gärtnern – so gelingt's immer

ISBN 3-7742-5381-1
160 Seiten
15,90 € (D)

ISBN 3-7742-3696-8
192 Seiten
15,90 € (D)

ISBN 3-7742-5617-9
160 Seiten
15,90 € (D)

ISBN 3-7742-4793-5
160 Seiten
15,90 € (D)

ISBN 3-7742-2087-5
160 Seiten
15,90 € (D)

Das Erfolgsprogramm von GU für alle, die mit dem Gärtnern anfangen oder Garten, Balkon und Terrasse verschönern möchten.

WEITERE TITEL ZUM THEMA GARTEN:

- ➤ Das große GU Gartenbuch
- ➤ Gärten gestalten
- ➤ Weekend-Gärtner
- ➤ Balkon & Terasse mediterran

Gutgemacht. Gutgelaunt.